# La répétition, la politique et l'histoire

Collection « Ouverture philosophique »
*Série « Bibliothèque »*
*dirigée par*
*Jean-Marc Lachaud et Bruno Péquignot*

Une collection d'ouvrages qui se propose d'accueillir des travaux originaux sans exclusive d'écoles ou de thématiques.

Il s'agit de favoriser la confrontation de recherches et des réflexions, qu'elles soient le fait de philosophes « professionnels » ou non. On n'y confondra donc pas la philosophie avec une discipline académique ; elle est réputée être le fait de tous ceux qu'habite la passion de penser, qu'ils soient professeurs de philosophie, spécialistes des sciences humaines, sociales ou naturelles, ou... polisseurs de verres de lunettes astronomiques.

La série « Bibliothèque » comporte des ouvrages qui inaugurent ou complètent la connaissance des philosophes en explorant leur problématique, leur argumentation et leur héritage.

Dernières parutions

Issaka TAFFA GUISSO, *Le cogito de Descartes. Psychologie, gnose et généalogie*, 2023.
Geoffroy LAUVAU et Lukas K. SOSOE (dir.), *Trajectoire de l'humanisme moderne*, 2023.
Gonzalo RICCI CERNADAS, *La multitude chez Spinoza. De la physique à la politique*, 2022.
Aimberê QUINTILIANO, *Théorie des objets, logique et ontologie phénoménologiques*, 2022.
Najate TOUFID, *Hegel et Dostoïevski. Les enjeux idéologiques de la figure christique*, 2022.
Georges MISANGE, *Enjeux éthiques et politiques dans la pensée de John Rawls. Justice ou équité*, 2022.
Jean-Pierre Emmanuel JOUARD, *Marxisme, idéologie et puissance. Introduction à la pensée de Marx II* (Marx / Heidegger I), 2022.
Jean-Pierre Emmanuel JOUARD, *La pratique du monde et la mutation de soi. Introduction à la pensée de Marx I* (Marx / Heidegger I), 2022.
PLOTIN, *Le Suicide. Traité 16 (Ennéade I, 9). Introduction, traduction et commentaire par Matthieu Guyot*, 2022.

Jean-Pierre Emmanuel Jouard

# La répétition, la politique et l'histoire

Le spectre et la puissance I
(Marx / Heidegger II)

L'Harmattan

Du même auteur

Chez L'Harmattan :

*Le principe de justice,* 2008.
*La leçon de Socrate*, 2010.
*Passion de la pensée*, 2017
*La pratique du monde et la mutation de soi*, 2022.
*Marxisme, idéologie et puissance*, 2022.


**5-7, rue de l'Ecole-Polytechnique, 75005 Paris**
**http://www.editions-harmattan.fr**
ISBN : 978-2-14-031806-1
EAN : 9782140318061

A la mémoire de Nausicaa Jouard, la compagne aimée de mes jeunes années

# Introduction

La philosophie se passe comme lecture et écriture. Mais lire, c'est déjà écrire, comme écrire est, de nouveau, lire (interpréter). Sous le titre : Le spectre et la puissance, ce livre de philosophie se présente comme le recueil d'un *travail* de *lecture* du Manifeste du Parti Communiste. Nous nous en tenons aux premières pages. Ce sont les pages de la première partie intitulée : *Bourgeois et Prolétaires*. La deuxième partie a pour titre : *Prolétaires et Communistes*. La troisième a pour objet une revue de la littérature socialiste et communiste ; la quatrième précise « *la position des communistes à l'égard des divers partis d'opposition* », telle qu'elle était annoncée dès le préambule, et trouve son terme dans un appel retentissant à « *l'union des prolétaires de tous les pays* ».

Notre livre se présente, pour des raisons éditoriales, en deux tomes :

La répétition, la politique et l'histoire. Le spectre et la puissance I.

La démonstration du Manifeste. Le spectre et la puissance II.

Le livre que nous avons publié, dans la même collection, sous le titre Introduction à la pensée de Marx, qui constituait la *première partie* de notre travail d'ensemble, était lui-même, et pour les mêmes raisons, présenté en deux tomes :

La pratique du monde et la mutation de soi. Introduction à la pensée de Marx I.

Marxisme, idéologie et puissance. Introduction à la pensée de Marx II.

Dans le Spectre et la puissance, nous proposons donc une *interprétation* de ce Manifeste rédigé par Marx et Engels en 1848, à la demande de leurs camarades de la Ligue des Communistes (cette organisation qui regroupe des syndicalistes, des socialistes français et des révolutionnaires allemands, s'est constituée à Londres en juin 1847). L'interprétation du Manifeste du parti communiste constitue la deuxième partie d'une *interprétation d'ensemble de la pensée de Marx*.

Notre lecture de Marx *croise* les pensées de Marx et de Heidegger, dans lesquelles se met en jeu (ou est engagé, misé) le *monde européen*, au dix-neuvième et au vingtième siècles. Ces pensées travaillent à partir de la percée décisive qu'a été la critique kantienne de la métaphysique dans l'histoire de la philosophie. Cette critique kantienne est une critique de la raison pure (théorique) qui appelle elle-même – ou est appelée par – une critique de la raison *pratique*. Dans l'importante Critique du jugement, Kant prend ses distances avec une interprétation de sa pensée qui devait conduire à l'idéalisme absolu de Hegel en passant par Fichte. Pour nous, la critique kantienne est *essentiellement* une critique de la métaphysique qui rend possible *les deux percées nouvelles* de la pensée que sont la pensée de Marx et celle de Heidegger. **Ce qui caractérise ces pensées est qu'elles ne s'ordonnent pas dans la forme d'un système**, comme font et doivent faire les pensées modernes dans le sillage de Descartes. Pour l'essentiel, donc, Marx et Heidegger approfondissent la critique kantienne de la métaphysique et *abolissent le savoir* (la prééminence du théorique) *afin d'obtenir une place pour la croyance*, comme disait Kant dans la préface à la Critique de la raison pure[1]. Nous ne proposons pas l'idée dépourvue de sens d'un « retour » de Marx et Heidegger à Kant, nous nous efforçons seulement de *situer* ces pensées. Situer historialement[2] les pensées de Marx et Heidegger revient à les *croiser*, comme nous disons. Par elles – par l'engagement de ces pensées – le monde du vingt-et-unième siècle n'est plus le seul monde européen, c'est-à-dire *notre* monde, il n'est enfin plus ce monde qu'en rigueur *il n'a d'ailleurs jamais pu être véritablement,* comme il le voulait ou s'imaginait le vouloir. Il n'a jamais pu l'être *parce qu'il n'y a pas de figure subjective du monde ou de monde par représentation.* Le monde du vingt-et-unième siècle est, ou doit être pensé, comme le monde tout court, en tant que *l'Ouvert.*

Ces pensées, toutefois, ont leur lieu propre, leur temps propre, et leur langue. Leur croisée est pour nous comme *un cadre* qui permet de *situer notre propre* pensée ou la *possibilité* de cette pensée : **le monde de cette pensée ne peut plus être le monde de l'homme-animal-rationnel de la métaphysique, il est bien plutôt le monde des humanités.**

L'ensemble de ce travail se présente donc comme suit :

Première partie : Introduction à la pensée de Marx. Marx / Heidegger I

I. Marx, la pratique du monde et la mutation de soi.

II. Marxisme, idéologie et puissance.

Deuxième partie : Le spectre et la puissance. Marx / Heidegger II

I. La répétition, la politique et l'histoire.

II. La démonstration du Manifeste.

Troisième partie : Le monde commun. Marx / Heidegger III.

Ces trois parties sont trois moments pour *l'essai d'une interprétation* qui doit être elle-même pratiquée suivant les leçons de Marx et Heidegger – en tant que *transformation à la fois* de notre rapport à cette pensée (de Marx) et de notre rapport à nous-mêmes ou au monde dont nous nous figurons encore qu'il est le nôtre (le monde « occidental »). La lecture du Manifeste est un moment décisif de cette interprétation, elle occupe la place médiane, pour des raisons de fond, dont j'espère qu'elles apparaîtront clairement au lecteur dans

---

[1] « Je dus donc abolir le savoir afin d'obtenir une place pour la croyance » (« Ich musste also das Wissen aufheben, um zum Glauben Platz zu bekommen »).Kant remarque un peu plus loin ironiquement que le préjudice éprouvé par la raison spéculative (elle est dépossédée de ces trésors imaginaires que sont les prétendues connaissances de la métaphysique) « *n'affecte en vérité que le monopole des écoles, mais en aucune façon l'intérêt des hommes* » (« der Verlust trifft *nur das Monopol der Schulen*, keineswegs aber das Interesse des Menschen »).

[2] « Historialement » : traduction proposée par Henri Corbin pour « geschichtlich » (historiquement).

le cours de sa lecture. Disons d'un mot que le Marx du Manifeste (Marx-Engels) n'est pas celui du Capital : deux Marx, *l'un contre l'autre*, même si *l'un n'est pas sans l'autre*, et surtout, même **si l'un est dans l'autre**, d'abord en ce lieu justement : le Manifeste, son texte. Le premier Marx est un Marx *critique*, c'est-à-dire un Marx *penseur de crise*, le deuxième un Marx *de l'impatience*. L'impatience du Manifeste n'aura pu être surmontée que par le Marx du Capital. Une pensée est toujours une impatience surmontée.

Je me contenterai, ici, de proposer quelques remarques indicatives de l'intention de ce travail, en tant qu'il est porté par une *exigence de fond*, s'agissant de la question de la possibilité, *pour nous*, d'échapper à ce qui semble s'imposer à nos contemporains comme un destin, celui de *la pure et simple absence de pensée*.

Ces remarques devraient au moins avoir l'intérêt d'éclairer le lecteur quant à d'éventuelles perplexités qui, rien qu'au premier regard porté sur le titre de chacune de ces parties, pourraient se former dans son esprit, l'esprit de quelqu'un d'*aujourd'hui*, qu'il ait, ou non, par son propre travail, par sa vie, ses amitiés, ses solitudes ou par ses lectures, ses peintures et ses musiques, une idée de la *pensée* marxiste. Cette idée « à l'avance », ou même de ne pas en avoir, ne pourrait jamais être qu'un préjugé, comme on les appelle, d'autant plus que l'on peut très bien avoir une connaissance, même précise, de *la doctrine marxiste*, sans jamais s'être avisé de ceci qu'avec Marx, il s'agissait d'une *pensée* ou, pour le dire autrement, sans jamais s'être posé la question de savoir de quelle connaissance il s'agissait alors qu'on se targuait d'une *connaissance de doctrine* ou doctrinale.

## La première partie. La pensée de Marx

Le titre que nous avons donné à l'ensemble de considérations herméneutiques et critiques qui composent cette partie dit le *projet* qui porte notre travail, en indique l'*enjeu*, c'est-à-dire aussi bien la possibilité, devrait du même coup donner une idée de la mise *initiale*. Quel travail, en effet, pourrait être engagé, qui ne serait pas clair sur son enjeu, ou ses enjeux – même s'il doit être reconnu que c'est seulement dans l'accomplissement du travail qu'un tel enjeu sera *véritablement* clarifié. Le projet n'est pas, il ne pourrait être, celui d'une *présentation* de la pensée de Marx, tout simplement parce qu'une pensée ne se présente pas. Une pensée, plutôt, vient à nous, nous arrivant peut-être, et ainsi *nous revenant*, elle vient à nous dans son texte, et le seul travail qui ait un sens, dans le rapport à la pensée d'un penseur, quelle qu'en soit ce qu'on appelle son « importance », est celui de découvrir comment cette pensée, la *sienne*, vient à nous, c'est-à-dire en même temps de parvenir à préciser dans quelle mesure nous sommes préparés, ou pas, à l'accueillir, à la recevoir, et à faire que notre séjour auprès de cette pensée en soit un fécond. Travail, donc, herméneutique et critique.

L'accueil d'une pensée veut une *disposition particulière*, laquelle disposition n'est rien de « sentimental » : **la disposition** (Stimmung) **se passe au fond de notre être et le constitue de part en part en tant qu'être historique**, comme une façon d'être *plus ou moins* accordé, et donc de pouvoir entendre, *dans une certaine mesure*, ce qui vient à nous à ce moment dans la langue comme *cette* pensée. Ce que Heidegger, dans ses Contributions à la philosophie de 1938, appelle la « *tonalité de fond* » (« Grundstimmung »). Heidegger écrit : « *Toute pensée essentielle exige que ce qu'elle pense et même les phrases dans lesquelles cela prend corps soient chaque fois tirés à neuf de la tonalité fondamentale... Que manque la tonalité de fond, et tout n'est plus qu'un cliquetis affecté de concepts et de mots creux* »[1]. Que la tonalité soit essentiellement historique est précisé quelques lignes plus loin : « *La tonalité est la dissémination du tremblement de l'Être en tant qu'événement dans l'être-là* »[2]. La tonalité de notre lecture croisée de Marx et Heidegger est celle de l'*effroi*.

Le titre de ce travail regarde à ce qui a lieu ici, à l'intention qui le régit – celle d'introduire, cela en plusieurs sens. L'introduction est *d'abord* une introduction à l'interprétation tentée de la pensée de Marx. Elle est en conséquence une introduction à cette pensée, *telle que cette pensée agit sur nous dans le moment que nous l'interprétons*, à savoir par le fait que nous la croisons avec la pensée de Heidegger, parce que, simplement, **nous ne pouvons pas faire autrement** : c'est une urgence, c'est une nécessité. Ce croisement, en effet, *situe* notre interprétation, mais une interprétation non située n'existe pas, elle n'a pas *lieu* d'être. L'introduction projette l'interprétation d'une pensée, elle a pour sens d'être un *partage* (une décision) : en partageant une pensée, elle introduit au partage qu'est cette pensée pour elle-même, et qu'elle est pour nous : en l'occurrence, le partage fait apparaître un Marx penseur de la *praxis*, d'un côté, et de l'autre, un Marx de l'idéologie, un Marx du marxisme.

L'introduction est *ensuite* ou voudrait être une introduction à la philosophie, parce que la philosophie est présente entièrement dans chacune des pensées de philosophie. Nous le savons bien, par Socrate ou par Kant, par Nietzsche ou par Heidegger, quelques autres encore (parmi les plus proches, pour nous, Merleau-Ponty et Deleuze) : *introduire à la philosophie*, c'est déjà se risquer au cœur même de la philosophie. C'est « oser l'Être », donc **se donner les moyens de son audace** – parce qu'une audace, sans les moyens qu'elle se donne en les découvrant, n'est qu'un simulacre d'audace. En retour, chaque page d'un livre de philosophie, quel qu'en soit le chapitre, et la teneur

---

[1] Beiträge zur Philosophie, 6 : « Alles wesentliche Denken verlangt, dass seine Gedanken und Sätze jedesmal neu wie Erz aus der Grundstimmung herausgeschlagen werden. Bleibt die Grundstimmung aus, dann ist alles ein erzwungenes Geklapper von Begriffen und Worthülsen ».

[2] « Die Stimmung ist die Versprühung der Erzitterung des Seyns als Ereignis im Da-sein ».

de ce chapitre, est elle-même une page qui introduit à la philosophie (dont nous ne savons jamais ce qu'elle est parce qu'on nous l'aurait dit, ou enseigné, mais *quand* elle est *en nous* au travail et à l'œuvre, et ainsi produit ses effets). Ce que nous disons là nous renvoie au *caractère propre* de la pensée philosophique : si une interprétation philosophique, sur quelque question que ce soit, engage la philosophie entière, c'est que le caractère essentiel de l'interrogation en philosophie est son caractère **inclusif** : l'interrogation philosophique est « *quelque chose qui précède* toute *problématisation de soi et constitue l'événement de fond du Dasein* » (« etwas, was vor allem Sichbeschäftigen liegt und das Grundgeschehen des Daseins ausmacht »). Toute *analyse* philosophique, en tant qu'elle met en jeu une interprétation de l'Être et quel que soit son objet, connaît cet objet par un côté, mais aussi, inévitablement, par un autre encore et *ainsi* revient à elle-même dans le cours de cette analyse de l'objet, en tant que prenant l'objet par tel côté puis encore tel autre, et encore un autre, elle *s'analyse elle-même*. Tandis que, pour tel ou tel « événement » de ce qu'on appelle l'histoire, l'interprétation que risque tel ou tel homme de science ne met jamais en jeu que son *savoir spécial* : Mai 68, par exemple, ne se présente au psychanalyste que comme un événement déchiffrable suivant le complexe d'Œdipe, au sociologue comme un événement relatif aux mutations des organisations sociales ou des ordres et des sentiments sociaux, au journaliste comme un « fait » (fabriqué), c'est-à-dire un *effet* des nouvelles stratégies de communications, sans fin. Un événement, s'il en est vraiment un, ne peut être pensé, en tant qu'événement, dans une perspective spéciale, engageant un savoir spécial, parce qu'il engage l'entièreté de l'être *ou* de *l'être-là* : il n'est pas cet événement sans *bouleverser* celui qui tente de le penser, c'est-à-dire le bouleverse précisément dans son langage et sa pensée, finalement son corps et sa vie personnelle – bouleversement qui se manifeste toujours par la *perte des savoirs auxquels il prétendait* : par exemple, l'événement Mai 68, signifierait pour le psychanalyste ou pour le sociologue que le temps est enfin venu pour eux de *déposer* leur prétendu savoir, donc d'un renoncement radical. Telle est la signification de « l'inclusif ». L'événement appelle son interprétation philosophique et il est lui-même un événement de la pensée, en tant qu'il transforme cette pensée dans le moment venu de son interprétation. C'est un aller-retour, relevant chacun des côtés par lesquels une question de la pensée trouve son relief. Dans Marx, cela s'appelle la considération « *omni-latérale* » de la chose : car, pour Marx comme, plus tard, pour Husserl, le tout de la chose (en question) est là dans chacun de ses côtés ou de ses aspects.

Le savoir qui porte une pensée, en même temps qu'elle le met en œuvre avec plus ou moins de prudence et de clairvoyance, est, pour reprendre le mot de Nietzsche, un savoir « à coups de marteau ». Il s'agit bien d'extraire le minerai de sa gangue, de discerner dans le limon des mots et des représentations la perle logique presque imperceptible au premier regard qui n'était ce regard, pourtant, qu'éclairé par son éclat recouvert. C'est le travail au service de la vérité, celui *de la distinction essentielle* ou des distinctions essentielles.

## 1. La distinction et les vérités qu'elle découvre

Introduire veut toujours dire distinguer le propre d'une pensée : il s'agit pour nous avant tout de **distinguer nettement la pensée de Marx et ce qui s'impose à nous, aujourd'hui, comme le « marxisme ».** Un peu comme les historiens de la philosophie ont coutume de distinguer entre la pensée de Descartes et ce qui s'impose dans l'histoire de la philosophie comme le « cartésianisme », ou entre la pensée de Bergson et le bergsonisme : le bergsonisme de Deleuze, par exemple, n'est jamais qu'un détour, d'ailleurs passionnant, de la pensée baroque et joueuse de Deleuze lui-même. Quant à la question de savoir si le Bergson de Deleuze est « conforme » à la « pensée réelle » de Bergson, ou si le *portrait* est ressemblant, nous la laissons aux historiens, nous la trouvons pour notre part, dépourvue d'*intérêt et* de *fond* (que signifie, d'ailleurs, « *pensée réelle* » ?). Et nous sentons bien que le sens de la distinction que nous proposons d'opérer est très différent : les enjeux sont autres, et autrement plus lourds, s'agissant de Marx et du marxisme.

Si nous nous tournons vers la littérature marxiste, nous trouvons que ce dont on s'occupe, très généralement, ce dont on parle et dont on écrit (beaucoup de paroles et de volumes empilés pour d'énormes bibliothèques – bruit pour rien et lourds flocons de poussière), c'est en effet *du marxisme* et *non pas du tout* de Marx lui-même, c'est-à-dire *de sa pensée*. Le marxisme est très éloquent parlant de lui-même, il n'a rien à dire à peu près de *Marx*, comme si la « question Marx » devait être considérée comme réglée par le fait de l'existence d'une tradition marxiste avec ses « classiques ». Marx lui-même apparaît comme étant « le premier » – le marxiste par excellence, soit en raison de l'éminence de sa « production » intellectuelle, soit à raison d'une ordonnance qui passe par la mise en séries globalement « historiques », en un sens banalement chronologique, mais dont le principe de détermination diffère suivant les intérêts investis : la série des *grands dirigeants politiques* (Marx lui-même dans une certaine mesure, avec Engels, puis Lénine, Staline et Mao) ; la série *des « philosophes »,* presque toujours des européens (Marx encore, avec Engels, puis Gramsci, Lukacs, Korsch, tant d'autres, jusqu'à Althusser, dans lequel il semble que s'est épuisée la veine) ; celle, brouillonne, *des « hommes de culture »*, poètes et hommes de science ou artistes, pour lesquels l'engagement politique était un *complément* indispensable à l'activité « spirituelle » à laquelle s'attachait leur vie, comme étaient, en France, Breton ou Aragon, en Italie, Pavese ou Pasolini, tous ces gens qui ont dû orienter leur pratique artistique, scientifique et littéraire, finalement leur « *pratique de monde* »[1], en la rapportant aux mouvements révolutionnaires et contre-révolutionnaires dans l'histoire européenne puis mondiale (de Benjamin ou Bloch ou Lefebvre jusqu'à Debord, Castoriadis ou Toni Negri). Ainsi inventèrent-ils toutes sortes de machines à produire du rêve, qui sont comme des œuvres, parce que toujours trouvant leur départ dans une particularité nationale. Ainsi, Rossellini (cinéaste) puis Pasolini (poète et cinéaste) inventèrent, en Italie, cette chose spéciale qu'est un *christianisme marxiste* (ils eurent pas mal d'imitateurs, notamment, par l'Espagne, en Amérique Latine – une autre tonalité). Tous ces noms évoquent des expériences passionnantes, et rien que leur souvenir est pour nous émouvant. Ce n'est pourtant pas la question. On a beaucoup parlé et écrit du « marxisme », on a fait des livres sur la vie et la mort du marxisme, sur l'individu Marx, sur tel autre, Rosa Luxembourg ou Lénine, Adorno ou Benjamin, comment leur est venue leur *foi marxiste*, comment cette foi s'est affaiblie, jusqu'à disparaître quelquefois, assez souvent, sans jamais se poser la question de la *consistance* de ce que l'on avait en tête, avec ce mot de marxisme.

S'il s'agit de la désignation de régimes de gouvernement, il n'y a pas de question particulière du marxisme, sinon qu'on peut se demander, avec un peu de la *spéciale* naïveté d'hommes des pays « démocratiques » (à l'américaine), *c'est-à-dire incultes*, peut-être « humanistes » (nihilistes), comment de pareils régimes politiques « marxistes » tout à fait monstrueux, *incontestablement* monstrueux, ont pu « prendre », pour un certain temps tout de même assez long – à peu près trois-quarts de siècle (1917-1989) qui font un siècle complet (le vingtième) – dans des circonstances spéciales, troubles et troublées. Cependant les régimes monstrueux abondent, n'ont pas spécialement à se réclamer du marxisme, et il est très rare que les circonstances ne soient pas elles-mêmes troublées et troublantes, nous parlons de **troubles vrais** ou de **troubles de monde**, et non pas de quelque état de choses social ou psychologique. On peut dire autrement que, s'il y a question, *la réponse est dans la question même*, pourvu que cette question soit suffisamment précisée : des régimes « marxistes » ont pu apparaître dans des circonstances et à la faveur de troubles (désordres sociaux, dérèglements d'âme et désarroi intellectuel), dont les origines, quoique diverses, sont toujours, sur le fond, identiques (la décomposition sociale et intellectuelle, la misère matérielle et morale), mises à profit par des gens peu scrupuleux, eux-mêmes souvent issus de ces décompositions et de ce qu'on pourrait appeler un *affaissement* des sociétés dans le moment de la modernité, se trouvant en position *marginale* dans leur propre pays, quelquefois même étrangers au peuple et aux peuples de ces pays. Ce sont des chefs de guerre, des aventuriers de la politique, des illuminés dans l'âme, d'ailleurs fantasques sur le plan des croyances et de

[1] L'élucidation de la notion de pratique de monde est l'objet de la première partie de notre Introduction à la pensée de Marx, dont le titre est : Marx, la pratique du monde et la mutation de soi.

l'usage qu'ils font des concepts marxistes, plus ou moins sincères et valeureux, plus ou moins cyniques et corrompus, plus ou moins audacieux aussi, **mais retenant toujours** (c'est une sorte de loi de l'histoire), **dans leurs pensées et dans leurs actions, une richesse provenue de ce peuple et d'autres** (que l'on pense à Lénine ou Castro, à Ho-Chi-Minh ou à Mao). Sans quoi, tout simplement, ils n'auraient rien pu *faire*, parce que d'abord ils n'auraient rien pu *être* : ils ont retenu et ils ont changé. Sur quel mode spécifique ont-ils chaque fois retenu, par quel génie du cœur ou des circonstances ont-ils changé, ce ne sont pas nos questions. Il suffit de rappeler que les régimes marxistes en somme sont apparus pour *les mêmes raisons* que devaient apparaître les régimes fascistes, en manière de *répliques*, et en Allemagne, le national-socialisme – de façon générale, les régimes fascistes se mettent en place et se consolident à la faveur d'une réaction populaire contre le marxisme d'Etat, le progressisme et l'idéologie communiste : les mêmes raisons sont des « *raisons de crise* ».

Nous découvrons cette première et importante vérité : que le marxisme pour autant qu'il désigne une modalité monstrueuse de régimes politiques *n'a rien à voir* avec quelque pensée que ce soit, donc *rien à voir* avec la pensée de Marx lui-même.

Il reste que, dans le monde européen-moderne, à partir de l'œuvre de Marx, dans la deuxième partie du dix-neuvième siècle, puis au cours du vingtième, le marxisme, avant d'être la désignation de régimes politiques, avait dû être d'abord tout autre chose, à savoir le nom pour une **idéologie sociale**, l'idéologie sociale de la classe ouvrière dans sa lutte contre la classe dominante bourgeoise. Il était encore, à la fois plus et moins que cela, un *courant d'idées*, une façon de voir les choses qui donne toute leur importance aux *conditions* économiques, « matérielles », dans lesquelles les hommes de la modernité font société, pensent et ressentent leur être ; ce qui est visé dans la notion générale de « condition », ce sont *les conditions dans lesquelles les hommes produisent* – leurs relations, leurs pensées, leurs richesses, etc. Cette façon de voir les choses, ce courant d'idées, est *plus qu'une simple idéologie sociale*, comme était exemplairement, contemporain exact du marxisme, l'anarchisme, parce qu'un courant d'idées traverse, à *un moment du temps, l'ensemble des êtres humains de ce temps* ; mais elle est *moins qu'une idéologie politique*, parce que dépourvue de but réel et de cible pratique pour un peuple, à la visée de laquelle appliquer son courage, ne faisant le plus souvent qu'accompagner « passivement » et comme un cours neutre le train des choses. Ce qu'on appelle « marxisme » n'est alors *rien qu'une façon de considérer les choses sous l'angle de l'économie, comme font spontanément les bourgeois* (ceux du Capital de Marx, les bourgeois tout court), lesquels bourgeois, en effet, dans les affaires de la société, de la « culture » ou de l'histoire, et finalement de la métaphysique, mettent en avant toujours le côté économique de ces « affaires » ou du *général affairement*, en quoi ils ont évidemment raison puisque l'affairement en question est d'abord leur propre affairement.

Nous découvrons donc cette nouvelle vérité – que *le marxisme n'est qu'une variante de ce* que l'on pourrait à bon droit désigner génériquement comme l'*économisme* : il est pris comme l'expression généreuse et emphatique, romantique et démodée, quoiqu'appropriée occasionnellement à la situation de pays « arriérés », comme on croit pouvoir dire (par exemple, la Russie des bolcheviques), ou, au contraire, trop vieux, usés par une trop longue histoire, en même temps que pas encore s*uffisamment* capitalistes, de « l'esprit du monde » moderne.

Le marxisme était enfin considéré, à l'opposé de sa version économiste, comme une « philosophie », non pas rien qu'une idéologie ou une vision du monde, expressive des seuls problèmes de son temps et de sa région de monde : une philosophie, c'est-à-dire en l'occurrence une « métaphysique ». Celle-ci se caractérisait par le fait qu'elle avait tranché heureusement, d'une façon autre que la façon critique (kantienne), quoique la présupposant, dans le vieux débat, que l'on supposait avoir été déjà engagé par les anciens Grecs (comme si ces anciens Grecs avaient pratiqué la « métaphysique »), du « matérialisme » et du « spiritualisme ». La métaphysique marxiste appartenait au « matérialisme » qui recevait avec elle la justification de fond de son être moderne transitoire. Mais elle ne pouvait être ainsi « matérialiste » que par le biais d'un usage étrange de la notion de *matière* qui gagnait *une signification spirituelle*, puisqu'elle était définie par *sa puissance de production* (des richesses de toutes sortes et manières) alors que ce qui, dans la métaphysique de la tradition (précritique), était censé assurer la puissance de la *production*, justement revenait essentiellement à « l'*énergie spirituelle* », suivant l'expression très ajustée de Bergson. Autrement dit, cette *philosophie* marxiste tranchait dans les vieux débats à la faveur d'une manifeste inconsistance intellectuelle, puisque la « matière » de ce matérialisme *philosophique* ne consistait que parce qu'elle recevait les attributs de ce qui était reconnu jusqu'alors relever de l'esprit : il était donc, en vérité, un *spiritualisme masqué*. L'envers du bergsonisme !

Nous découvrons cette *troisième vérité* : dans les conditions du marxisme, les catégories de la métaphysique perdaient tout leur sens et la philosophie marxiste en était une clairement inconsistante – rien d'autre qu'un « cliquetis affecté de concepts et de simples mots ».

## 2. La générale inconsistance des marxismes et l'être-spectral de la chose marxiste

Il y a beaucoup à prendre, à coup sûr, dans chacun des marxismes que nous avons distingués – le politique, l'idéologique et le philosophique. Je ne pourrais développer dans le cadre d'un texte liminaire. Il reste que, dans leur visée, leurs présupposés, dans leur modalité expressive, chacun a sa propre *intelligibilité*, sa propre *sensibilité* aussi, son *temps propre*, sans avoir *un rapport déterminant* aux deux autres. Dans L'Idéologie allemande, Marx et Engels remarquaient qu'on ne peut pas plus accorder crédit aux croyances d'une époque qu'aux opinions qu'un individu se fait de lui-même ; de même, on ne peut certes reconnaître un régime politique en se repérant à partir de ses déclarations idéologiques, ou accorder à un ensemble disparate d'opinions une *portée* philosophique. Ce sont des rabattements également absurdes. Le politique n'a que faire des croyances *en tant que croyances*, auxquelles il ne peut croire lui-même, parce que son affaire *n'est jamais* de croire, l'idéologie n'a que faire de la vérité dont elle n'a pas même l'idée, parce que son affaire n'est *en aucun cas* la connaissance. On peut baptiser un régime de gouvernement du nom d'une philosophie ou d'une idéologie philosophique, sans que ce nom ait un autre sens que celui de signifier l'*ambition* du régime en question (car il y a un prestige du philosophique qui peut conforter l'autorité), voire la *tendance délirante* de ceux qui le mettent en place.[1] Un courant d'idées n'a pas besoin d'être référé à une métaphysique, ni ne peut jamais être immédiatement rapporté à un type de régime politique. Quant au matérialisme *philosophique*, s'il a certainement quelque chose à voir avec le marxisme (et avec la *pensée* de Marx), c'est qu'il met résolument en question la disposition *métaphysique* de la pensée de l'être qui *subordonne* toujours la « matière » à la « forme », que la « forme » soit prise pour un modèle, un schéma organisationnel ou technique, un principe d'intelligibilité, etc. Cela n'a rien à voir avec une portée idéologique ou politique du marxisme.

En bref, le marxisme – mais non pas du tout la pensée de Marx – est en effet quelque chose d'inconsistant : **il est à vrai dire cette inconsistance**, étant le nom de choses tout à fait diverses, *essentiellement* indifférentes les unes aux autres. Mais cela, cette essentielle indifférence, donne une incompatibilité *dans l'acte* : vous ne pouvez être, même si vous êtes bien doué, *à la fois* l'idéologue et le chef politique, le chef politique et le métaphysicien – vous ne pourriez même en avoir *sérieusement* l'idée ! Que ces couples s'entendent pour un temps donné, c'est de bonne politique : ils s'entendent dans le cas où chacun sert l'autre ou lui paraît utile, que cette réalité ou cette apparence d'un quelconque usage de l'un par l'autre disparaisse ou se dissipe, alors la seule question pour chacun est de **liquider** l'autre, rien qu'en l'oubliant, le plus souvent. D'ailleurs, même si, très généralement, il a enrôlé, notamment au début de sa mise en place, des croyances, les discours de ses croyances et les hommes de ces discours (les « idéologues ») eux-mêmes plus ou moins pénétrés de telle ou telle conviction

---

[1] Des régimes de l'Amérique Latine ont cultivé la référence au positivisme du français Auguste Comte et ont fait usage du mot d'ordre que n'importe qui associe à son nom : *Ordre et Progrès*. Traduit dans le langage de son application politique, le mot d'ordre retrouve la transparence de son sens en signifiant : *Violence et Corruption*.

idéologique, *un régime politique ne fonctionne jamais à l'idéologie* (sauf dans la tête des professeurs de la République française ou des prêtres de l'Allemagne), il n'existe et ne dure un *certain temps* que pour autant que durant ce « certain temps » *il réponde à la façon d'être d'un peuple ou des peuples de ce peuple*, et qu'il invente les *techniques* politiques et les formes institutionnelles lui permettant de s'imposer de façon *un peu durable* ; ensuite l'*habitude* fait beaucoup, en particulier par *l'oubli* qu'elle installe d'autres manières de vivre ensemble, de pratiques sociales et culturelles désormais révolues – sans jamais qu'elle exténue tout à fait le sens de la liberté. De ce fait, le marxisme de Staline, celui de Mao, avec ses branches folles et sanguinaires (le Kampuchéa démocratique), le marxisme cubain puis celui de Mengistu en Ethiopie, le Népalais ou le Colombien (chaque fois assorties à des organisations spéciales, comme le « sentier lumineux », ou associées à des figures très diverses de dirigeants) sont très différents – j'entends cette différence quant à *l'être essentiel*, c'est-à-dire aussi dans le *mode de paraître* de ces politiques, ils n'ont pas *les mêmes couleurs*, n'ont même, à la limite, rien à voir et à faire les uns avec les autres, ils sont regroupés seulement dans l'élément formel des désignations langagières ou par le jeu des circonstances historiques et géographiques. Il y eût, par exemple, dans la deuxième partie du vingtième siècle, un *marxisme du quartier latin*, qui a beaucoup à voir avec le goût spécial de la jeunesse « cultivée » pour les jeux de rôle et offre à quelques-uns l'occasion d'exercer leur talent de comédiens.

Je n'insiste pas sur les autres modalités de *cette chose spectrale* qui s'appelle ou qu'on appelle le marxisme, leur être spectral s'en dénonce dès lors que ledit marxisme n'a d'existence *historique* (politique, littéraire, philosophiques, etc.) qu'à travers les très divers marxismes : un esprit, quand il est ainsi *immédiatement* le pluriel indéfini d*es esprits*, n'est rien d'autre qu'un fantôme, un revenant, un spectre – lesquels spectres changent eux-mêmes suivant la façon dont ils reviennent (du pays dont on ne revient jamais), suivant l'insistance, la faiblesse ou la force, de leur « revenir », suivant leur puissance de hantise ou d'analyse. Il suffit de rappeler qu'une *idéologie*, quelle qu'en soit la définition et le domaine d'application (idéologie sociale, politique, scientifique, etc.), est a*utre chose* qu'une *façon de voir*, qu'une façon de voir et une idéologie *ne sont pas du tout* une *métaphysique*. Personne ne confond en principe une piscine hollywoodienne, un bassin de jardin à la française, sculpté dans le marbre avec nymphes gracieuses et angelots, un lac de montagne, la mer Méditerranée et le vieil océan, ce grand célibataire, si puissant que les hommes, avec lui, ont trouvé leur maître, selon Lautréamont qui le salue en moquant[1] son propre penchant à la grandiloquence.

Or les questions portées sur quelque chose d'inconsistant sont elles-mêmes des questions inconsistantes, des pseudo-questions, qui n'admettent aucune

---

[1] Lautréamont, plagiant le « poète » (Victor Hugo). Les Chants de Maldoror, Chant premier, strophe 9 et Chant troisième, strophe 5. *Poésie inclusive*.

réponse douée de sens, ne sont la ressource féconde d'aucune question nouvelle, bien qu'elles puissent être et même doivent être la source de *problèmes purement artificiels* qui deviennent très vite des problèmes *académiques*, lesquels ont cependant une relative consistance, mais qui ne doit rien ou à peu près à la chose en question, disons une *consistance de palme* : dans l'éventail de ces problèmes, en effet, les diverses académies, dans un pays donné, *peuvent se reconnaître*, ils intéressent donc les professeurs, dont c'est justement le noble métier d'être les délégués aux problématiques, les professionnels des questions absurdes ou dénuées de sens, les champions de l'académisme, et de produire ainsi cette forme étrange de « savoir » que l'on désigne à bon droit comme le *savoir académique* : un savoir réel, avec ses axiomes et ses théorèmes, ses preuves et ses contre-preuves, par le moyen duquel une institution assure son autorité, en se connaissant elle-même, par l'établissement d'un langage qui lui est propre, de règles exclusives dont elle sait faire usage, et la démonstration du bien-fondé de l'ordre qu'elle impose, *justifiant* ainsi sa propre permanence ou son existence en tant qu'institution, par ailleurs et pour l'essentiel, *tout à fait injustifiable*. Comme elle le sait très bien.

## 3. Originalité de la pensée de Marx. Le communisme

### 1. Distinction critique (suspendre les « évidences » du marxisme)

Quand nous distinguons Marx et le marxisme, ce n'est pas du tout dans l'esprit des diverses institutions nourries au lait de la doctrine marxiste, pour *remonter à la source sacrée*, au texte originaire, qui serait une sorte de Coran de la modernité scientifique et technique dicté par le génie des masses prolétariennes, lequel génie aurait, comme tous les autres, la propriété d'accueillir une grande diversité des noms, tout en se vidant très vite de toute énergie spirituelle pour laisser toute sa place au seul mouvement, pour un temps irrésistible, de la puissance. Parmi ces noms qu'invoquent les employés de la puissance dans sa disposition moderne : le peuple, la science, le progrès, l'industrie, la classe ouvrière, les peuples du monde, les masses populaires, etc. Ce n'est pas, ce retour au texte sacré (intouchable), quelque chose qui relève de l'attention pieuse ou de la foi, mais c'est bien quelque chose qui lui *ressemble*, pour en retenir, à contresens, l'*élément déterminant* : satisfaire dans les masses mobilisées le besoin imaginaire d'un maître ou de la soumission à un maître, le goût spécial d'être un chien et d'aboyer. L'important, à mon avis, est l'effet de ressemblance. **Car, si aucun individu de l'humanité, aucun peuple, ne pourra jamais véritablement trouver en lui le besoin d'un maître ou de la soumission à un maître, il a bien à trouver ce qui lui est un besoin vrai,** celui d'un *sens*, d'une *référence*, et d'une *discipline* accordée à ce sens *et à cette référence,* afin de découvrir son *courage* – c'est même un des apports de la pensée de Marx – cette reconnaissance du besoin propre à telle ou telle humanité, en l'occurrence à l'humanité moderne ouvrière.

Du reste, cette exigence tendue dans le rapport à soi, ou de scrupule de croyant, dans la relation à un texte érigé en texte sacré (*érection à laquelle, cependant, le texte marxiste oppose un refus clair*), n'existe pas seulement à partir du côté soi-disant « politique » des désirs qui prennent feu avec les embrasements des multitudes serves, on trouve aussi bien des dogmatiques dont l'énergie est le feu des désirs primitifs d'humanité – primitifs, parce que rapportés aux besoins : les fureurs de la faim et sexuelles. Dans les années soixante-dix, en France, particulièrement, le retour à Marx et le retour à Freud consistaient, sous la direction d'Althusser, sous celle de Lacan, à présenter ces mises en pensée ou en langue des expressions furieuses de la *détresse humaine* ou, pour mieux dire, de la *banalité humaine*, sous ces deux aspects cruciaux – la banalité sociale, la banalité du sexe – dans la forme d'une doctrine qui puisse être enseignée dans les écoles, qui ait ses maîtres, ses disciples, son orthodoxie, les hérésies et les procédures institutionnelles qui accompagnent ce train doctrinal, les excommunications, les exclusions, etc.

C'est au contraire pour remonter à Marx *lui-même*, à *sa pensée* et à l'*originalité* de cette pensée que les autres et nous-mêmes avaient perdues de vue, comme nous aurions entièrement perdu de vue la poésie de Hölderlin si nous l'avions rangée dans tel ou tel courant de la littérature allemande (nous pourrions aussi bien perdre tout à fait Rimbaud en le rangeant dans quelque tiroir de la littérature poétique française fin de siècle, là on ne trouve guère que ces « cochonneries » dont il parle lui-même, au lieu que d'aller à lui comme il vient à nous, en étant toujours *sur le départ*, et alors *avec* l'autre poète du grand départ et du refus des conformismes bourgeois, Lautréamont). Notre tâche (notre désir) est de donner un refuge pour cette *liberté du départ*. **Le texte de Marx est lui-même un texte du départ.** Autant que nos poètes et nos penseurs, nous perdons de vue notre propre pays, ses proches et ses lointains – mais notre pays, c'est nous-mêmes – tout ce qui nous est pourtant bel et bien apparu, la hauteur du ciel et l'étendue calme de la mer dans l'aube de l'été, un amour même qui nous a porté aux cimes de notre être, mais qui retombe et doit retomber dans l'occultation[1], *si nous sommes dans l'impuissance d'abriter*. Alors l'Être est perdu avec le souvenir de l'Être, le souvenir que **nous** sommes **nous-mêmes** : celui de l'amour, de l'étendue marine et de la hauteur du ciel. Le marxisme n'existe que par la pensée de Marx, l'énergie (le feu) de cette pensée que retient et qui retient son texte ; mais captant et capturant l'énergie de cette pensée, le marxisme l'a soumise à

[1] « Occultation », ce mot appartient au langage de l'astronomie : se dit du passage d'une étoile ou d'une planète derrière laquelle la lune se cache. Se dit encore de quelques oiseaux qui disparaissent à certaines époques – l'occultation du coucou (d'après Littré) – ainsi se protègent-ils.

toutes sortes de traitements tout à fait extérieurs à ce qui en faisait l'originalité, absolument tranchante – son originalité, c'est-à-dire aussi la difficulté de son accès qu'elle oppose à ceux qui voudraient s'en rendre maîtres, ou la domestiquer, donc la détruire – même si, au cours de son développement sur un quart de siècle (disons de 1844 à 1870), cette pensée, elle-même prisonnière de son époque et du langage de cette époque dont Marx partageait évidemment les rêves, les savoirs et les croyances, jusqu'aux préjugés les plus lourds – préjugés dont il parvient pourtant à se défaire *autant qu'il est humainement possible* – donne prise à cette capture et à l'aplatissement subséquent, qui aboutissent très vite à l'établissement d'une doxa marxiste, **tout le contraire de la pensée de Marx**, doxa contre laquelle, toute sa vie jusqu'à la fin, Marx s'est levé et à la puissance (presque l'omnipotence) de laquelle il n'a cessé de résister, le meilleur témoignage de cette résistance vraiment héroïque étant le recueil de ces gloses critiques, rédigées en 1875, presque trente ans après le Manifeste, connues sous le titre de « Critique du programme de Gotha ».

Nous distinguons Marx et le marxisme pour *suspendre les évidences du marxisme*, les préjugés marxistes, qui font obstacle à ce que la pensée de Marx vienne jusqu'à nous. Cette pensée, dans son originalité, si elle nous arrive, vient à nous *divisée.*

## 2. L'originalité communiste

Le communisme est le spectre rouge, qui toujours revient hanter les puissances Européennes, puis mondiales (puissances politiques ou de la science et de la technique ou de la « culture »). Cependant, *l'originalité de sa pensée, Marx lui-même l'a très vite reconnue et pratiquée sous ce nom de communisme*. Et constamment. Les « Manuscrits de 44 » sont pour l'essentiel une définition du communisme et l'élucidation de cette définition ; le Capital et l'ensemble des textes qui l'accompagnent procèdent à une analyse du mode de production capitaliste qui ne trouve sa possibilité et son sens que dans l'éclairage ou la perspective du communisme. En quoi, *chez Marx*, **le communisme est une pensée,** *pas rien qu'un rêve,* **même si d'abord et toujours un rêve**, et *pas du tout le nom pour des régimes politiques monstrueux* : il est même une pensée décisive pour son temps et pour le nôtre qui est encore un peu le sien, c'est cela que nous essayons de dire dans les trois volumes qui rassemblent provisoirement nos études.

Puisqu'il s'agit d'une tentative, c'est-à-dire d'une expérience au sens le plus propre de ce mot d'expérience, nous devons revenir souvent, dans le suivi de son cours, à ses premières avancées, encore *hésitantes*, comme par un tour obsessionnel de la pensée, qui me paraît caractéristique de la philosophie et de son écriture. Dans la tradition de l'Occident, la pensée se connaît dans et par la philosophie, à travers son histoire. Qu'est-ce qui est proprement philosophique, sinon ce constant retour sur soi de la pensée dans le mouvement même de son approfondissement ? La philosophie, dit Heidegger, en 1929, « *est quelque chose d'entier et d'extrême en quoi une confrontation ultime et un ultime dialogue de l'homme a lieu* »[1]. Un ultime dialogue, parce que, simplement, comme le penseur (Heidegger) l'a appris du poète (Hölderlin), l'homme *est* un dialogue, il trouve son courage (celui d'une confrontation avec lui-même et le monde) dans la pratique du dialogue[2]. Pourquoi « quelque chose d'entier et d'extrême » ? Cela, nous le savons déjà : c'est que cette pensée qu'est la pensée de philosophie est une pensée inclusive (inbegriffliches), en ce double sens qu'elle « va à l'entier et transit de part en part l'existence »[3]. Or c'est ce même débat ultime qui, à la fois, concerne le monde dans son entier et saisit au plus intime chacun des hommes de ce monde que Marx a en vue quand, déjà dans le troisième cahier des Manuscrits de 1844, il caractérise le communisme comme une « appropriation réelle de l'essence humaine par l'homme », qui se passe ou a lieu comme « **un retour complet et conscient de l'homme en tant qu'homme social, c'est-à-dire humain, accompli à l'intérieur du tout de la richesse de développement jusqu'ici** ». Car, quoiqu'il en soit du langage de Marx dans ce passage (qui doit paraître obscur parce qu'il est en effet obscur – nous nous efforcerons d'apporter un peu de clarté !), deux *traits*, par leur netteté, font lumière quant au sens de ce qui est dit (sens que nous pourrions dire « existential ») : 1) Marx souligne *le caractère complet* (vollständig) de ce retour ; 2) il insiste sur le fait qu'il engage l'homme dans *la conscience réelle qu'il a de lui-même* – il ne s'agit pas seulement de sa conscience intellectuelle ou théorique, de ce que Nietzsche appelait son scrupule intellectuel (qui semble avoir déserté les milieux d'Université, lesquels, de plus en plus, calquent leur comportement sur celui, désinvolte, des hommes du Journal ou, plus généralement, de l'entreprise), mais de sa conscience « humaine et sociale », ce qui veut dire : la façon, pour chaque individu, d'être disposé, *accordé-désaccordé*, dans son monde, à ce monde, par et dans ce retour qui « traverse de part en part son existence ».

Ce que doit accomplir le communisme n'est rien d'autre que ce qui a toujours été pensé par les philosophes comme leur tâche la plus propre, ce qu'il leur revient d'être ou d'assumer en étant ceux qui questionnent, leur impératif catégorique ou leur intime obligation, celle du questionnement qui engage, non pas tel ou tel problème, mais directement le monde et l'existant.

---

[1] Die Grundbegriffe der Metaphysik, p. 6 : « etwas im Ganzen und Äussersten, worin eine letzte Aussprache und Zwiesprache des Menschen geschieht ». Queneau, de son côté, dit de la poésie qu'elle est « quelque chose d'extrême ».

[2] L'homme en tant qu'être historique, l'homme « *depuis que le temps est temps* » (« Approche de Hölderlin, la conférence sur « Hölderlin et l'essence de la poésie »).

[3] « Auf das Ganze gehend und die Existenz durchgreifend » : en allant droit à l'entier, au tout, la pensée saisit, agresse en *traversant* un homme (l'homme traversé l'est dans son *intimité*).

*Le questionnement est, pour l'humanité d'Occident, le mode d'être dans la vérité,* il a une *signification historique* en tant que questionnement pratique à travers lequel le monde et l'existant se transforment ou se métamorphosent *en même temps* : cet « en même temps » est la donnée du temps lui-même. Nous ne disons pas que la pratique communiste du monde est déjà donnée_dans la pratique de la philosophie – bien que, par l'une, nous ayons assurément un accès à l'autre – nous disons seulement que revenir à l'*originalité* du questionnement marxiste, c'est revenir à la philosophie originaire elle-même, telle, en tout cas, que cette originarité ou originalité (en langue allemande : « Ursprünglichkeit », quelque chose surgi du bond originaire), il nous revient de l'assumer, *à ce moment de l'histoire du monde* (ou de l'Être) qui est, pour Marx, **comme il est encore pour nous**, quoique différemment, le moment de la fin de la métaphysique entendue *comme approche seulement théorique* du monde et de l'homme, le moment donc *du passage à une autre pensée*, une pensée à venir, dit Heidegger, une autre façon d'être en un monde ou dans la vérité, d'habiter et de pratiquer ce monde et cette vérité.

Mais que signifie : « approche seulement théorique » ? Réponse : cela signifie : une approche non pratique. D'où il suit que, pour autant que ce que nous appelons ainsi le « pratique », lui-même originairement entendu, est toujours premier, le questionnement de la métaphysique, qui est toute la philosophie, est un questionnement *dérivé* et non pas originaire ou original : ce questionnement est dérivé parce qu'il demande ce qu'il en est de l'être de telle ou telle chose en un monde – de l'homme, de l'animal, des choses naturelles, de la terre et du ciel – **en tenant pour acquis le savoir quant à l'Être lui-même.**[1] La pensée de Marx interroge au contraire en direction de l'Être lui-même, elle demande ce qu'il est du *sens* de l'être (et de l'Être)[2], tenu dans la tradition métaphysique pour une évidence, au cours d'une interrogation *de l'étant* dans son être. Elle est donc certainement une pensée qui met en question la philosophie dans son ensemble et dans sa possibilité : pour interroger quoi que ce soit sur son être, il faut déjà avoir une certaine vue de l'Être lui-même, une certaine entente ou compréhension du sens et de la vérité de l'être. L'approche *théorique* est *rendue possible* à partir d'une approche par l'oreille, et non par la vue. **Une vue qui est une entente, une vue qui ne peut être vue qu'en étant à l'écoute de ce qui se dit dans ce qui**

[1] Premier paragraphe de : Être et Temps, celui des préjugés sur l'être, concept le plus général, indéfinissable, évident (se comprenant de soi-même). Le métaphysicien est celui qui demande ou questionne sans savoir ce qu'il demande ou questionne, *puisqu'il croit le savoir déjà.* C'est la *présomption* métaphysique ! En langage cartésien, prévention et précipitation. En ce sens *aucun texte de la pensée n'est métaphysique.* Quant à l'indétermination du questionnement de la métaphysique (dont il ne faut pas perdre de vue la richesse), nous pouvons l'apprendre, entre autres passages, du Sophiste de Platon, qui répond à la question de ce qu'est l'homme par le procédé *d'une analyse dialectique*, dont le résultat est qu'il est – *un bipède sans* plumes !

[2] Le mot de l'Être veut une initiale en majuscule quand l'Être est pensé *lui-même*, suivant son sens ou sa vérité, non comme l'être (essence) de ceci ou cela.

**se donne à voir en elle, cette vue est précisément une vue pratique. Cette vue est une vue de l'Être parce qu'elle part de l'Être lui-même, elle n'est pas une « théorie » que j'échafaude sur l'être**. Dans le langage de Marx, cette vue est une vue pratique et, comme telle, l'attestation de l'homme en tant qu'un « être générique conscient » : un être, explique Marx, « *qui se rapporte au genre comme à son propre être, ou à lui-même comme à un être générique* »[1].

## 3. Derechef, le titre

Nous avons longtemps hésité à propos du titre que nous donnerions à cette première partie de notre travail d'ensemble sur Marx avec Heidegger. Nous avions pensé à retenir simplement l'énoncé de la distinction : « *Marx et le marxisme* ». Mais le simple ne l'était qu'en apparence, ce titre sonnait faux, il *écartait* ce que nous voulions donner à penser et d'abord à lire : on pouvait l'entendre comme une sorte de présentation « historique » des choses tournant autour de la révolution, de la politique et de la pensée marxiste. Ce titre écartait le *philosophique*, notre livre n'avait plus aucun sens ! Notre travail pouvait encore être considéré comme une « *Introduction à la philosophie* » : en effet, travailler à éclairer la *pensée divisée* de Marx, en établissant la distinction fondamentale entre cette pensée et l'idéologie (pratiques et représentations) marxiste, cela peut être considéré comme une Introduction philosophique à une pensée, puisque le proprement philosophique d'une pensée est justement de se refuser à son exploitation idéologique. En même temps, Marx *n'est plus un philosophe*, **parce qu'il ne peut plus l'être** (c'est aussi de cela qu'il nous parle) ; avec lui s'annonce *une autre pensée* à laquelle il donne le nom de pensée du Communisme. Comment cela ? Premier point. Le lecteur du premier tome intitulé : La pratique du monde et la mutation de soi, verra plus précisément[2] **comment il n'y a eu que la philosophie,** avec Marx, **pour reconnaître dans le prolétariat une expérience fondamentale d'être au monde**, qui concentre en elle la double épreuve de la perte du pays et de la perte du sens ou de la capacité expressive ; mais aussi, comment, en retour, **l'expérience prolétaire, en tant que celle de la perte du pays et du sens, est elle-même une expérience de fond**, qui met en question l'Être lui-même ou le sens de l'Être. Deuxième point. L'interrogation de l'Être – *c'est-à-dire* du *sens* de l'être – conduite par Marx, dans sa pensée du communisme,

---

[1] « *das sich zu der Gattung als seinem eigenen Wesen oder zu sich als Gattungswesen verhält* » (ÖPM, p. 91). La plume de Marx trouve naturellement les mots de la pensée de l'existence, son langage dit exactement le sens de l'existence de l'homme en tant qu'être en un monde et pour un monde (« In-der-Welt-sein ») – l'existence en tant que *l'être d'un étant qui, dans son être, se rapporte à cet être*.

[2] Au chapitre IV de la première partie, intitulé : « Le philosophe et le prolétaire ».

découvre dans ce qu'on appelle l'idéologie, le *dispositif de machine*[1], discursif et pratique, à travers lequel se déploie la puissance, en tant que puissance du capital, d'un côté, et puissance de la technique de l'autre. Cette découverte est l'objet du deuxième tome, sous le titre : Marxisme, idéologie et puissance.

## La deuxième partie. Le spectre et la puissance

« Comment s'étaient-ils rencontrés ? Par hasard, comme tout le monde. Comment s'appelaient-ils ? Que vous importe ? D'où venaient-ils ? Du lieu le plus prochain. Où allaient-ils ? Est-ce que l'on sait où l'on va ? » (Diderot)

La deuxième partie et la troisième couvrent chacune l'un des deux versants de l'œuvre de Marx : car Marx est lui-même vite pris dans le marxisme d'idéologie qui n'aurait pas vu le jour sans lui et dans lequel il tombe inévitablement : du côté de ce qui n'est pas seulement l'absence de pensée mais plus exactement de la *contre-pensée*, telle que cette contre-pensée trouve à dérouler son discours vide et indéterminé, d'autant plus bavard qu'il ne dit rien, dans le milieu de l'absence de questionnement du sens de l'Être, dont Heidegger dit qu'elle est la détresse quand cette détresse, extrême, est « la détresse de l'absence de détresse ».[2]

L'objet immédiat de notre deuxième partie est une lecture du Manifeste du Parti communiste. Le Manifeste est certainement le texte le plus célèbre du marxisme. Et c'est un texte dense qui a affaire à la puissance, donc au spectre, à **l'être spectral de la puissance**. Dans un autre langage, on dira que le Manifeste appartient à ce marxisme qui se représente, se conçoit et se produit lui-même comme une idéologie sociale et politique, comme une arme forgée par les communistes à l'usage des « ouvriers avancés », de ces ouvriers qui sont destinés à constituer l'avant-garde prolétarienne. C'est dans la deuxième partie du Manifeste que cette conception et cette production de soi du marxisme idéologique trouve sa première expression achevée, dans une sorte de théorie pratique de la distinction des prolétaires et des communistes, qui repose sur cette idée fondamentale que le communisme *n*'est *pas* une idée, mais exprime les *rapports effectifs* de la lutte des classes, qu'il n'est rien d'autre, comme le disaient déjà Marx et Engels dans la première partie

[1] Ce qui s'appelle ici dispositif de machine a été pensé par Heidegger, à la fin des années trente du vingtième siècle, dans le mot de *Machenschaft*. Nous y reviendrons.

[2] *La* **détresse américaine**. C'est parce qu'il n'est pas questionné quant au sens de l'Être qu'on doit en arriver à dire de l'homme qu'il est un « bipède sans plumes ». L'ironie platonicienne fait merveille ! Rien à redire à une pareille « définition ». On pourrait seulement demander encore : « Sera-ce un poulet déplumé ? Pourquoi pas un canard ou une oie ? Ne trouve-t-on pas des hommes à Disneyland ? ». Il nous sera probablement répondu que non seulement on en trouve en effet, mais que c'est dans cet inhabitable pays des canards et des souris mécaniques (Donald Duke et Mickey Mouse, avant Biden, les deux derniers présidents des Etats-Unis ?) que, pour la plupart, les Américains sont logés.

de « l'Idéologie allemande », que « *le mouvement réel qui abolit l'état actuel* ».

Le langage de « l'Idéologie allemande » est alors celui, spéculatif, de l'*idéalisme* hégélien, c'est le langage de l'abolition qui délivre, de la suppression qui reprend en elle et relève (dans la langue allemande de Hegel : « die Aufhebung »). Une « pensée » (le communisme ou la pensée des communistes) se produit comme un mouvement réel, effectif (wirklich), ce mouvement est celui d'une abolition de « l'état actuel », de la façon dont les choses du monde humain sont produites et données, ou de la représentation que nous en avons : cette conviction fondamentale est exactement le noyau de toute idéologie (dans la modernité européenne) : elle est cette conviction que la théorie ou la « vue fondamentale » qui la structure n'est pas seulement une « idée » naissant de l'initiative humaine, du « cerveau *humain* » (c'est-à-dire d'un cerveau avec des mains, des sens, et tout l'outillage qui les accompagne), mais qu'elle est une *production théorique* (sans mains et insensible) qui est une *reproduction* de la production réelle, qui *réfléchit* ou *reflète en miroir* le réel dans son effectivité. C'est une théorie de machine et sa réflexion est une réflexion mécanique. La conséquence est que *la théorie idéologique ne peut jamais être mise en question* (on ne peut « mettre en question » un « processus réel de production », on doit se contenter de l'*analyser*) et, à la limite, qu'**elle ne se donne pas à penser** : l'idée de l'idéologie (quelle que soit l'idée) ne fait que s'imposer aux hommes d'un monde, comme s'imposent à leur seul intellect, sans qu'ils aient à chercher plus loin, les vérités logiques et mathématiques (une proposition logique, un théorème géométrique) et les vérités de fait (cette vérité que Napoléon est mort à Sainte-Hélène).[1]

Ce n'est donc pas dans le Manifeste que la pensée de Marx a son lieu, on l'y retrouve pourtant, mais on ne la retrouve pas comme un reflet ou un miroir de la « réalité » (cette représentation de la pensée-miroir ou de la pensée-reflet étant précisément la représentation idéologique da la pensée). Dans le Manifeste, cette pensée de Marx connaît un usage *indirect*, celui d'une rhétorique percutante qui est une rhétorique de l'intimidation, une *rhétorique de « la rigueur sans défaut de la logique qui porte le discours ».* Il est difficile, ou plutôt impossible, dans ce texte, de distinguer ce qui relève de la *performance littéraire* (comme un art de la propagande) et ce qui relève de l'*analyse philosophique* (l'analyse qui discerne les éléments d'une approche neuve de l'histoire par le biais du questionnement du *sens* de « la lutte des classes »). Il est du reste clair qu'un discours qui a pour objet la lutte, ses objectifs et ses conditions, ou de présenter le « programme » d'un parti, se considère lui-même 1) comme *une arme* mise à la disposition des combattants

---

[1] Sur tous ces points on se reportera à notre Introduction à la pensée de Marx, en sa deuxième partie : Marxisme et Idéologie.

et 2) comme *un moment de* cette lutte ou de ce combat.[1] C'est ainsi que, chez nous, un marxiste en son temps célèbre (Louis Althusser) a pu définir la philosophie comme la « *lutte de classes sur le plan de la théorie* ». Cette définition est *fantastique*, elle est presque délirante, elle est en tout cas et surtout mensongère. Nous avons évoqué la « rigueur sans défaut de la logique de ce discours » : *cette rigueur est celle de l'arrogance*, elle ne pourrait être la rigueur d'une pensée, car la pensée est, avant tout, *le refus de l'arrogance* (ou de la rhétorique). On ne pense pas pour « avoir raison » de l'autre et s'imposer à lui, *on ne pense pas pour la montre*, il n'y a qu'un collégien, peut-être, pour se reconnaître dans une pareille représentation de la pensée. Or, si le Manifeste est un Manifeste, s'il est de la littérature pour la montre, *dans le fond*, le Manifeste de Marx-Engels appartient bien et pleinement à la pensée de Marx, et Marx penseur n'est pas l'idéologue qu'on croit qu'il est (le « on » est ici le public bourgeois, qui considère le marxisme comme appartenant à la « culture » moderne, autrement dit, le prend pour une « marchandise comme les autres » qui circule dans l'espace concurrentiel du marché des idées). *La pensée de Marx est présente ici mais dans son rapport à l'idéologie*, en ce sens que le Manifeste traite *directement de la puissance* et du déploiement de la puissance ou des conditions de ce déploiement, il traite donc de ce à quoi – puissance et impuissance, *l'Être est entièrement étranger* : la pensée est alors dans la situation singulière d'avoir à traiter de ce qui lui est étranger et hostile, de se rapporter à ce avec quoi elle n'a *aucun* rapport. **Le Manifeste est un texte aporétique qui dit la vérité du politique (et de la politique) comme celle d'une aporie constitutive du politique (et de la politique)[2].** La question aporétique, rapportée ici au « politique », est celle-ci : *comment trouver l'Être (ou la vérité) quand on prend la voie de ce qui est étranger à l'Être* ? Marx nous renvoie directement à Parménide, VII : « *Ecarte ta pensée de cette fausse voie qui s'ouvre à ta recherche, / Résiste à l'habitude, aux abondants prétextes, / Qui pourrait t'entraîner à suivre ce chemin* ».[3]

Mais cette pensée de Marx trouve son lieu vrai, ou se découvre elle-même en s'appropriant ce lieu ou à ce lieu : dans les ébauches de critiques de l'économie politique qui préparent le Capital, principalement dans les cahiers de 1857-1858, connus sous le nom de « Principes d'une critique de l'économie politique » (« Grundrisse »), dans le Capital lui-même (le livre, 1867). Et, tout d'abord, pour nous, cette pensée a son lieu dans les cahiers de 1844 dont quelques passages extraordinaires doivent être lus comme **la mise en œuvre d'un questionnement ontologique de la modernité à partir d'une**

[1] Comme on sait, le national-socialisme a aussi, bien entendu, son Manifeste : c'est le « Mein Kampf » de Hitler.

[2] Il s'agit, nous le verrons, de la politique dans son sens *moderne*.

[3] Il y a beaucoup de richesse dans Heidegger, que nous découvrons, (nous qui sommes de l'humanité vacillante de ce vingt-et-unième siècle), émerveillés, en le lisant ; il est cependant possible que, comme il lui arrive de le dire lui-même, son importance ou l'importance de son texte tienne, avant tout, à ce qu'*il nous rappelle à la haute pensée de Parménide* (ou à son dire).

**phénoménologie du monde ouvrier**. Le livre I du Capital autant que les Manuscrits de 1844 élaborent la pensée marxiste du sens de l'Être dans un langage qui est, bien avant les « Prolégomènes à la logique pure » (de Husserl, 1901) et « Être et temps » (de Heidegger, 1927), celui de la phénoménologie. Le chapitre premier du livre I renferme l'essentiel de cette pensée de l'Être, il pose la question de l'Être (*c'est-à-dire du sens de l'Être*) et de l'humanité qui répond (ou pas) à cet Être, quand l'étant est expérimenté en tant que marchandise ; **quand l'étant est ainsi éprouvé, l'Être nous arrive sur le mode de son refus** – Être barré. Le départ de cette pensée est une analyse de la « forme-valeur » (ce qui, rappelle Marx, n'a jamais été tenté par l'économie bourgeoise – il ne pouvait l'être, cette économie comptable n'en a aucune idée), développée dans le reste du livre I, puis dans les livres II et III. Le texte des Manuscrits, d'un côté, du livre I du Capital, de l'autre, sont d'une lecture d'autant plus difficile que la pensée s'y trouve condensée en des analyses conceptuelles d'une extrême densité et des coups d'œil d'une exceptionnelle acuité, parce qu'il ne sont pas rien que des coups d'œil indiscrètement portés sur telle ou telle façon qu'ont les hommes de la modernité capitaliste et démocratique de se comporter, de se reconnaître, de se méconnaître et de se perdre, ils ne sont pas rien que des coups de sonde portés dans l'étant (les villes et leurs quartiers, les diverses sociétés et entreprises humaines, les lieux de la production et leurs entourages, les fragments d'époque, les âges, les rêves et les « sexualités »). Marx n'est *pas*, il n'est *jamais* un sociologue, un psychologue, un homme des sciences humaines. Tout au contraire, **les coups de sonde marxistes sont des coups de sonde phénoménologiques portés dans l'Être même** – dans ce qui arrive là de l'Être, sur le mode de son refus, ce qu'il faut bien appeler le Dasein moderne, disons : la forme moderne de l'exister.

Or ce sont ces textes, comme ils se présentent – les *fragments* épars dans les Manuscrits de 1844 dont l'essentiel est fait de notes de lecture (des économistes du 18ème jusqu'aux contemporains de Marx), la *massive structure* du Capital, extraordinairement précise dans le détail et transparente dans la composition progressive du tout *en tant que l'explicitation de la définition initiale* de la « *richesse moderne* », acquise dès la Contribution à la critique de l'économie politique de 1859, comme « *une gigantesque collection de marchandises* » – qui sont lus, avec intelligence et passion par quelques chercheurs-étudiants, souvent peu impliqués dans le mouvement marxiste militant, lequel n'a plus, depuis longtemps, qu'une forme d'existence résiduelle, chercheurs-étudiants habitant des régions très diverses du monde ou de ses capitales (Paris, Londres, Berlin, Rome ou Turin, New-York, Tokyo, Pékin, Mumbai, etc.) mais qui savent quelque chose de la richesse capitaliste et de son envers de radicale pauvreté, à partir de leur expérience dont ils reconnaissent *le sens*, suivant cette loi eidétique que *découvre* le jeune Marx, dont il est utile connaître la formulation la plus frappante : « *avec la valorisation du monde des choses s'accroît en rapport direct la dévalorisation du monde de l'homme* ». Car il *ne* s'agit *pas* ici d'une loi économique, plutôt *d'un destin ontologique*, c'est-à-dire d'une loi qui porte sur le monde (ou l'Être), puisque c'est un même monde qui doit se dire, mais en rapport inverse, comme monde des choses (la richesse capitaliste) et monde des hommes (la pauvreté prolétarienne *ou* humaine).

Au contraire, le Manifeste n'intéresse à peu près plus personne, il est laissé à l'abandon, il est encore lu, sans doute, à titre documentaire, par quelques professeurs d'histoire ou de sociologie politique et encore quelques anciens militants retraités et presque centenaires, qui ont su *se conserver* mais n'auront pas appris à *bien lire*, que leur longue et dure expérience dans le siècle aurait pu instruire davantage et mieux. De toute façon, lu ou plus généralement seulement *consulté* en tant que document (c'est ainsi qu'on lit, aujourd'hui, non seulement le Manifeste de Marx et Engels, mais aussi bien la Monadologie de Leibniz, la Phénoménologie de l'esprit de Hegel ou la Recherche du temps perdu de Proust et Les Ambassadeurs de James !), le Manifeste semble ne plus concerner qu'une population oisive de gens à qui plaisent les enquêtes historico-policières, des amateurs de choses intrigantes, des gens qui s'ennuient et recherchent volontiers des climats délétères où dissiper leur ennui en pays de connaissance.

S'ils le veulent, ils les trouveront. Or il arrive bien souvent que, les ayant trouvés, ils ne peuvent pourtant s'en délecter vraiment, parce que, dans bien d'autres endroits d'un accès aisé ou plus économique, par les médias courants, ils auraient l'occasion d'une jouissance plus facile et plus « tendance » de la complaisante mise en spectacle des faits humains détestables, des choses humaines odieuses (le trafic des enfants ouvriers des grandes entreprises du capital, dans le textile, en Orient, dans l'extraction de l'uranium, en Afrique, celui des enfants soldats de toutes les « guerres », l'exploitation de toute une humanité faible et malheureuse, dégénérée et idiote, particulièrement des jeunes et très jeunes humanités, les trafics abjects et lourds de la drogue, de la prostitution, etc.). Ces choses-là de la misère humaine, on les trouve certes dans le Capital de Marx, et, par traits rapides, dans le Manifeste ; mais la littérature du Journal et, avec elle, celle du roman et du cinéma et de « l'essai », comme on l'appelle, qui ne sont généralement plus que des *annexes du Journal*, les met à leur disposition en « low cost », comme un tour dans un pays lointain. La consommation à prix bas de choses basses est, semble-t-il, une particulière jouissance des masses populaires dont il est vrai que les salaires sont de misère. Marx et Engels **ne leur laissent pas le temps** de cette jouissance morose ou de cet usage abaissant, ils ne soulignent quelquefois le trait que pour dire leur sensible rage et rejoindre, ce faisant, la rage des ouvriers et des gens du peuple – **ceux qu'ils veulent avant tout instruire** – ils ont tant appris d'eux – d'abord en les accoutumant à ce qui leur est immédiatement étranger : la rigueur et même la discipline sévère de la pensée dans la forme de son exposition conceptuelle. On ne peut vraiment lire le Manifeste – oui, même les quelques pages de ce petit livre – si l'on ne s'astreint pas à l'épreuve du travail conceptuel, si l'on croit pouvoir s'en tenir aux évocations, certes puissantes, de la misère prolétarienne et du monde ! Alors nos amateurs de tableaux historiques, que ravissent les peintures romantiques du malheur humain industriel, ou les autres, souvent les mêmes, que fascinent les tableaux de compte du capital (richesse moderne) avec le chiffre des entrées, celui des sorties, et l'évaluation du rapport d'ensemble, mais que décourage le *moindre effort de pensée, c'est-à-dire d'existence*, ceux-là laissent ou délaissent la littérature marxiste du Manifeste, cette littérature qui n'est pas seulement due à Marx, mais autant à Engels et à quelques autres. Comme dit un poète, lui-même amateur des tableaux dans leur deux sens (tableaux romantiques très pittoresques du malheur humain et tableaux des comptes du capital), « *allez y voir vous-mêmes, si vous ne voulez pas me croire* ».

Je ne crois pas non plus que le Manifeste de 1848 puisse encore (bien qu'il ne soit pas très ancien) être vraiment lu dans une perspective idéologique de *mobilisation* des gens de la classe ouvrière, je ne crois pas davantage qu'il soit l'objet d'un *intérêt sérieux* de la part des gens cultivés de notre temps, et, dans ce cas, considéré certes dans les couleurs flamboyantes de son côté romanesque, dans le feu de cette langue allemande qui bat au cœur embrasé de son époque[1] – mais aussi et surtout dans la puissance incontestable de sa logique – qui n'est pas rien que l'instrument rhétorique que nous disions – la puissance de ses analyses et de la *démonstration* qu'il propose, objet d'un chapitre de ce livre[2] : cette logique n'est pas seulement ni essentiellement la logique qui s'en tient à la cohérence formelle de l'énoncé, elle est, au contraire, *la logique se découvrant*, page après page d'un livre très court, *d'un procès de développement de la puissance*, telle que cette puissance est connue par Marx et Engels en tant que capital, non pas « *puissance personnelle, mais puissance sociale* »[3], c'est-à-dire puissance-monde, au sens où elle n'*est* cette puissance qu'à se soumettre tout ce qui est au monde (naturel et humain) et *détruit* sans pitié ce qui, *dans* les hommes et *dans* les choses, fait signe vers le divin. Les gens cultivés de notre temps n'ont pas les moyens de lire un texte *qui n'est pas non plus écrit pour eux* : Marx, lui seul, a peu à peu établi le langage et inventé l'écriture qui pouvait répondre, en lui résistant, au déploiement de la « logique » implacable et insensible de la puissance, qu'il a été le premier à percevoir, *sans en être lui-même détruit*, dans la radicalité de

[1] Ce cœur embrasé : l'époque est celle de *la lutte idéologique féroce*, appelée lutte des classes, elle est celle de *l'irruption décisive des masses prolétariennes* sur la « scène » de l'histoire, elle est, par ailleurs (en même temps), l'époque du spleen baudelairien et bientôt de la *complète décadence* des mœurs religieuses, de famille, universitaires et autres, par exemple, littéraires : comme vite il a fui, Rimbaud, la scène parisienne de la corruption de littérature. D'autres y trouvaient leur plaisir.

[2]Le chapitre II de sa deuxième partie, et titre de ce chapitre et de cette partie.

[3] Le Manifeste, édition Chatelet, p. 71.

ses effets de dévastation des choses et de destruction de l'esprit.[1] Ce sont alors des *perspectives d'épouvante* que trace la première partie du Manifeste, *qui ont pourtant laissé les contemporains de marbre*, comme s'il n'y avait là que de fictions impressionnantes mais mensongères, qu'il s'agisse des militants communistes avec leurs dirigeants et leurs intellectuels ou des gens de l'autre bord, les capitalistes et leurs caudataires, puisque **les uns et les autres appartenaient à ce processus qu'ils n'étaient donc pas en mesure de percevoir** : les choses allaient leur train d'épouvante – **en sorte que nous sommes maintenant beaucoup plus avancés dans l'effrayant** – les gens continuaient, indifférents, leur train quotidien. Aujourd'hui, les multitudes qu'émeut à juste titre le désastre écologique n'ont pas même, semble-t-il, une vague idée de ce que **le désastre est d'abord celui de la pensée et de l'existence ou des comportements humains** ! Or de vagues idées[2], qu'ils pourraient avoir et qu'on appelle aussi des pressentiments, sont la matière obscure et brûlante du *sentiment passionné, donc aussi de la pensée*, même brouillée, dans un temps où l'on pourrait s'imaginer qu'il n'y en a même pas.

Cependant, si Marx, et quelques rares penseurs de son temps, d'ailleurs très éloignés de lui, particulièrement Nietzsche, le métaphysicien de la volonté de puissance, puis surtout Heidegger, mais aussi des poètes (en France, Lautréamont et Rimbaud surtout, Nerval à sa façon – d'être habité par les génies anciens de la langue française), ou de grands écrivains (qui sont, pour moi, particulièrement Stendhal et Balzac en France, Dostoïevski en Russie, après eux et décisivement, Proust en France et, en Amérique états-unienne, Faulkner ou déjà James, celui-ci, parce que son génie a été de se retourner, avant tous les autres américains, vers les pays anciens de l'Europe, et de trouver dans ce *retournement*, l'énergie suffisante à supporter et même assumer, en un certain sens, la « vulgarité », sans aucun doute épuisante, mais qui fait couple avec la fraîcheur, la grande « jeunesse », du « Nouveau monde »), ont *perçu quelque chose d'essentiel de ce mouvement de déploiement de la puissance* – celle de la technique, plus exactement *de son essence*, c'est-à-dire de la technique en tant qu'un mode de l'Être, chez Heidegger, qui parle le langage de la mise à disposition, du « dispositif » (« Gestell ») pour la dire, celle du capital, chez Marx, qui travaille, lui, le langage de l'économie politique – et *ont su, à travers leur pensée de résistance, échapper à sa prise,* c'est qu'ils avaient en vue, dans leur pensée (ou leur existence), l'Être (son refus), et plus précisément qu'ils étaient portés dans leur vue *par un autre regard*, le regard de l'Être lui-même tourné vers

---

[1] Le regard (la perception) des poètes, aussi aigu que celui des penseurs. La parole poétique est directement sensible au cœur des hommes *intelligents* (tandis que la pensée des penseurs s'adresse à l'intelligence des hommes de cœur). Mais le poète est plus exposé au risqué d'être détruit par son propre regard (la *foudre* de ce regard, que connaît particulièrement, et avant tous les autres, Hölderlin).

[2] Comme nous le montre lumineusement Husserl, le vague n'est pas rien que l'inexact ou l'indéterminé, il y a une essence du vague.

eux : ils avaient gagné cette perception juste et ce regard autre parce que d'abord ils étaient des *résistants*, pour ainsi dire, *des résistants de l'Être*, des communistes avant la lettre et plus vrais, *plus réels* que tous les autres. Pourquoi doit-il en être ainsi ? Parce que l'Être a besoin des hommes dont il use diversement, comme, dans le Zarathoustra de Nietzsche, le « grand astre » a besoin des hommes, le grand astre qui est « l'œil profond du bonheur », auquel s'adresse Zarathoustra, au moment du « signe ».[1]

Par la plupart des hommes, à travers les individus et les peuples, cela qui arrive et, en arrivant, nous arrive, ne peut *jamais* être perçu : salutaire *occultation* de l'événement, car il est probable qu'aucun des hommes, des penseurs même ou des poètes, sauf dans les rares instants (bien qu'irradiant chaque heure de leur vie) de l'épreuve par lui, *le moment venu*, de sa propre pensée, ne pourrait supporter une pareille vue. Il n'est pas non plus donné à n'importe lequel des hommes de s'exposer à la frappe du messager des Dieux ; mais il faut bien que certains parmi les hommes, qui sont comme les fruits de Bacchus, une grappe sacrée (Hölderlin), soient très durement éprouvés. Il faut bien que ceux-là endurent, les plus *simples* des hommes et les plus *solitaires*, toujours – pour que, malgré la désolation du monde dans ses ruines, malgré l'accablement des multitudes humaines déroutées, quelque chose vienne se faire entendre **dans tous les hommes**, **sans en excepter un seul**, de la richesse inépuisable et du bonheur de l'Être.

## La troisième partie. Le monde commun

*Car l'homme connaît sa demeure / et la bête le lieu où bâtir la sienne / Mais à ceux-là fut donné ce défaut/ Dans leur âme toute naïve / de ne savoir où ils vont.*
Hölderlin

La troisième partie est une *approche du communisme*. S'agissant de l'approche, rien qu'un mot. L'approche signifie : comment nous approchons cela, comment cela nous approche. La pensée (l'approche pensante) doit se souvenir des diverses pratiques du communisme suivant les guises de l'existence, parce qu'il n'est aucune pratique humaine qui n'ait connu et ne connaisse encore *ses moments communistes*. Une pensée est toujours impatiente comme est un désir juvénile, elle présume de ses forces. En

[1] « Du grosses Gestirn, sprach er, wie er einstmal gesprochen hatte, du tiefes Glücks-Auge, was wäre all dein Glück, wenn du nicht die hättest, welchen du leuchtest » (« Ô toi, grand astre, dit-il, comme déjà il avait dit une fois, toi œil profond de la chance, quel serait ton bonheur, si tu n'avais ceux que tu éclaires ») Zarathoustra, IV, 20, « Le signe » (« Das Zeichen »). Le moment du signe est celui de *l'événement Zarathoustra*, ce qui lui arrive et nous arrive à travers lui – le moment de la délivrance, la délivrance de la pitié pour l'homme supérieur, le moment enfin venu, pour Zarathoustra, *de se mettre à l'œuvre* : son jour est venu – « c'est mon jour qui se lève, debout maintenant, debout, toi le grand Midi » (« Dies ist *mein* Morgen, *mein* Tag hebt an : *herauf nun, herauf, du grosser Mittag* ! »).

conséquence, il lui faut être soucieuse surtout d'éviter la précipitation autant que la prévention (rien qu'une forme de précipitation), dans lesquelles Descartes, avec son esprit profond et sa méthode, avait su voir les écueils qu'une pensée rigoureuse doit, comme il dit, « *soigneusement éviter* ». Or précipitation et prévention sont les *défauts* – ceux de l'utopie *et* ceux de la science – *en quelque manière natifs de la philosophie moderne du « sujet »*, lequel sujet, (l'ego du « cogito »), tend à se voir déjà là où « il » ne pourrait jamais être pourtant, à savoir *au lieu de la naissance de son désir*.

Comprenons qu'*il ne s'agit pas d'aller vers le communisme* : cette marche vers, aussi lente et circonspecte qu'elle soit, attentive aux obstacles et aux empêchements, patiente et précautionneuse, est *toujours-déjà précipitée* – puisque, de cette façon, allant vers, on prétendrait *absurdement* savoir où l'on va, comme souvent prétendent, paraît-il, les très jeunes gens, mais surtout les hommes que l'on dit responsables, parce que leurs sont confiés des postes d'importance ou bien parce qu'ils « ont de l'expérience » – et *nous conduit tout droit à l'envers du communisme*, auquel Marx, qui l'appelle le « communisme brut », consacre des pages splendides de précision dans l'anticipation, et d'effroi dominé. Se rappeler Jacques et son maître : « Où allaient-ils ? Est-ce que l'on sait où l'on va ? ».

Non pas se diriger vers le Commun de l'Être, au risque non reconnu de son retrait définitif, car l'Être est sauvage, comme sont les enfants des rues, mais *laisser venir à nous le communisme*, dans son *étrangeté*, *qu'il est possible d'au moins reconnaître* (à la fois de percevoir et d'avouer) : car l'Être nous veut, nous désire lui-même, c'est-à-dire qu'il use de nous et il use ainsi de « nous » en nous *touchant*. Ce « Nous » à qui viendrait le communisme, nous ne le connaissons certes pas encore, bien qu'il nous touche de bien des façons, *puisqu'il est nous-mêmes* : il nous touche ainsi dans les hommes qui nous sont proches, leurs paroles, leurs actes et leurs œuvres, dans celles et ceux qu'il nous a été donné de connaître, de fréquenter et d'aimer, ou ceux qui nous ont été refusés – par un dieu ou par personne : simplement, nous ne les aimions pas – afin seulement que nous connaissions, en la pratiquant, la solitude et la finitude de notre humanité, et que nous en jouissions. Dans ceux qui sont les plus éloignés aussi, et même certainement mieux que dans les premiers (sur lesquels nous ne pouvons éviter de projeter de ces images qui nous égarent), ceux dont nous ignorons tout, même s'ils existent, mais le monde – même le plus étroit des mondes – est riche d'eux, cela nous ne pouvons pas l'ignorer.

Ce commun de l'Être, il nous touche encore dans Marx, dont nous suivrons patiemment les analyses, quelque difficile que nous soit son langage – tout de même le plus souvent d'une grande clarté – parce que justement ce langage, dans son audace phénoménologique, nous découvre bien des choses *que nous ne découvrons qu'avec lui* – que nous perdons au contraire d'emblée et entièrement si jamais nous nous aventurons dans la littérature marxiste, le plus souvent ennuyeuse, quand elle n'est pas exaltée. Ceux des auteurs qui s'exceptent de cette généralité fastidieuse sont toujours admirables (tels, dans le désordre, Gramsci, Korsch, Benjamin, Bloch).

Un mot maintenant sur la composition de cet ouvrage – et sur son écriture. Chaque partie fait en elle-même un livre, qui reçoit sa préface (liminaire ou avertissement – une indication), et se joue elle-même en renvoyant à chacune des autres dans lesquelles elle se change, ouvrant l'espace d'un plus grand livre, qui est un autre livre, veut les trois volumes, comme l'expression du *désir* d'un quatrième ou d'un cinquième. Cela signifie que, contrairement à ce qu'on dit être les façons les plus ordinaires d'écrire, ces trois parties n'ont pas été écrites *l'une après l'autre*, la seconde après la première, puis la troisième après la seconde, mais qu'elles l'ont été *en même temps* – c'est ainsi qu'on pourra les lire, ou autrement ! Si l'on veut éclairer ce qui semble le monstre d'une impossible simultanéité, on dira qu'elles ont été écrites chacune *avec* chacune des autres et par elle, et dans le moment même de leur écriture. C'est, à mon avis, le secret de l'écriture – de *toute écriture de la pensée*, poétique ou romanesque – vérité qui se découvre éminemment, s'agissant du roman, dans la Recherche de Proust : Proust ne peut vraiment écrire « Combray » qu'en écrivant déjà « Le temps retrouvé » et inversement c'est encore Combray qui revient autrement dans le temps retrouvé, le renvoi de l'un à l'autre se multiplie en se passant dans tous les autres « côtés » de la Recherche, Les jeunes filles en Fleur, Guermantes, Sodome et Gomorrhe, le roman d'Albertine.

Deux paroles de Héraclite, plus une de Hölderlin m'ont accompagné tout au long de mon travail d'écriture. De Héraclite : B 74 : *Il ne faut pas être comme les fils de nos parents* ; et B 113 : *Penser est commun à tous*. De Hölderlin : *Cependant jamais la violence déployée n'a dompté le ciel* (Doch es zwinget / Nimmer die weite Gewalt den Himmel).

Ce livre est dédié à la mémoire de celle qui fut la compagne de mes élans de « révolution », ma femme disparue dans son plus bel âge, Nausicaa Jouard, qui avait une extraordinaire et pratique connaissance du Manifeste de Marx et Engels.

Sandrine Gache, professeur certifiée de philosophie au lycée de Bourg-en-Bresse, a heureusement contribué à la fabrication de ce livre avec l'équipe de L'Harmattan. Qu'elle soit, ici, remerciée.

# Chapitre I le spectre et la répétition historique (lecture du préambule)

« Un spectre hante l'Europe – le spectre du communisme. Toutes les puissances de la vieille Europe se sont alliées pour mener à ce spectre une sainte chasse à courre : le pape et le tsar, Metternich et Guizot, les radicaux de France et les policiers d'Allemagne. »

## I. Shakespeare, Goethe, Marx

Un prologue, plutôt qu'un préambule. *Le rideau s'ouvre et la représentation commence.* C'est un très vieux théâtre, il y eut bien d'autres scènes, bien d'autres représentations, d'autres jeux, d'autres acteurs et spectateurs, tant de *spectacles* désormais oubliés (ils ont oublié – ils ne se rappellent le drame à peine qu'à l'occasion d'une représentation nouvelle). La salle est maintenant presque vide, quelques vieillards, ils semblent s'être connus, si jamais c'est le cas, alors ils se sont connus il y a très longtemps (un autre temps, une autre vie), ils donnent l'impression de se trouver dans la situation d'être « *hors-service* » (« ausser Dienst ») comme il arrive au vieux pape dans le Zarathoustra[1], « *sans maître et non libre pourtant* ». Ils ne se parlent pas ou bien, s'ils se parlent, on dirait des voix de caverne, on entendrait, à tendre l'oreille, leurs chuchotements rauques, grinçants et qui tremblent – mais qui voudrait les entendre, ces « ombres du passé », ces gens d'un autre siècle, ces *relégués* ? Ils sont (ceux-là, acteurs ou spectateurs) des amis *très anciens* – mais qu'est-ce que cela pourrait signifier : une *amitié très ancienne* ? Ils sont quelques-uns, fidèles, *des amis de la maison*, l'instituteur et le prêtre, l'ouvrier et le paysan cultivateur en vieille amitié avec l'autre, l'éleveur, le journaliste, l'infirmier vêtu de sa blouse blanche ou bleue, une ou deux très vieilles demoiselles dans leurs jupes, les compagnes de ces messieurs, les gens de l'équipe soignante, ceux du greffe, les fonctionnaires

[1] Zarathoustra, Quatrième partie : « Nun aber bin ich ausser Dienst, ohne Herrn, und doch nicht frei ». Le vieux prêtre a servi son Dieu avec dévouement, ce Dieu était, dans sa jeunesse, dur et vindicatif (hart und rachsüchtig) il se bâtit alors un enfer pour la jouissance de ses favoris, mais il vieillit mal, fatigué de vivre et de vouloir, il finit par périr, *étouffé par sa trop grande compassion.* Il est donc, ce Dieu (le Dieu des chrétiens) un Dieu cruel, qui prend plaisir à la souffrance de ceux qu'il aime bien, il ne connaît l'amour de compassion que vieux, impuissant, « mou, blet et compatissant, semblable à un vieille grand-mère branlante » (la *compassion* n'est alors que la façon que l'on a de se satisfaire quand on n'a plus la puissance suffisante sans laquelle la cruauté même n'est qu'une vanité, quelque chose de ridicule et d'inutile – *on l'éprouve parce qu'on n'a pas les moyens de la cruauté*).

de la police et de l'enseignement. Les amis du Manifeste, celui de 1848, du parti communiste. *Sommes-nous encore, nous-mêmes, de ces amis ? Serait-ce simplement possible ? Comment l'entendre ?* Leurs voix sont d'un autre âge, nous les distinguons à peine, rien qu'un bourdonnement sourd d'insectes, comme dans une chambre à la campagne dans le jeune été quand les prairies de cette campagne autour sont parsemées de fleurs que butinent les abeilles. Le rideau s'est ouvert, et tout de suite, le décor est planté, murailles sombres, terrasses étroites, hautes tours, nous sommes en pays de connaissance, le théâtre est élisabéthain (tragédies, comédies), c'est celui de Shakespeare.

## 1. Hamlet

Rappelons-nous le prologue de cette « tragique histoire ». Acte I, scène 1. Bernardo, nerveux : « Qui va là ? ». Un peu plus tard, Marcellus : « Paix, silence ! Regarde. *Le voici qui revient* ». Entre le spectre, le *revenant*. Bernardo : « *Il a le même aspect que le défunt roi* ». C'est un tourment que dit Bernardo, une inquiétude du garde, quand il prend la relève, il se tourne maintenant vers Horatio, dit son émoi d'homme du peuple ; Horatio ne croit pas trop aux fantômes, il est un homme instruit, le confident du prince Hamlet, celui qui portera la parole de *la noblesse* du prince – final du drame – quand l'époque a perdu l'honneur : « *N'est-ce pas qu'il ressemble au roi ? Observe le bien*, Horatio ». Au terme tragique de ce drame, Horatio, lui qui fut cher au cœur d'Hamlet, devra différer « *encore l'instant de sa béatitude, et, dans ce monde affreux, réserver avec douleur son souffle afin de raconter l'histoire* » (Acte V, scène 2). Horatio observe, l'inquiétude passe du garde à l'ami du prince, Horatio dit à son tour simplement : « *Très semblable, j'en frémis de surprise et de peur* ». Qu'en est-il pour les spectateurs de ce drame, ceux pour qui est montée cette représentation, ce jeu-là qui les attrape, qui est même cela avant tout, **un jeu pour attraper**, pour forcer le spectateur à se dévoiler lui-même, un piège – dans la pièce, le spectateur est, bien sûr, le meurtrier, le roi, l'usurpateur – pour nous forcer *nous-mêmes*, bien longtemps après les premières représentations, pour faire qu'il se trahisse, le spectateur donc ou le roi – qu'en est-il donc de cette *similitude* ou de cette *ressemblance* au moins *troublante* (« *n'est-ce pas qu'il lui ressemble ?* ») ou qui *installe* le trouble dans l'âme ou dans l'esprit du garde, puis de Horatio, enfin des spectateurs : « *il y a là plus qu'imagination* ». Comment ce spectre, cette pauvre âme errante, là-haut, entre les tours, pourrait-il être celui du roi ? **Il y a ressemblance** : **il aura fallu qu'il y ait crime**. Ressort de ce tragique-là, moderne, ou à l'aube de la modernité : en délivrant le père, l'esprit de ce père, dans le spectre misérable et vigilant, avec ses chaines, la ferraille de ces chaines, le jeune prince se délivrera lui-même et alors son pays, le Danemark, lui, (Hamlet le Danois), du mal qui le pourrit, le mal d'*usurpation* (*le mal de* la *place*, prise ou à prendre). Le communisme serait-il le spectre du roi ?

## 1. Faust

Rappelons-nous encore Goethe, qu'inspirait le théâtre élisabéthain – son Faust, avec le prologue dans le ciel (« Prolog im Himmel ») : le décor en Allemagne est gothique, le Seigneur, les phalanges du ciel, les archanges, Raphael, Gabriel et Michel, puis le diable en personne, un *pauvre diable*, Méphisto ; le seigneur ou le maître daigne s'approcher de ce diable profilé en *misologue* ou disciple de Rousseau, dans sa transposition kantienne, un pauvre diable qui « *aime une chair bien fraiche et le rose à la joue* » qui, maintenant, s'adresse au seigneur, il dit ce qu'il voit, le spectacle est « *affreux* ». Mais que voit le diable ? Il voit « *l'humanité, sa misère profonde », il entend « la plainte des hommes » et « tel qu'au premier jour, / Le petit dieu d'en bas à lui-même pareil / Sans doute il vivrait mieux sans ta munificence / Qui des clartés du ciel lui donne l'apparence ; / Il la nomme raison, mais il s'en sert si mal / Qu'il se ravale au rang du dernier animal* ». C'est un jeu qu'il propose, le diable, au Seigneur et maître, il s'agit précisément d'un pari, on joue, entre dieu et diable (ou entre diables), sur un homme comme sur un cheval : cet homme, Faust, sera-t-il conduit vers la lumière, comme il devrait l'être, à moins que Méphistophélès ne parvienne à détourner cet esprit de sa source première et le mène en enfer, *s'il le peut*, le Seigneur laisse le champ libre au diable, l'accord, plutôt la connivence, de ces drôles de diables (le seigneur tout puissant et Méphisto) est la condition du pacte faustien : « Soit, tant que durera sa terrestre existence, / Qu'il soit fait selon ton désir. / *L'homme erre aussi longtemps qu'il cherche et se tourmente* »[1].

La tragédie peut commencer, et une *nouvelle* pensée de philosophie, qui n'est plus la philosophie de la tradition métaphysique (mais au fond, elle ne l'a jamais été), peut naître à l'époque de *cette tragédie-là* (Shakespeare, Goethe) qui répète la tragédie grecque. Car c'est bien de cela qu'il s'agit :

[1] « So lange er auf der Erde lebt, / So lange sei dir's nicht verboten. Er irrt des Mensch, so lang er strebt ». Suite dans la traduction de Jean Malaplate (Garnier-Flammarion) : « Fais-en désormais ton affaire / détourne cet esprit de sa source première, / Mène-le, *si tu peux*, en enfer avec toi. / Mais *reste confondu*, s'il te faut reconnaître / Qu'un homme bon, toujours, si troublé qu'il puisse être, / demeure conscient du chemin le plus droit » (« Ist sich des rechten Weges wohl bewusst »). Lire le Faust de Goethe comme *le drame à la fois tragique et optimiste de la bourgeoisie européenne* qu'admiraient Hegel, puis Marx, les Français par Nerval, puis Dostoïevski, Nietzsche ou Freud ou Thomas Mann. Hamlet, Faust, les *derniers grands mythes* (ou *histoires*) tragiques. Après eux, dans l'histoire européenne, *le tragique* ***se*** *déplace vers la méditation de l'Être lui-même* : Heidegger. Les deux grands livres tragiques de la modernité *à la fin*, sont le Zarathoustra de Nietzsche et le Capital de Marx ! Comprenons droitement les choses ; **le Capital (le livre de Marx) n'aurait aucun sens, il n'existerait tout simplement pas, sans ce souffle tragique initial**. Les lectures « économistes » (bourgeoises ou prolétariennes) du Capital n'en savent pourtant rien ! L'optimisme marxiste est la *surface bourgeoise* du texte de Marx.

d'une tragédie ou d'une représentation tragique – une représentation du destin européen – elle commence par un monologue demeuré célèbre.[1] Entre parenthèses, le lieu de la scène est indiqué (cela se passe, par ailleurs, *la nuit*) : « *Dans une pièce étroite, de style gothique, à hautes ogives, Faust, tourmenté, assis à son pupitre* ». Celui-là, Faust, est un docteur et maître (en Allemagne le titre de docteur est un élément de l'identité de l'homme cultivé qui est un « Monsieur le docteur » (« Herr Doktor »)), il en mène plus d'un par le bout du nez, ce sont les étudiants qui admirent et qui suivent, tandis qu'il est, lui, dans la *très ancienne plainte* de la vaine recherche du savoir véritable, il lui parait, comme au diable, que l'homme mésuse de ce qui *semble* lumière céleste – ce qu'il appelle « raison ». La vanité de ses très longues études (mais les études sont forcément très longues !) l'accable, il en accuse les sciences vénérables : « *Ainsi donc Philosophie, / Et Médecine et Droit encore, / Hélas, et toi, Théologie, / Je vous ai, d'un ardent effort, / Approfondis toute ma vie, / Et je reste là comme un sot / sans avoir avancé d'un pas* ».[2] Beaucoup plus tard, du temps ou *du monde* a passé, à la toute fin du vingtième siècle, on trouvait, affichée sur un panneau dans le hall d'entrée de l'Université libre de Berlin, cette claire recommandation du recteur de l'Université aux professeurs, dans la tradition faustienne : « Que les professeurs n'approfondissent pas trop leur matière, le zèle enseignant pourrait lasser les étudiants ». « *Grise est la théorie, vert l'arbre d'or de la vie* ».[3]

---

[1] Tout écolier d'Allemagne connaît par cœur ce monologue qui démarre le Faust, comme il connaît Werther, tout lycéen d'Angleterre connaît par cœur les illustres scènes de Hamlet ou de Roméo et Juliette. Et donc tout écolier ou lycéen du monde ! En France, pas de Shakespeare, pas de Goethe, et pas de Dante, comme en Italie ; cela ne fait pas moindre le génie français, fait au contraire de la France *le pays des hommes de lettres, de la culture et de la révolution française* : le pays de « l'esprit », comme disait Hegel, pensant notamment à Diderot, du scintillement de l'esprit – la fronde et la vie de cour, les salons, les bons mots, la profondeur *dans la frivolité*). La littérature française est restée tendanciellement une littérature de *courtisans*. Dans les autres pays, les courtisans sont seulement ce qu'ils devraient toujours être : des imbéciles. Les Français ont inventé le *courtisan qui a de l'esprit*.

[2] « *Da steh ich nun, ich armer Tor ! Und bin so klug, als wie zuvor* » (« *C'est ainsi que j'existe, moi pauvre fou ! Et pas plus avancé qu'avant* »). Dans *le Conflit des facultés* (Kant, 1794), Théologie, Médecine et Droit, sont les facultés supérieures, la philosophie est la faculté inférieure – c'est-à-dire « cette classe de l'Université qui ne s'occupe que d'enseignements qui ne sont pas acceptés comme directives, sur ordre d'un chef, ou on peut la nommer ainsi pour autant qu'elle s'en occupe. Il peut certes arriver qu'on suive un enseignement pratique par obéissance ; mais l'accepter pour vrai parce que cela a été ordonné (de par le roi), c'est non seulement *objectivement* (comme un jugement qui ne *devrait* pas être), mais aussi *subjectivement* (comme un jugement qu'aucun homme ne *peut* porter) absolument impossible » Œuvres philosophiques, III, p. 825, La Pléiade). Il serait bon que la philosophie redevienne *cette faculté inférieure* (« untere Fakultät ») et on pourrait, aujourd'hui, la nommer ainsi.

[3] Méphisto s'adresse à un jeune étudiant : « Grau, teurer Freund, ist alle Theorie / Und grün des Lebens goldner Baum ». La réaction du jeune homme venu entendre les leçons du docteur Faust est qu'il est *ébahi* : « Je vous jure que je crois rêver ! » (« Ich schwöre euch zu, mir ist's als wie ein Traum ». Thomas Mann ou Herman Hesse varient ce thème inlassablement.

# 3. Marx, Le Capital (Das Kapital)

Donc prologue pour une tragédie, avec ses accents modernes de tragi-comédie, mais l'auteur est Marx, l'étudiant en philosophie, puis journaliste Marx, la représentation dramatique (tragi-comique) est un Manifeste, au milieu presqu'exactement du dix-neuvième siècle (1848). Marx est plus près de nous que le grand Allemand préromantique Goethe ou le grand Anglais du seizième siècle, contemporain de Montaigne, Shakespeare, mais l'*atmosphère* demeure gothique et féodale : « **Un spectre hante l'Europe – le spectre du communisme**. *Toutes les puissances de la vieille Europe se sont alliées pour mener à ce spectre une sainte chasse à courre : le pape et le tsar, Metternich et Guizot, les radicaux de France et les policiers d'Allemagne. / Où est le parti d'opposition que ses adversaires au pouvoir n'aient traité de communiste, où est le parti d'opposition qui n'ait lancé en retour aux hommes plus avancés de l'opposition comme à ses adversaires réactionnaires le reproche insultant de communiste* ».

C'est tout pour le préambule que *nous* prenons pour un prologue. Nous savons bien que nous ne lisons pas une tragédie, que nous n'avons pas directement de préoccupations de mise en scène. Mais nous savons aussi, parce que **nous sommes d'aujourd'hui**, que les choses ne sont pas si simples, que n'est pas (pour nous) une chose qui aille de soi – ce *double* partage : entre les choses de l'art (et de la littérature), et les choses de la pensée (ou les choses philosophiques) ; entre le drame de théâtre et le drame politique. Nous n'avons pas de préoccupations de mise en scène *ou bien* nous les avons, nous sommes, dans ce cas, des metteurs en scène de tragédies, de comédies, peut-être encore d'autre chose, mais en *cachette*, en cachette du père qui *surveille* nos études (le père, aujourd'hui comme hier, *est* le capital) et en cachette, *si possible*, *de nous-mêmes*, nous rêvons la tragi-comédie de Marx et du marxisme après avoir rêvé celles de Shakespeare, de Molière, de Lessing ou de Goethe, mais longtemps nous rêvons *sans savoir* que nous rêvons, nous ne sommes alors pas près de nous éveiller ; autrement dit, nous avons tout de même longtemps cette idée, mise en nous par le père, que Shakespeare, c'est de la comédie ou du divertissement, même tragique, tandis que Marx ou Hegel, ce sont là des choses « sérieuses », que le sérieux soit philosophique ou politique. Comme si le « *sérieux* » n'était *pas* un *divertissement*, comme si, à l'inverse, ce que nous prenons pour divertissement de la représentation tragique ou comique n'était pas *le plus sérieux*, « *le plus nécessaire* », suivant l'expression nietzschéenne et christique). De cela, que nos préoccupations vraies sont préoccupations de metteur en scène ou de dramaturge, nous avons malgré tout le *pressentiment* : lisant Marx, nous faisons *tout autre chose que de la philosophie*, *à savoir que nous faisons déjà de la politique* ou alors *la politique c'est déjà de la philosophie*, et donc nous croyons, nous les hommes de la modernité finissante, nous feignons de croire et faisons croire que nous avons affaire à un Manifeste politique *parce que* nos préoccupations sont *en sous-main* des préoccupations d'artistes dramaturges et de metteurs en scène : **notre drame**, en tant que lecteurs du Manifeste, est justement **cette (dramatique) implication réciproque du philosophique et du politique**. Si Marx n'était qu'un philosophe, nous ne trouverions guère de plaisir à le lire ; s'il n'était qu'un politique, nous l'aurions oublié (qu'est-ce qu'un politique en bourgeoisie ?). Mais il est les deux. En effet, nous avons bien affaire à un Manifeste politique et *cependant* philosophique ! Le Manifeste est écrit par de jeunes bourgeois, dont un qui a fait de sérieuses études dans la *philosophie*, *mais* il est un texte politique. De surcroît, ce n'est pas n'importe quel Manifeste que nous prétendons lire, mais *un des grands textes de la tradition politique marxiste*, un grand texte marxiste, *puisqu'on nous le dit*.

Nous lisons l'argument, l'incipit (le communisme, spectre de l'Europe), puis deux alinéas (qui valent comme une explication de texte de l'incipit), aussitôt on passe de l'argument initial dûment présenté, comme brossé, aux conclusions qui s'imposent, lesquelles sont des conclusions « politiques », il y en a deux : 1) « *Le communisme est désormais reconnu comme une puissance par toutes les puissances de l'Europe* », qui est toujours la vieille Europe, avec ses caves médiévales et ses cachots, ses douves et ses coursives, même si elle n'en sait presque plus rien : 2) « *Il est grand temps que les communistes exposent ouvertement et au monde entier* » (l'exposition est franche, exclusive de tout non-dit politico-diplomatique, de tout art du sous-entendu, donc transgressive de la règle de la correction politique, d'autre part elle expose déjà *au-delà de l'Europe*, du seul continent européen, elle est exposition *pour le monde ou mondiale*, dans le style des expositions universelles de la fin de ce siècle, le dix-neuvième) « *leurs conceptions, leurs objectifs et leurs tendances* » (à supposer donc que le communisme existe comme parti reconnu, etc.), et « *opposent à la légende du spectre du communisme un manifeste du Parti* ». Cette fois, avec le membre ultime de la phrase, il s'agit d'une décision, la *décision de la rupture avec le légendaire*, le fantastique, la *décision du manifeste* et de la *manifestation*, donc du communisme qui n'est plus *légendaire* (dont on parle sans savoir s'il a existé vraiment ou comment), mais du communisme *tel qu'il est, dans sa vérité*.

Pouvons-nous recevoir ce texte (ce passage) véritablement, sans un grand éclat de rire ? Non, c'est tout à fait impossible (pour nous, aujourd'hui). Faut-il nous en garder (de ce rire qui nous gagne), par respect pour les auteurs ? Ce n'est pas sûr. Marx, au moins, savait se moquer des autres et de lui-même, rire de lui-même autant que des autres. Un grand rire rabelaisien, franc et joyeux, pas du tout un irrespect, pas du tout le rire grinçant du mépris, le ricanement de l'impuissance et de la haine, au contraire, une générosité, une façon d'indulgence noble, un *rire léger.*[1]

Voici donc, peut-on lire encore, le Manifeste dans ses grandes lignes « qui sera publié en anglais, français, allemand, italien, flamand et danois ». Ce sont des langues européennes, bien sûr, langues des amis, *des gens de la maison*, mais elles valent désormais pour *un monde* (européen) et *pour le monde tout court*, à partir de la conviction que *ce* monde est *le* monde : 1) par l'audacieux génie des gens de ce continent, de ceux qu'on appellera les bourgeois – gens de la finance et du voyage, des expéditions lointaines, terrestres et maritimes, des grandes entreprises du commerce et de l'industrie, *de l'esprit aussi* par la littérature et la science, par le droit et la philosophie, et la musique et la peinture, puis tous les autres « arts » ; 2) par l'énergie considérable, en supplément incontournable, des *prolétaires*, dont les susnommés bourgeois exploitent la force du travail, ces gens du peuple qu'ils soumettent au génie de l'industrie, naguère des gens de la campagne, des *paysans*. C'est précisément un des objets du Manifeste que de le montrer : **l'Europe, telle que la hante le spectre communiste, est déjà le monde**.[2] C'est la grenouille européenne, avec toutes ses puissances de métamorphose et dans tous ses états, par lesquels elle doit passer, qui sont des phases de mue, plus ou moins catastrophiques, de son enflure, le roi Soleil, l'empire napoléonien, le Reich et le chancelier de l'Allemagne, Bismarck avant l'autre. Jusqu'à ce que l'animal batracien éclate peu après, ce n'est plus alors une fable courtisane, c'est une tragédie pour l'Europe et *pour le monde* : le Manifeste reste ou se confirme tragédie, une représentation tragique, qui montre l'impossible, la démesure, l'excès, à moins que, puisqu'il montre, en la moquant, l'enflure européenne, jusqu'à la crevaison de la grenouille qu'il anticipe (elle est « inéluctable »), il ne s'agisse avec ce Manifeste que d'une comédie, *d'une furieuse farce*, d'une *sanglante pantalonnade*.

Peut-être donc que la politique doit être, prise comme un « art », à ranger du côté des activités de représentation dramatique, avec ses auteurs, ses metteurs en scène et ses acteurs, peut-être n'est-elle jamais qu'une « *imitation* » ou une certaine « *représentation* » *simplificatrice* de la vie, destinée à « susciter la pitié ou la terreur en vue de la purgation (la fameuse « catharsis ») des passions humaines, suivant Aristote, plus précisément suivant sa définition de la tragédie, un moment de sa « poétique ». Si nous pensons ainsi, la politique a besoin de répétitions, et son histoire, c'est-à-dire l'histoire tout court – à supposer que l'histoire ait son cœur dans les questions de la politique ou du débat des puissances politiques, et qu'elle raconte les événements et les personnages qui, ces questions, les portent – se produit

---

[1] Je ne sais pas si cela, le rire léger, humaniste de Gargantua, existe (il existe dans Rabelais), si, dans tout rire, il n'y a pas, même chez les meilleurs, une part de *lourdeur* (Nietzsche).

[2] Sur ce point voir, dans notre Introduction à la pensée de Marx II, le chapitre sur l'Idéologie européenne (chapitre III, II).

suivant le rythme de pareilles répétitions (des événements et des personnages « historiques »), sur le mode tragique ou sur le mode de la comédie. Mais cette représentation de la politique et de l'histoire est, à l'évidence, une représentation *bourgeoise*, **elle ne prend pas la répétition au sérieux**, comme **répétition de l'Être**, elle a une conception *simplement technique* (ou freudienne) de la répétition comme moyen d'une maîtrise, de l'exercice d'un pouvoir, quel que soit le domaine de cet exercice. Il faut absolument distinguer ces formes technico-psychologiques de la répétition et ce que j'appelle, de façon imprécise encore, la répétition de l'Être (en l'occurrence de l'Être historique ou dont l'histoire est l'histoire). C'est-à-dire qu'il faut revenir à la distinction aristotélicienne du poïetique et du pratique, d'une logique de la fabrication (« poïétique ») et d'une logique de la pratique (ou de la praxis). La distinction est explicitée clairement par Aristote quand son propos est de définir la vertu proprement politique, la prudence (phronesis) qui ne saurait être ni *une science théorique* (au sens grec qui définit cette science à partir de son objet « *qui ne peut être autrement qu'il n'est* ») ni *un art*, c'est-à-dire une technique parce que « *le genre de l'action est autre que celui de la production... Tandis que la production, en effet, a une fin autre qu'elle-même, il n'en saurait être ainsi pour l'action, la bonne pratique étant elle-même sa propre fin* »[1]. **Marx pense la pratique en suivant Aristote**, c'est pourquoi il reprend très souvent le mot de « **praxis** ». Cette praxis est, dans Marx autant que dans Aristote une *pratique de vie*, une « bio-praxis » au sens où ce dont il s'y agit est de façon immanente la vie de celui qui agit et de ceux qui appartiennent à son monde, à son espace d'existence ou de liberté. Pour cet espace, les Grecs ont inventé le mot de **cité**, donc le mot de politique, c'est-à-dire qu'ils ont inventé la *chose politique* ; par exemple, pour Aristote, comme pour Marx – mais il pense un tout autre monde – **l'homme d'affaires est un être hors nature**, ou **sa vie est une vie contre-nature**. Il est un être *hors nature*, exactement au sens *où il est hors cité*.[2] La représentation bourgeoise de la politique et de l'histoire, donc de la répétition, est une représentation qui manque la vie *et* l'Être, mais elle a besoin de *la vie* et de *l'être*, des individus et des peuples. Sans quoi, par son inconsistance même, elle devient un jeu funèbre, celui de féroces (forcément féroces, dans leur aspect et dans leurs désirs), mais dérisoires *momies*.

---

[1] Ethique à Nicomaque, VI, 1140 b et I, 1096 a. C'est le principe de la distinction importante de l'*erreur* technique et de la *faute* politique : « dans le domaine de l'art, l'homme qui se trompe volontairement est préférable à celui qui se trompe involontairement, tandis que, dans le domaine de la prudence c'est l'inverse qui a lieu, tout comme dans le domaine des vertus. *Il appert que la prudence est une vertu et non un art* ». Tout cela changera avec Machiavel.

[2] L'homme d'affaires n'intéresse pas beaucoup Aristote, qui est un Grec et ne s'attarde pas sur ce qui, dans le monde humain, est hors nature, parce qu'il ne croit pas que cet « hors-nature » puisse *gagner* le monde en tant que monde (avoir dans le monde une position déterminante). Au contraire notre monde bourgeois célèbre de façon honteuse et stupide *l'homme d'affaires simplement en tant qu'homme d'affaires* ! Un monde, tout un monde, gagné par le hors-nature !

Quatre parties pour un Manifeste ou quatre actes pour un drame (tragédie ou comédie). Le premier acte est la présentation des personnages et l'installation ou la mise en place de *la scène historique* (*I – Bourgeois et prolétaires*) ; le deuxième acte montre l'un des protagonistes (le prolétaire) qui *se distingue* de l'autre (le bourgeois) dont il est le rejeton, par l'entrée en scène d'un troisième (le communiste), issu du premier (le bourgeois), par un certain travail de pensée et d'action appelé par l'engendrement du second par le premier – sans ce travail, les deux sont indistincts, le prolétaire ne fait rien que *reproduire* sur un mode de machine (mécanique et machinal) le bourgeois (*II – Prolétaires et Communistes*) ; le troisième acte *examine* l'imaginaire de ces deux-là, revisités par l'imaginaire et la raison (historique, scientifique et politique) du troisième (*III – Littérature socialiste et communiste*).

Le quatrième acte est en forme de bilan politique et idéologique des trois premiers, il porte à son comble le pathétique tragi-comique de l'ensemble par un appel grandiloquent à l'armée prolétaire. D'abord, le noble rappel de la façon communiste : dédain de la dissimulation politique ou politicienne, clarté de l'objectif révolutionnaire, dans sa radicalité. Ensuite le moment éloquent de l'entraînement mobilisateur (« que les classes dominantes tremblent ») suivant une rhétorique de l'autosuggestion (cela fait penser à ce que l'on peut entendre à l'occasion d'une compétition sportive : « On va gagner »). Enfin, l'appel : « Prolétaires de tous les pays, / Unissez-vous ! » (*IV – Position des Communistes à l'égard des divers partis d'opposition*).

## II. Le spectre européen. L'histoire, la répétition de la révolution

« Souviens-toi. Je t'apparais pour aiguiser le tranchant presque émoussé de ton vouloir. » Hamlet Acte III, scène IV

Le drame est une première fois tragique, une deuxième fois comique, c'est toujours une représentation de théâtre, cela fait penser au Don Juan de Mozart, l'ouverture est tragique, puis le drame se joue en une succession de moments légers et de moments graves, des arias sublimes, d'autres parodiques, des échanges brutaux et rapides, le drame (bourgeois) est tragi-comique, il joue la différence des classes, des sexes et des âges. Mais ce qui se répète maintenant sur la scène de ce théâtre-là (bourgeois), c'est la Révolution, le communisme révolutionnaire.

C'est ainsi que Marx pense l'histoire, ou (se) la joue et se la représente – dans *la perspective du communisme*, du spectre communiste, la perspective révolutionnaire du communisme.

Le rideau s'ouvre, la représentation commence par le spectre, par le spectre qui hante l'Europe. Qu'en est-il du spectre européen ? C'est-à-dire *de l'Europe* elle-même, de *son spectre ou de ses spectres* ? De cette Europe boréenne ou du continent spectral, et occidental-oriental ? Le théâtre, nous l'avons dit, est un très vieux théâtre, un théâtre antique, un théâtre ruiné, la salle est à peu près vide : qui s'intéresse aujourd'hui véritablement à l'Europe, à l'idée européenne ? Quel **genre d'idée** est cette Europe-là, une idée *spirituelle*, une idée *philosophique*, un fantasme *policier-politique*, un programme *économique* ? On ne sait pas même – *a-t-on jamais su* ? – si elle *est* encore ou si elle ne doit son *semblant* d'être (son semblant de *destin*) qu'à un spectre (qui est, peut-être, justement, le spectre communiste). Ou plutôt, on doit bien le savoir, d'une manière ou d'une autre (savoir qu'elle ne tient qu'au spectre, le communisme – mais le communisme est aussi, par exemple, la mort du dieu chrétien qui demeure mort), puisque de l'Europe on parle encore, puisque cette Europe, dans chacun de ses vieux pays, avec leurs merveilles et avec leurs ruines, « existe » pour elle-même et pour le monde – on parle, sans trop savoir ce qu'on dit, de *civilisation européenne* (les dieux de l'Europe, les façons européennes d'habiter, de bâtir, de faire l'amour, de rêver ou de danser) – elle existe, comme chacun sait, surtout, ou, comme on dit, objectivement, par le marché européen, c'est-à-dire par son commerce, ses industries (les armes, les spectacles, les raffineries, les ports, les divers centres – portuaires, culturels, financiers) et à travers les Institutions qu'elle met en place, qu'elle s'efforce de maintenir vivantes, actives et inventives, par les relations contrastées qui se nouent et se dénouent entre les divers peuples et les individus des différents pays qui la composent. Comme s'il y avait encore quelque chose comme une *essence européenne* qui serait alors un *certain esprit européen*, des pratiques spirituelles européennes, en tout cas *une certaine croyance européenne* qu'à l'évidence il n'y a plus, parce qu'elle ne pourrait être cette croyance que par le fait d'être cette croyance d'abord *pour les autres continents*, pour l'Amérique et la Chine, pour l'Afrique, ce qu'elle n'est plus guère ou plus du tout, qu'elle n'a donc *jamais* été véritablement.

Du spectre, chacun peut savoir ce que Marx, en son temps – qui n'était certes pas encore celui du marché européen et des diverses institutions juridiques, financières ou politiques qui accompagnent cette réalité d'économie – savait déjà parfaitement : par exemple, que l'esprit, ce qu'on appelle l'esprit, décliné au pluriel, cela donne des esprits et que, quand on parle des « esprits », on se retrouve assez vite dans le « monde » des fantômes, des revenants, finalement des spectres ; on se rappelle encore que le spectre, le mot de spectre a, au moins, une double signification, le spectre est d'un côté le revenant fantastique, il est « la figure d'un mort, d'un esprit que l'on croit voir » (comment voir un esprit, l'esprit n'est-il pas cela même qui se dérobe dans son apparition spectrale ?), mais il a, d'un autre côté, une signification physique analytique et désigne l'image « oblongue, résultant de la décomposition de la lumière blanche qui traverse le prisme » (Littré). Il faut certes prendre le spectre de Marx et Engels dans les deux significations, il est le spectre d'une *analyse physique*, par décomposition de la lumière blanche à travers le prisme – celle donc de la « raison » ou de la « raison historique » à travers le prisme économique et politique de la lutte des classes, il est celui de *l'esprit revenant*, qui était, dans Hamlet le spectre du père, du défunt roi du Danemark – *conversation avec un crane.*[1]

## 1. Marx, le spectre communiste et la révolution

Il reste qu'ici, dans le Manifeste du Parti Communiste, le spectre, le revenant de l'Europe, est un spectre ou un revenant tout à fait extraordinaire, *hors-ligne* ou *sans précédent*, puisqu'il est le spectre du communisme. On se demandera *ce qui revient* (spectralement) avec le communisme. Bien qu'on le sache déjà, car on le sait mais on (se) dissimule ce que l'on sait, à moins que la dissimulation ne soit le mode de dispensation de ce qui est et qui vient sur le mode du revenir : **ce qui revient, ce qui revient toujours et ne cesse de revenir, c'est la grande plainte de l'esprit (de l'Esprit).** La grande plainte de l'Esprit, dans le monde bourgeois-capitaliste, s'appelle prolétaire, parce que l'Esprit croit se voir dans la misère prolétarienne et donc s'y voit véritablement, quand ce qui vient ainsi (que nomme le prolétariat, la question communiste) est ce qui est à venir, le communisme comme « à venir » de l'homme et de la nature[2].

Karl Marx s'y connaissait en fantômes, en revenants et en spectres. Quand, dans le livre I du Capital, le grand livre de la « science » marxiste, il nous *présente* la marchandise ou, telle qu'elle apparaît, *la chose*, « dès qu'elle *entre en scène* comme marchandise », il montre comment elle se *transforme* en « chose sensible-suprasensible », mi-corps, ni-esprit, « elle ne tient plus seulement debout, les pieds sur la terre, mais se met sur la tête, face à toutes les autres marchandises, et sort de sa petite tête de bois toute une série de chimères, plus étonnantes encore, que si, sans rien demander à personne, elle se mettait à danser ».[3]Marx étant sans doute sensible, comme aiment le rappeler les savants « marxologues » des Universités, friands des choses de l'anecdote, à l'atmosphère de déliquescence spirituelle de ce temps, lequel était aux tables tournantes, aux révélations médiumniques, aux hystéries diverses, bref, à l'agitation des *esprits*. Si ce genre d'informations à propos d'un auteur apporte pourtant peu de choses, il nous rappelle tout de même que

---

[1] Le crane est celui de Yorick, le bouffon du roi, compagnon de jeu d'Hamlet enfant. Voir Hamlet, Acte V, scène 1 (la scène du cimetière).

[2] Ce qui revient en effet, suivant la définition du communisme, est dans la guise d'un retour, c'est « *le retour complet, conscient de l'homme pour soi en tant qu'homme social* » / « *Vollständige, bewusst Rückkehr des Menschen für sich al seines gesellschaftlichen Menschen* », (ÖPM, p. 116).

[3] Le Capital, livre I, chapitre premier, 4 : « Sobald er als Ware auftritt, verwandlet et sich in ein sinnlich übersinnliches Ding. Er steht nicht nur mit seinen Füssen auf dem Boden, sondern er stellt sich allen andren Waren gegenüber auf dem Kopf und entwickelt aus seinem Holzkopf Grillen, viel wunderlicher, als wenn er aus freien Stücken zu tanzen begänne », Das Kapital, p. 85).

l'ambiance généralement positiviste, l'idolâtrie de la science, l'esprit de laboratoire (éviers de faïence, éprouvettes et cornues) favorisent (on pourrait presque dire qu'elles cultivent) ces pathologies mentales plus ou moins graves qui ont, au moins, l'utilité d'occuper les cercles provinciaux et de soulager les maux liés aux frustrations charnelles et spirituelles de la petite et moyenne bourgeoisie des villes – c'est ce qu'on appelle le « bénéfice de la maladie », et nous n'oublions pas que la maladie chronique dont souffrent les populations de l'Europe, est *la maladie de l'inexistence* (que ne pourraient connaître le paysan, ni même le seigneur féodal, ni le bourgeois de jeune bourgeoisie, entre seizième et dix-huitième siècles), qui est, dans le langage courant et très baudelairien, la maladie de l'*ennui*, elle peut avoir des prolongements très regrettables et on ne pourrait en guérir vraiment, qu'à *tout* changer, c'est la conviction révolutionnaire. Dans une pareille ambiance générale, de spleen et d'intelligence à la fois alourdie et énervée par les fantasmes d'industrie et de laboratoire, une littérature d'inspiration romantique anglo-saxonne (très éloignée de l'inspiration romantique méditerranéenne, que l'on trouve dans le Don Juan ou les héros de Stendhal – une passion enivrante de la liberté) trouve son bien et prospère, une littérature des maisons hantées, des créatures fantastiques mi-hommes mi-bêtes, des sombres landes et des marais mouvants, des oiseaux noirs, des hommes sauvages et des filles échevelées, une littérature que Marx connaît bien.[1]C'est en tout cas comme un récit fantastique que Marx et Engels nous racontent ce qu'ils appellent la « lutte des classes » et le Marx chroniqueur des luttes de classes en France laisse bien souvent s'exprimer son goût des choses romanesques, des personnages campés de façon pittoresque (en particulier dans Le 18 Brumaire de Louis Bonaparte), saisis dans des mines ou des postures souvent grotesques, des tableaux héroïques, des scènes scabreuses – ce goût est lui-même un goût d'époque, les magnifiques tableaux qui occupent souvent plus d'un tiers du volume du roman et, fréquemment, le commencent, chez Balzac (tableau d'une région, d'une ville, d'un quartier, d'un milieu, d'un métier), sont parties prenantes de l'intrigue qui lentement se noue entre des personnages divers de la vie sociale, mus par les passions les plus étranges et les plus banales, émouvantes dans leur banale étrangeté (le père Goriot ou Esther dans

[1] Cette littérature jusqu'aux fictions policières de Conan Doyle (1859-1930). Heathcliff et Catherine Earnshaw dans Wurthering Heights de Emilie Brontë en sont les personnages les plus typiques. Marx se moque bien des pathologies de la bourgeoisie, il est en revanche certain que *sa révolte première est une révolte de l'esprit* qui est le cœur de *sa critique de la religion, c'est-à-dire de la misère religieuse*. C'est le célèbre passage de l'ébauche « Pour une critique de la philosophie du droit de Hegel » (1843) : « La misère religieuse est à la fois *l'expression* de la misère réelle et la *protestation* contre la misère réelle. La religion est le soupir de la créature accablée, l'âme d'un monde sans cœur, de même qu'elle est l'esprit d'un état de choses où il n'est point d'esprit ». La simple lecture de ce passage balaie toute une littérature marxiste soi-disant matérialiste et « scientifique ». **L'état de choses bourgeois est cet état « où il n'est point d'esprit »**. Marx résume en disant que la religion est l'opium du peuple (à mon avis, surtout pour frapper le lecteur, ou être dans l'atmosphère du temps).

Splendeurs et misères des courtisanes), procurant au lecteur la jouissance incomparable d'assister en intime témoin aux actes les plus significatifs et dramatiques de ce qu'en référence au poète de l'Italie il appelle la « Comédie humaine ».[1]

Ce n'est pourtant pas en romancier, ni en homme de théâtre, ni en Tintin, simple reporter de journal, que Marx s'intéresse au spectre, ou au fantôme : le spectre est, si l'on peut ainsi dire, *dans la chose même* qu'il pense (le revenir est celui du retour de l'homme à lui-même, à son essence), il relève alors de l'essence de la « lutte des classes ». Le spectre européen est celui du communisme, et le communisme, dans le contexte du Manifeste, nomme une idéologie et une position politique, lesquelles idéologie et position, comme toujours, recouvrent certes la plainte mais ne la font pas disparaître. Le plus souvent, on ne voit dans le spectre de l'ouverture que figure littéraire (une rhétorique du fantôme). Il y a bien rhétorique, mais il n'y a jamais seulement rhétorique, quand une figure, parce qu'elle est figure récurrente d'un discours, qu'il soit de politique, de philosophie politique ou de philosophie tout court, trahit son appartenance d'essence à la chose même dont il est question dans ce discours (tour obsessionnel de *l'agir de l'essence* dans la langue)[2]. De quelque manière qu'on entende le mot de communisme, et sans même aller à son sens *complet* en tant qu' « abolition positive de la propriété privée et suppression du devenir-étranger par soi-même »[3] suivant la définition que nous rappelions tout à l'heure (celle du retour de l'homme à sa pleine essence), quand il en vient à se dire dans une figure spectrale, il est en tout cas certain que, dans ce mot est visé quelque chose qui se rapporte à la révolution – à l'esprit de révolution – que **le communisme**, dans la pensée de Marx, et, sans doute, de quelques autres du même temps, **est un phénomène de révolution en général**, de révolution « naturelle » et « humaine ». Ce point est essentiel dans la compréhension du Manifeste de 1848.

Le communisme, chez Marx, ce n'est plus seulement la plainte des hommes individuels et des peuples, ce n'est pas seulement du discours et des effets de discours, soit sur le plan du sentiment, soit sur le plan du concept, cela ne relève pas seulement des *agitations sociales* qui ont toujours été ces agitations, vu ce qu'il en est de la société-monde et depuis que le monde est monde (c'est-à-dire que la société, pour et dans l'homme, est bien le monde, mais elle n'est pas le monde comme l'ouverture de l'ouvert, elle est toujours

[1] On peut penser que Balzac, avec ce titre, dit son désir de résumer dans ses livres le savoir de son temps, comme faisait Dante en son siècle. Il caractérise ainsi la façon française de *se tenir* dans l'Être : la comédie est plutôt *divine* comédie chez les Italiens du treizième siècle, comédie *humaine* chez les Français du dix-neuvième.

[2] Dans la langue allemande de Heidegger, le mot « Wesung » dit cet agir de l'essence (dans la langue).

[3] « Der *Communismus* als *positive* Aufhebung des Privatseigentum, als *menschlicher Selbstentfremdung* » (ÖPM, p. 116). L'explication de cette définition est l'un des objets de notre troisième partie « Le monde commun ».

un *certain* monde, un monde qui tient par sa *clôture*) ; les humanités connaissent incessamment l'agitation et les troubles sociaux (ou de société) sans que la configuration d'ensemble du monde (un monde) en soit changée pour autant. Plutôt que par « l'événement » (en son sens platement journalistique, qui ne veut presque plus rien dire – qui n'est presque plus un sens) d'une révolution (politique, scientifique, artistique, sociale, dans le monde de la mode, dans les façons de voyager, sans fin), la **révolution**, le changement d'une configuration d'ensemble[1] se produit par des chutes, des disparitions brusques, suite à de lentes ou très rapides décompositions des ensembles (des mœurs – ou morales – des institutions, des imaginaires, savoirs et croyances) et aux progrès longtemps invisibles d'autres formes de composition (des mœurs et du reste) qui n'étaient pas attendues, mais pressenties **par quelques-uns** (jamais le grand nombre ou ce qu'on appelle indéterminément « les gens ») *et* **par le peuple** (*où l'on voit que notre pensée du peuple, n'est en tout cas pas celle du « nombre »*, voir Rousseau, Livre I, chapitre 5). La révolution peut se produire comme une *réminiscence* de la révolution, au contraire comme *un projet* de révolution, ou encore comme *ce qui tout simplement a lieu en tant que la révolution* (ce n'est plus après comme avant, ça recommence autrement), *très silencieusement* (d'une façon qui échappe à la conscience représentative), dans un moment de la vie d'un individu ou d'un peuple, que cette révolution soit une révolution dans les façons de « penser », d'habiter et de bâtir, dans les modes de croyance corrélatifs, qu'elle se comprenne et s'exalte en tant que révolution sociale, révolution politique ou révolution culturelle. C'est tout cela que signifie la révolution, le phénomène de la révolution dans son application à la bourgeoisie, laquelle bourgeoisie « *ne peut exister sans révolutionner toujours plus avant les instruments de production,* donc *les rapports de production,* donc *l'ensemble des rapports sociaux* ». Approche formelle de la notion de révolution, qui ne voit qu'un côté de son phénomène (peut donc être reprise à bon droit par des idéologues bourgeois). Ce qui est ici frappant est la cascade des « donc » qui enchaîne, par une sorte de causalité bondissante, le « technique » à l'économique, puis à la totalité définie comme « l'ensemble des rapports sociaux », *cet « ensemble » qui définit précisément l'essence humaine* (au sens de la « Wesung »), laquelle n'est pas « une abstraction inhérente à l'individu pris à part, mais l'ensemble des rapports sociaux » (Thèse 6 sur Feuerbach). Marx, cependant, ne cesse de revenir à l'idée que l'homme « c'est le monde de l'homme ». Si cette phrase est un rappel de doctrine (la détermination économique du changement historique, elle-même

[1] Pour configuration on peut dire, à la rigueur, Dasein (la détermination d'une façon d'être là ou d'une forme de l'existence), tout ce que nous disons là renvoie, bien entendu, à la thèse onze sur Feuerbach (« les philosophes n'ont fait qu'interpréter le monde, ce qu'il faut, c'est le changer »).

déterminée par le niveau de développement des forces productives)[1], l'essentiel est que l'*existence* même de la bourgeoisie est saisie à partir du *fait révolutionnaire* qui touche désormais à l'entièreté du monde.

Une telle approche peut être vue comme négative, si elle n'est pas comprise dans son *envergure historique* : le changement est alors perçu comme instabilité des choses (humaines) et tout court (de Montaigne, le monde comme « branloire pérenne » à Héraclite). Mais c'est justement ce « négatif » qui maintenant importe, qui est « positif » (ce ne sont jamais que des mots). Marx et Engels disent **l'impossibilité du monde bourgeois, en tant que monde : le phénomène de révolution est toujours essentiellement l'événement d'une révolution de monde**, dont la caractéristique essentielle est que s'y produit un basculement de la totalité entière d'une société, d'un état de choses politique, culturel et moral, d'une humanité (en langage de Heidegger, d'un Dasein). La révolution de monde, cela n'arrive pas tous les jours, à toutes les époques, chaque époque (epoche) étant, dans la perspective marxiste d'une histoire « mondiale », comme un jour : pour nous, cela appartient, en tant que *possibilité essentielle*, à la seule modernité européenne, scientifique et technique. Il faut bien comprendre que le « jour » (dans « comme un jour ») ne signifie pas du tout le fugace ou l'éphémère, mais **le lieu de la présence du séjour** (du Dasein). Comme, d'ailleurs, signifie profondément la *jeunesse* (qui n'est aucun âge, qui est *comment commence un âge*). Quand il définit le communisme, le jeune Marx retient **ce caractère total** (il change tout dans l'homme, et tout l'homme, son esprit, son corps, bref sa manière d'exister) et **son caractère transitoire**, sur lequel il insiste et revient sans cesse en disant négativement que le communisme n'est pas un idéal, qu'il n'est pas un état, propos dont on aurait tort de limiter la portée à sa seule vertu critique et polémique, comme quand Marx retourne impeccablement la « philosophie de la misère » (les très confuses considérations socialistes de Proudhon, ses propos superficiels autour de son mot de rage bien connu suivant lequel « la propriété, c'est le vol », mot d'esprit tout à fait insignifiant, rousseauisme incompris, mais il a l'avantage de complaire aux grincheux, qui se voient souvent en « anarchistes ») en « misère de la philosophie », expression qui désigne simplement la misère de ce qu'on appelle les idées et le débat d'idées, sur tout ce qu'on veut, les choses humaines ou de la vie, sur l'état des sciences et de la culture ou sur la révolution – de toute façon, tout cela est à l'évidence en très mauvais état ! S'il arrive à Marx de parler du communisme comme en parle un idéologue ou un journaliste, c'est-à-dire comme en parle tout le monde (en bien ou en mal), et de façon pittoresque,

[1] Une telle détermination n'est pas étroitement « économique ». La notion de « *forces productives* », dans la doctrine marxiste, est en effet une notion qui, englobant l'appareillage proprement technique (savoirs ou techniques et instruments) et le « matériel humain », *déborde* la seule considération des besoins « matériels » (comment se procurer des « moyens de subsistance »). C'est la bourgeoisie qui croit que l'homme (ou le monde de l'homme) est entièrement déterminé par la question économique ainsi réduite.

polémique, ou « critique », l'usage constant qui est le sien de la notion de communisme est un usage pensant, en ce sens très simple que le mot de communisme ne désigne pas un idéal ou une réalité, mais **l'objet de sa pensée**, c'est-à-dire ce qu'il a à penser, la tâche qu'il reconnait être la sienne (il dit : de la science) dans le monde qui est le sien.

Parce que le communisme est à la fois entier (la révolution communiste comme révolution de monde) et transitoire (pas de figure stabilisée du communisme et donc pas, à proprement parler, d'institution du communisme ou d'institutions communistes), son histoire ou l'histoire de la révolution prolétarienne doit passer par l'épreuve (pratique) de la répétition, laquelle répétition doit s'affranchir des fantômes et des revenants, *est cet affranchissement*, car, tant qu'il n'est pas mis en œuvre pratiquement, le communisme ne peut tenir qu'à un fantôme, ne peut consister que dans un fantôme, exactement comme tient à un fantôme le monde que hante le même communisme. *Le communisme n'a aucune réalité théorique ou idéologique*, sinon une réalité de fantasme ou de fantôme – il n'y a pas d'idéologie ou de science « communiste » – *il a seulement une réalité pratique* (donc une pratique communiste de la philosophie, de la musique, de la science aussi, cela a toujours du sens, même dans un monde, ou une société, très éloignés du « communisme »). Si on lui reconnaît une réalité théorique ou idéologique, cette réalité (d'idéologie) est une réalité spectrale, elle est la réalité *de cela qui revient à ce monde dont l'avenir est précisément porté par le nom de communisme.* Il lui revient au sens où il lui faut s'en occuper, et s'occuper, par la même occasion, de s'en défaire, ou de s'en délivrer. Ce monde est celui de Marx et Engels, **il est encore le nôtre**. Marx et Engels s'en défont, par exemple, en écrivant, pour eux-mêmes et leur conscience, leur Idéologie allemande.[1] C'est alors un fantôme qui vient de l'avenir, tandis qu'en général il est admis que les fantômes nous viennent du passé qui leur est familier. Comment ce qui est à venir pourrait-il nous visiter ? **Or c'est précisément parce qu'il nous vient de l'avenir**, c'est-à-dire de ce qui nous advient proprement, ou comme notre propriété (que nous avons encore à nous approprier, suivant la leçon de Hölderlin)[2] **qu'il remue avec lui les plaintes**

---

[1] Le beau livre de Jacques Derrida « Spectres de Marx » se construit autour d'une étude minutieuse de la partie de L'idéologie allemande consacrée à Stirner ou « Saint Max ». Rappelons que Marx et Engels, qui avaient, paraît-il, « failli succomber au vertige de l'individualisme nihiliste », ont écrit L'idéologie allemande pour s'opposer à « l'idéologie de la philosophie allemande », c'est-à-dire, « dans le fond », pour faire leur « examen de conscience philosophique ». Pour finir, ayant atteint leur but principal (« la bonne intelligence de nous-mêmes »), ils abandonnèrent « le manuscrit à la critique rongeuse des souris » (voir la notice à l'Idéologie allemande, dans le tome III des Œuvres, Bibliothèque de la Pléiade, pp. 1039-1042)

[2] Lettre à Böhlendorff de décembre 1801 : « *C'est justement en ce qui nous est essentiel, nationel, que nous n'atteindrons jamais leur niveau, car, répétons-le, le plus difficile c'est le libre usage de ce qui nous est propre* ». Le niveau est celui des Grecs. *Autrement dit, pour*

**les plus anciennes**, pour ainsi dire archaïques, ou qu'il vient à nous et nous arrive accompagné de maints fantômes d'autrefois.

Tout le travail théorique et politique de Marx peut être résumé dans cet impératif, adressé aux hommes prolétaires en particulier et à l'humanité moderne en général, de se délivrer du fantôme, même si toujours les fantômes reviennent, ce que tous les hommes savent, déjà et mieux que les adultes, les petits enfants. Se délivrer du fantôme veut dire simplement : remplacer une répétition tournée vers le passé par une répétition tournée vers l'avenir[1]. Le temps est venu, pour les communistes, « d'opposer à la légende du spectre du communisme un manifeste du parti » (je souligne)[2]. La répétition tournée vers le passé est *sous l'emprise* du spectre, la répétition tournée vers l'avenir *n'a plus besoin* des spectres, et, généralement, de la littérature des spectres, des fantômes, des revenants. Que le communisme soit *entier* signifie avant tout que la révolution communiste est une révolution de monde, c'est-à-dire qu'elle a *un sens « philosophique »* (au sens où la philosophie est cet événement insigne dans le Dasein humain qui met chacun des individus *et* des peuples d'une humanité face à lui-même)[3]. Que le communisme soit *transitoire* veut dire que l'on ne peut en fixer à l'avance ou en arrêter une figure de stabilité – cette question de la stabilité qui est justement la question la plus importante *au point de vue de la politique en tant que telle* et du point de vue des puissances en général, en tant que condition pour un accroissement de la puissance, mais *non pas* dans la perspective communiste. Que le communisme n'ait pas de figure de stabilité, ni dans l'idée ni dans la réalité, cela signifierait au moins qu'il est une « *création continuée* » comme est la création du monde par Dieu dans la philosophie cartésienne ; que le peuple enfin *existe* dans sa liberté par une perpétuelle remise en question de son être objectif et des pensées à travers lesquelles il parvient à se penser lui-même

---

*Hölderlin, ce qui nous advient, notre avenir, est notre tâche* – **ce qui nous revient** (*notre* revenant).

[1] Voir, du contemporain exact (du point de vue de la chronologie) de Marx, le danois Kierkegaard, le merveilleux court texte intitulé « La répétition » (ou la « reprise »), Tome 5 des Œuvres complètes, aux Editions de l'Orante). Et surtout Nietzsche, en particulier la deuxième dissertation de la Généalogie de la morale, quand Nietzsche met en relation un oubli actif (faire un peu de silence), sans lequel il ne saurait y avoir gaîté, espérance, fierté, aucun présent (« keine Heiterkeit, keine Hoffnung, keinen Stolz, *keine Gegenwart* ») et une mémoire de l'avenir qui est une mémoire de la volonté (il s'agit d'un dressage : « *dresser* l'animal capable de promettre » / « ein Tier *heranzuzüchten*, das versprechen darf »). (Je souligne)

[2] Pour les communistes, pour *Marx lui-même*. Comme, en 1640, le temps était venu, pour Descartes, de s'engager (le temps qu'il me reste pour agir), car, explique-t-il, « *je croirais commettre une faute, si j'employais encore à délibérer le temps qu'il me reste pour agir* » (Première Méditation métaphysique, p. 402, Œuvres philosophiques, II, Garnier).

[3] Dans la philosophie, dit Heidegger, il se produit « un accès au tout » ; le questionnement en direction du tout, considéré dans sa teneur de questionnement, est tel « *qu'en lui-même il accède à la racine* ». Voir celui des livres sur Kant (De l'essence de la liberté humaine), qui se présente comme une Introduction à la philosophie (traduction Emmanuel Martineau, pp. 28-29 – Gallimard, série Martin Heidegger, 1987).

comme peuple par rapport à lui-même et aux autres peuples – et, s'il se pense vraiment lui-même dans ce double rapport, alors il est en effet véritablement communiste.[1]

## 2. Révolution bourgeoise et révolution prolétarienne

Deux textes, deux passages de ces textes, sont centrés sur la notion de la répétition et celle du spectre : la Critique de la philosophie du droit de Hegel (1843), le 18 Brumaire de Louis Bonaparte (1852). Le Manifeste du parti communiste est, lui, de 1848. Entre les deux autres.

Dans sa critique de Hegel (critique de la philosophie du droit, qui sera étendue à l'ensemble de la philosophie hégélienne en 1844, dans le troisième cahier des Manuscrits), Marx montre le lieu de « la possibilité positive de l'émancipation allemande » : cette possibilité est « dans la formation d'une classe chargée de *chaînes radicales*, d'une classe de la société civile qui n'est pas une classe de la société civile, d'un ordre qui est la dissolution de tous les ordres, d'une sphère qui possède un caractère universel en raison de ses souffrances universelles, et qui ne revendique aucun *droit particulier*, parce qu'on lui fait subir non un *tort particulier*, mais le *tort absolu*, qui ne peut plus s'en rapporter à un titre historique, mais seulement à un titre humain ».[2]Le lieu est bien dans cette classe, le prolétariat, parce qu'avec elle, avec la misère et le malheur prolétarien, ce qui arrive au monde est « la perte totale » de l'homme, parce que cette classe ne peut donc se reconquérir elle-même sans « la reconquête totale de l'homme ». La révolution, dans le monde moderne, cela doit se comprendre comme la chute de l'Ancien Régime, avec ses titres (historiques), à partir d'une lutte qui est « une lutte contre le présent politique de l'Allemagne », mais « une lutte contre le passé des peuples modernes, et les réminiscences de ce passé ne cessent de les hanter », écrit le jeune Marx. Tandis que l'Ancien Régime, chez ces peuples, « a connu sa tragédie, parce qu'il a cru et a dû croire à sa légitimité », il joue désormais sa comédie « sous le masque du revenant allemand ».[3] C'est dans ces pages du jeune Marx qu'on comprend le mieux ce que signifiait pour lui (et pour son ami Engels) la notion de « l'Idéologie allemande ».[4] Le régime allemand est si nul, explique-t-il,

---

[1] Exister pourrait se définir (pour un peuple comme pour un individu) : *tenir fermement dans ce qui se donne ou se produit comme essentiellement instable ou branlant*. Une pensée de *l'existence*, de l'être de l'homme (de l'impératif catégorique, puis du Dasein) ne pouvait venir au monde que dans la modernité européenne. Une constance dans l'incertain et le non-assuré. Montaigne (mais aussi, plus secrètement, Descartes).

[2] Pour une critique de la philosophie du droit de Hegel, p. 396. Pléiade, Œuvres, III, Philosophie. Souligné par Marx.

[3] Même texte, pp. 386 et 387 (pour ce passage et les suivants). De quoi comprendre ce qui est inintelligible pour les historiens bourgeois : le national-socialisme.

[4] Comme nous le montrons dans notre Introduction à la pensée de Marx, en sa deuxième partie (Marxisme et Idéologie), *il n'y a pas, chez Marx, de théorie de l'idéologie* (il n'en a pas

« *qu'il en est réduit à se persuader qu'il croit encore à lui-même, et il exige que le monde partage son illusion* ». L'Allemand dont parle Marx est le revenant allemand, et le brave homme qui naguère s'imaginait « que les hommes se noyaient uniquement parce qu'ils étaient possédés par l'idée de la pesanteur » était un pareil revenant allemand (et idéologue) : il appartient certainement au monde des ombres, son ancien régime « n'est plus que le *comédien* d'un ordre mondial dont les *vrais héros* sont morts ». « *Tant que l'Ancien Régime, qui était l'ordre du monde existant, luttait contre un monde en train de naître, il y avait de sa part une erreur de portée historique, mais nullement une erreur personnelle. C'est pourquoi sa chute fut tragique* ». L'histoire fait les choses à fond, radicalement (« gründlich »), elle traverse bien des phases avant d'enterrer une forme vieillie. « *La dernière phase d'une forme de portée universelle, c'est sa comédie.*[1] *Après avoir été, une première fois, tragiquement blessés à mort dans le Prométhée enchaîné d'Eschyle, les dieux de la Grèce durent subir une seconde mort, une mort comique.* Pourquoi l'histoire doit-elle suivre ce cours ? Afin que l'humanité se sépare sereinement de son passé. *C'est ce destin historique tout serein que nous revendiquons pour les puissances politiques de l'Allemagne* ». Cours en deux temps de l'histoire et des virages de cette histoire. Il y a une ironie de Marx dans cette considération de l'histoire politique, mais une amère ironie. On peut penser que lorsqu'une époque de l'histoire touche à sa fin, tout devient comédie, c'est-à-dire que tout ce qui se dit et tout ce qui se fait bascule dans l'insignifiant, se connaît comme tel dans la représentation de l'insignifiance, joue l'insignifiance dans la guise de la parodie[2] – or le jeu n'était pas du tout

---

besoin), mais *une critique radicale de ce que lui et Engels appellent « l'Idéologie allemande »*, c'est-à-dire de *la philosophie allemande post-hégélienne* (Feuerbach, Bauer et Stirner), qui est, pour eux, comme nous l'avons déjà noté, « un examen de conscience philosophique ». Les bavardages sur l'idéologie des marxistes du vingtième ne sont pas du tout fidèles à l'esprit et à la lettre de son texte.

[1] La forme universelle est ici la *mythologie* comme forme de l'existence humaine ou du rapport au monde dans l'Antiquité. Aujourd'hui, ce serait plutôt la science, la technique. Et la marchandise ! La psychanalyse freudienne – aussi bien en tant que « science de l'inconscient », que technique de soin et échange sur le modèle contractuel libéral de l'échange des marchandises, a pu être ainsi une forme de l'existence pour une part, il est vrai, minuscule, de l'humanité occidentale européenne. Ce texte, d'une grande force, semble ignoré des marxistes.

[2] Un bel exemple de représentation artistique (cinéma) de ce jeu parodique dans le moment de la fin (à la fois la fin de l'art, et la fin d'une vie, de l'espérance dans l'amour) est le film de Visconti, à partir d'une nouvelle de Thomas Mann, La mort à Venise : tout est parodie et répétition parodique dans cette très sombre histoire, des soirées apéritives sur la terrasse du Grand Hôtel aux jeux de plage – et jusqu'à l'amour même, désespéré et grotesque, de l'artiste proche de la mort pour le bel adolescent (un véritable amour, réciproque, le bel adolescent se sait aimé, il voit le regard désirant du vieil homme, tandis que lui-même joue des jeux de corps enlacés avec un camarade « viril » de plage, mais son savoir est un savoir insouciant). Parodie à plusieurs dimensions (historique, amoureuse et homosexuelle, sociale, artistique). Même le sublime de la musique elle-même bourgeoise (Mahler) paraît être une parodie de sublime.

insignifiant, mais au contraire essentiellement signifiant, portant un travail du sens dans chacun des actes et chacune des paroles humaines.

On relira donc le premier chapitre du 18 Brumaire de Louis Bonaparte[1], pas seulement pour le bonheur de la verve de Karl Marx, écrivain chroniqueur merveilleusement doué de la « lutte des classes » en France, mais parce qu'il explicite le sens du virage en deux temps ou de la répétition historique de l'événement, une fois tragique (mort tragique des Dieux dans Eschyle, Grande Révolution française de 1789 à 1814), une autre fois comique (phase ultime, mort des Dieux dans les dialogues de Lucien, parodie révolutionnaire des années 1848 à 1851) : ce premier chapitre, magnifiquement enlevé (on dirait une musique de Mendelssohn) est le chapitre de la *correction* de Hegel et de la *décision* (de la pensée de l'événement comme décision) quand la décision se libère de la forme qui était la sienne dans la Philosophie du droit de Hegel ; mais il change le sens de la pensée de la répétition en en renouvelant l'interprétation. Le Marx de 1852 n'est plus tout à fait le Marx de 1843 : il l'approfondit.

Pour la *correction* de Hegel, tout est dit dans le premier paragraphe : « Hegel fait quelque part cette remarque que tous les grands événements et personnages historiques se répètent pour ainsi dire deux fois. Il a oublié d'ajouter : la première fois comme tragédie, la deuxième fois comme farce. Caussidière pour Danton, Louis Blanc pour Robespierre, la Montagne de 1848 à 1851 pour la Montagne de 1793 à 1795, le neveu pour l'oncle ». Suivant l'explication de Marx, la répétition historique a sa raison dans le fait que « la tradition de toutes les générations mortes pèse d'un poids très lourd sur le cerveau des vivants ». Autrement dit, comme l'hystérique du docteur viennois, l'histoire marxiste « souffre de réminiscences » ; ce ne sont pas seulement les événements qui se répètent, mais – la chose est remarquable – les personnages, le grand Napoléon se répète dans Napoléon le petit. Aux *esprits du passé* qu'ils « évoquent craintivement », les hommes « qui font leur propre histoire... dans des conditions directement données et héritées du passé ... empruntent leurs noms, leurs mots d'ordre, leurs costumes, pour apparaître sur la nouvelle scène de l'histoire sous ce déguisement respectable et avec ce langage emprunté ». C'est là, notons-le, une représentation bourgeoise de l'histoire, des événements et des personnages historiques – ce qui se conçoit

[1] Ce premier chapitre se trouve aux pages 15-26 dans les Editions sociales (1970). Le dernier paragraphe de la préface de Engels à la troisième édition de 1885 (page 14), est un échantillon très édifiant du jargon doctrinal marxiste à la fin du dix-neuvième siècle : « ... Marx découvrit le premier la loi d'après laquelle toutes les luttes historiques ... ne sont en fait que l'expression plus ou moins nette des luttes de classes sociales, loi en vertu de laquelle l'existence de ces classes, et par conséquent aussi leur collision, sont à leur tour, conditionnées par le degré de développement de leur situation économique... Cette loi, qui a pour l'histoire la même importance que la loi de transformation de l'énergie pour les sciences naturelles... ». Il est consternant que ce jargon très daté, bien qu'on ne prenne plus la parole marxiste pour parole d'évangile, loin de là, soit encore considéré comme un morceau exemplaire de doctrine, plein de sens et d'enseignement !

bien puisque le type même de l'événement historique est, pour Marx comme pour à peu près tout le monde en son temps, la révolution *bourgeoise* française. Cela se conçoit d'autant mieux qu'il y a une raison de fond de cette façon de se représenter l'histoire : la bourgeoisie, l'humanité bourgeoise, en effet, ne connaît pas l'originalité, c'est, pour ainsi dire, son drame originaire, elle ne prend conscience d'elle-même qu'en empruntant habits, idées, langages et comportements à d'autres humanités qui l'ont précédée et jamais ne se reconnaîtraient en elle (comme le fils emprunte au père ou le neveu à l'oncle). Bref, la grandeur bourgeoise est une grandeur *empruntée*, d'ailleurs son expression même (littéraire ou politique) a des allures coincées. En ce qui concerne la France, le pays historique par excellence pour Marx, le modèle auquel on emprunte, c'est Rome. La révolution française (de 1789 à 1814), qui secoue et, finalement, renverse un régime de monarchie despotique séculaire – lequel se représentait déjà son illusoire grandeur dans le miroir des pensées, des formes d'art, et des institutions de l'Antiquité « gréco-romaine », et accordait, au temps de la monarchie « absolue » d'assez considérables rentes à ses artistes de cour pour qu'ils en produisent une réplique française[1] – se drape à son tour dans le costume de la romanité, sa République et son Empire, leur génie et leur fantaisie, leur étroitesse aussi (leur cœur étroit), leur façon autoritaire et surtout bornée de considérer, plus précisément d'apprécier les choses (et les hommes) ; les révolutionnaires français accomplissent leurs tâches (instauration de la société bourgeoise moderne de classe) en se servant d'une phraséologie romaine. Ainsi portent-ils leur enthousiasme, comme dit Marx, « au niveau de la grande tragédie historique ». Mais la réminiscence peut aussi nourrir de pauvres parodies des anciennes luttes, et l'enthousiasme devient emportement mécanique avec « pensées » de pacotille ; alors, au lieu de retrouver l'esprit de la révolution, on ne fait qu'évoquer, de façon rétrograde, son « spectre » comme la période de 1848 à 1851 « ne fit qu'évoquer le spectre de la grande révolution française, depuis Marrast, le républicain aux gants jaunes qui prit la défroque du vieux Bailly, jusqu'à l'aventurier qui dissimule ses traits d'une trivialité repoussante sous le masque mortuaire de fer de Napoléon ».[2]

---

[1] Créant, *pour le pays de France*, des habitudes de corruption et de flatterie dans le milieu des « intellectuels » et des « artistes », notamment des gens des lettres et du spectacle, qui ont perduré dans la culture étatique de la gauche socialiste et communiste jusqu'aux toutes dernières années du vingtième siècle ! Depuis, le modèle dit affreusement de la « monarchie républicaine » est parvenu à une domination complète. Nos artistes et nos intellectuels, même « révolutionnaires » sont aujourd'hui *entièrement embourgeoisés*, experts en flagorneries. La colère de Simone Weil, en 1943, à l'endroit de gens donnés comme modèles du grand art « classique », comme Corneille ou La Fontaine, est juste et rafraîchit notre mémoire en la redressant. Continuité dans le passage du régime monarchique au républicain. On peut se figurer, analogiquement, une continuité de l'ancien (tsariste) au nouveau régime (communiste) en Russie. Aujourd'hui l'odieux Poutine.

[2] L'emportement « mécanique » prend souvent la forme du délire de *l'idée fixe*. Page étonnante de Marx : « Tout un peuple qui croit s'être donné, au moyen d'une révolution, une

Pour la *décision*, il faut distinguer entre les révolutions bourgeoises et la révolution prolétarienne : la décision historique n'appartient pas aux révolutions bourgeoises, explique Marx. Certes ces révolutions « se précipitent de succès en succès » tandis que « leurs effets dramatiques se surpassent » et que « les hommes et les choses semblent pris dans des feux de diamant », alors « l'enthousiasme extatique est l'état permanent de la société », mais ces révolutions sont de courte durée. Elles « atteignent rapidement leur point culminant, et un long malaise s'empare de la société avant qu'elle n'ait appris à s'approprier d'une façon calme et posée les résultats de sa période orageuse » (p. 19). Une fois accomplie leur tâche historique, qui est la mise en place de nouveaux rapports sociaux de production, permettant un développement nouveau des forces productives, les révolutionnaires bourgeois disparaissent de la scène, l'initiative est désormais laissée aux hommes de l'appareil de l'Etat qui gèrent la nouvelle situation historico-politique (administration des territoires et affaires de police) et, finalement aux bourgeois qui ne s'occupent que de leurs affaires et par rapport auxquels il faut penser que les « politiques » ne sont jamais que des serviteurs, parce que la machine de l'Etat, avec tous ces appareils, ne peut être autre chose qu'un « instrument au service de la classe dominante ». Bien entendu, ce qu'on appelle ici politique n'a de rapport à la politique, en tout cas celle qu'ont pensé les Grecs, que d'homonymie : *la politique bourgeoise est à la vraie politique ce que le cadavre est à l'homme,* selon Aristote. Les révolutions bourgeoises ne pouvaient s'élever à une vraie grandeur, parce que leurs idéaux n'étaient là que pour maintenir artificiellement l'enthousiasme au niveau de la grande tragédie historique. Exemplairement *l'idée de nation*, célébrée avec lyrisme par Michelet, qui, à titre d'idéal révolutionnaire dans une situation de guerre – célébration de la patrie, idéalisation de la France – a suscité des comportements généreux et des actions héroïques jusqu'au vingtième siècle, dans le moment de la résistance contre l'occupant nazi ; elle couvre néanmoins des motifs médiocres qui doivent rester cachés, au risque, s'ils sont découverts, de démoraliser les troupes de la révolution. **Ces révolutions-là doivent donc rester dans l'indécision et le cours des événements historiques révèle toujours cette foncière indécision** (qui s'accomplit en tant qu'indécision dans *l'hypocrisie* comme forme fondamentale de l'existence bourgeoise).

---

force de mouvement accrue, se trouve brusquement transporté dans une époque révolue… La nation entière se conduit comme cet Anglais toqué de Bedlam (maison d'aliénés de Londres) qui s'imaginait vivre à l'époque des anciens Pharaons et se plaignait tous les jours des pénibles travaux qu'il était obligé d'accomplir comme mineur dans les mines d'or d'Ethiopie… « Et tout cela, se lamentait-il, m'est imposé à moi, libre citoyen de la Grande-Bretagne, pour extraire de l'or au profit des anciens Pharaons ! » « Pour payer les dettes de la famille Bonaparte », se lamente la nation française. Tant qu'il avait sa raison, l'Anglais ne pouvait se débarrasser de l'idée fixe de faire de l'or, les Français, tant qu'ils firent leur révolution, ne purent se débarrasser des souvenirs napoléoniens, etc. » (pp. 17-18).

Au contraire, « les révolutions prolétariennes, comme celles du dix-neuvième siècle, se critiquent elles-mêmes constamment, interrompent à chaque instant leur propre cours, reviennent sur ce qui semble déjà être accompli pour le recommencer à nouveau, raillent impitoyablement les hésitations, les faiblesses et les misères de leurs premières tentatives, paraissent n'abattre l'adversaire que pour lui permettre de puiser de nouvelles forces de la terre et se redresser à nouveau formidable en face d'elles, reculent constamment à nouveau devant l'immensité infinie de leurs propres buts, *jusqu'à ce que soit créée enfin la situation qui rende impossible tout retour en arrière, et que les circonstances elles-mêmes crient* : *Hic Rhodus, hic salta... C'est ici qu'est la rose, c'est ici qu'il faut danser !* » (Le 18 Brumaire, pp. 19-20).[1] J'ai cité ce passage dans toute sa longueur, tant il dit en précision **le sens de la révolution quand cette révolution en est une vraiment, quand elle est révolution prolétarienne** (ou **communiste**). Il me semble clair que Marx pense le temps historique comme il pense *le temps de l'écriture* en caractérisant le « comment » des révolutions prolétariennes de son siècle (« comme celles du dix-neuvième », dit-il) à partir *de ce qu'il sait de sa propre pratique de penseur-écrivain*, et de ce que nous avons déjà rencontré comme *le trait obsessionnel* de la pensée-écriture (se critiquant constamment, interrompant à chaque instant son cours, revenant sur l'apparemment accompli, qui est, de fait, accompli, d'une certaine façon, mais *qui veut qu'on revienne à lui* – ce n'est pas encore ça, quand ce sera enfin ça, on sera déjà dans autre chose) ; il faut en venir à rencontrer la **nécessité de l'être**, épuiser le fantasme du possible formel (cela pourrait aller dans cette direction, dans cette autre, cela pourrait être « bien » ou « mal »), donc « par-delà bien et mal », et tenir à distance les histoires que l'on peut se raconter sur ce que l'on fait, qui font beaucoup de bruit (pour rien) comme dans les comédies de

[1] Marx reprend littéralement un célèbre passage de la préface à la Philosophie du droit, œuvre qu'il connaît par cœur dans ces années-là. Juste après ce passage, Hegel explicite le sens, *pour lui*, de la formule : « Reconnaître la raison comme la rose dans la croix de l'expérience présente, et par là se réjouir de celle-ci, cette visée rationnelle est la *réconciliation* avec l'effectivité dont la philosophie octroie la *compréhension* à ceux qui, une bonne fois, en ont ressenti l'exigence intérieure », p. 75, traduction Jean-Louis Vieillard-Baron, Garnier-Flammarion, 1999. Les deux mots soulignés (par Hegel) sont les mots fondamentaux de la langue spéculative. Il n'y a pas de réconciliation chez Marx et l'interprétation compréhensive doit céder la place à l'impératif pratique de transformation. Autrement dit, ce que Hegel appelle « visée rationnelle » est une visée « après-coup », quand tout est déjà joué. Il y a bien une « jouissance » de la pensée dans Hegel, un « par-delà le bien et le mal ». De même qu'il y a décision (« une bonne fois »). Mais la décision hégélienne, celle de l'idée, est une fausse décision, un semblant de décision qui ne fait que justifier après-coup ce qui est déjà joué. La décision vraie est *l'audace révolutionnaire* : oser l'Être ! De même l'écrivain revient sur sa page, il ne sait pas ce qu'il doit écrire (sinon il n'écrirait pas), jusqu'au moment où il découvre que c'était bien ça, il n'y a plus à revenir, d'ailleurs *on ne peut plus revenir*, *on est déjà ailleurs* (mais non pas « après » – comme quand les braves gens se demandent ce qu'il y a « après la mort » !). Inutile de dire que la plupart des commentateurs citent ces passages sans voir aucunement ce dont il s'agit vraiment !

Shakespeare, et brouillent la vue et l'entente de ce qui a lieu, en arriver donc au moment de la décision qui n'est jamais seulement *notre* décision (dite « subjective », en âme et conscience, dans le « for intérieur ») mais qui est la décision de l'Être, laquelle se donne de l'extérieur (c'est-à-dire de nulle part) du point de vue de la représentation que l'on peut s'en faire, comme un hasard, cet « horrible hasard » dont parle Nietzsche, qui est la façon ordinaire dont les choses se présentent à nous, dans notre pitoyable aveuglement.

La décision appartient à la révolution prolétarienne (« comme celles du dix-neuvième siècle »), parce que cette révolution, étant délivrée de l'hypocrisie bourgeoise (elle *est* cette délivrance) – celle, notamment et éminemment, de la pseudo-réconciliation avec l'effectivité dans la philosophie du droit de Hegel, autrement dit, l'hypocrisie de ce qu'on appelle assez bien la « compréhension » – n'a pas à se dissimuler à elle-même ses propre buts infames et à *jouer* la noblesse ; elle *connaît sa noblesse prolétarienne* (sa provenance) dans son combat pour la réappropriation par l'humanité de son essence, c'est-à-dire en l'occurrence pour la réappropriation du monde et de toutes les richesses du monde, ouvrant un espace-temps de la mise en œuvre du projet commun (le projet communiste), qui doit certainement passer – tant pèse encore, et pour longtemps, le passé d'oppression – par des tentatives nombreuses et les échecs de ces tentatives, mais *doit garder en son cœur l'énergie qui la porte* : cette révolution prolétarienne rompt et doit rompre avec le politique (bourgeois – brutalité oppressive et comédie de boulevard) dont elle connaît le secret, parce qu'elle *est*, en quelque manière, le secret – *en étant la révélation du secret*. Tandis que la révolution bourgeoise est une révolution politique (au sens ordinaire, bourgeois) qui met en place les institutions et les appareils confortant la propriété privée ou le mode privatif de l'appropriation, tel qu'il s'accomplit dans le Capital, suivant la démonstration marxiste : cette révolution bourgeoise ne fait jamais qu'adapter[1] les formes institutionnelles et techniques de la domination politique aux transformations dans l'organisation économique et culturelle (cela va ensemble), qui, elles, sont exigées, dit Marx, par « le développement des forces productives » ; elle est une révolution politique *formellement*, c'est-à-dire *effectivement* une révolution des *formes* du politique et de la politique, qui ne change rien à *la nature de l'institution politique* (ce que Marx et Engels désignent comme « dictature de classe »). La nature de l'institution politique, de ce point de vue, se montre, dans le monde bourgeois, être celle d'organiser la soumission des sociétés ou des peuples à leurs maîtres bourgeois, de produire une humanité qui se plie à la règle du salaire, une humanité qui voit, *sans sourciller*, la force de travail humaine en tant qu'une marchandise et le travail humain *entièrement dépendant* de la

[1] C'est pourquoi les « révolutionnaires » bourgeois (par exemple, aujourd'hui, en France, le président Macron) ne savent jamais vraiment où ils en sont et ce qu'ils sont. La réforme ou la révolution ? Réformistes ou révolutionnaires ?

machine (c'est le passage de la subsomption formelle à la subsomption réelle du travail sous le capital, qui marque le passage à la « grande industrie », c'est-à-dire l'avènement du capital-roi). Le « politique » et la « politique » sont directement au service de l'entreprise et bientôt du dollar. La révolution prolétarienne est une *révolution sociale*, ou, comme dit quelquefois Marx, sa tâche n'est plus seulement *d'émanciper les individus* (c'était un sens de la révolution bourgeoise), mais de *libérer la société*, elle est celle d'abolir la propriété bourgeoise (donc l'*âme* bourgeoise, avec ses rêveries de possession « éternelle » de soi), propriété qui, elle-même, ne peut se développer et s'accomplir dans le mode de production capitaliste qu'en renforçant un pouvoir d'Etat qui garantit le développement de cette propriété en s'assurant la soumission des masses laborieuses, à travers un appareillage technique de l'écrasement des initiatives de pensée et de l'abolition des rêves proprement humains. Il faut noter ce point : *cette révolution « sociale » n'est pas le rêve d'un retour à un état pré-politique*, pour ainsi dire, en-deçà du bien et du mal, elle est, au contraire ce qui commence une *autre* politique (qui reprend la politique telle qu'elle a commencé d'être pensée par les Grecs) : cette autre politique, nous l'avons déjà dite plus haut : il s'agit de garder au cœur du peuple révolutionnaire, l'énergie qui le porte, de *l'abriter*, dans la mise en œuvre du projet communiste. Quant à la libération de la société, comprise comme le lieu où se passe (se produit) l'Être (nature et humanité), on pourra en savoir davantage dans le moment de la révolution, si révolution il y a. On ne peut en préciser le sens, si on se tient au dehors : si on ne fait que « spéculer », dans tous les sens de ce verbe, sur la révolution. **Or on doit en préciser le sens** (c'est tout le travail de Marx), mais **ce travail de précision du sens** (avec tout ce qu'en dit Marx au début de ce passage, la critique constante, les interruptions, etc.) **est déjà un travail communiste**, il est déjà une libération de la société. Ce travail communiste libère l'individu lui-même, mais non pas l'individu au sens bourgeois, celui de l'ego propriétaire (l'Unique de Max Stirner) mais **l'individu réel** dont l'être est l'être social, c'est justement sa particularité, dit Marx, qui fait de lui « un être commun individuel réel » (voir La pratique du monde et la mutation de soi, II, III,1).

Précisément la *nouveauté* du 18 Brumaire (1852) par rapport à la Critique de la philosophie du droit de 1843 est la distinction entre une révolution *bourgeoise, seulement politique* – qui maintient l'institution politique et même en révèle la nature de n'être qu'un instrument au service de la classe dominante – et la révolution *prolétarienne* qui n'est pas ou plus une révolution politique, mais une révolution sociale : son but est au contraire d'en finir avec l'institution politique (avec l'Etat), en abolissant la propriété privée, ou *le mode privatif de l'appropriation*, propriété privée qui ne peut subsister qu'en étant garantie et justifiée par l'institution politique. Il faut toujours rappeler ce point (sans quoi tout ce que dit Marx peut être pris pour une rêverie utopique, un bavardage) : le communisme, s'il se distingue en tant qu'abolition de la propriété *bourgeoise*,[1] ne signifie pas l'abolition de la propriété tout court, parce qu'une telle abolition n'a tout simplement aucun sens ; l'abolition de la propriété bourgeoise signifie avant tout en finir avec le mode privatif de l'appropriation qui caractérise le régime de la propriété privée que le capital *révèle*, dans sa forme accomplie, fondé sur l'exploitation de la force de travail humaine par le capital, sur la soumission du travail vivant au travail mort (le capital dans la forme de machine), finalement du vivant au fantôme ou au spectre. **Chez Marx** – ce point est essentiel – **le mot de « propriété » ne désigne pas un titre juridique ou de reconnaissance d'un état, il dit, en le résumant, un mode de l'appropriation.**[2] Or, dans le mode de production capitaliste, l'appropriation (Aneignung) est celle, par le capital, des richesses que produit le travail, dont le travail lui-même, elle implique la désappropriation (Enteignung) des travailleurs. Dans la critique de la Philosophie du droit de Hegel, Marx avait en vue la radicalité de la révolution prolétarienne, mais il se la représentait dans le langage de l'humanisme et de l'humanité en général, du communisme « anthropologique » qu'il avait appris à parler dans Feuerbach. Le communisme de Feuerbach est une belle rêverie de philosophe (ce n'est déjà pas mal) qui séduit le jeune Marx jusque dans les premières années de son travail de penseur et de son engagement politique. Seulement le travail en question *change* le jeune Marx : il sait maintenant, au moment où il écrit le 18 Brumaire, que cette révolution a sa réalité pratique en tant que révolution *sociale*.

Dans cette nouveauté n'y a-t-il pas rien qu'un jeu sur les mots, le remplacement d'un mot par un autre, et finalement le pire de la tendance « critique » (« critique critique » !), le pire de l'idéologie philosophique (le verbalisme). A première vue, en effet, en parlant de révolution prolétarienne *sociale* plutôt que d'une reprise par *l'homme communiste* de son humanité qu'il a perdue dans le monde ou la société du capital, Marx ne fait que remplacer une abstraction (celle de l'humanité en général) par une autre abstraction, moins « métaphysique », plus « scientifique », l'abstraction de la « société » : **l'abstraction socialiste**. Car la « société » peut n'être qu'un nom

[1] Le Manifeste, p. 70 : « Ce qui distingue le communisme n'est pas l'abolition de la propriété en général, mais l'abolition de la propriété bourgeoise ».

[2] La révolution bourgeoise s'accomplit, elle, dans une perspective juridique, et a pour visée d'abord la suppression des « privilèges », c'est-à-dire des droits (privilèges) de l'Ancien régime, ensuite d'élargir les droits divers des individus et des sociétés, et de multiplier les domaines relevant de la juridiction et des procédures juridiques de façon totalement irrationnelle (le droit des enfants, des animaux, etc.). Cela jette une lumière crue sur la misérable conception qu'a la bourgeoisie de l'existence et de la vie humaine. La révolution prolétarienne prend pour fondement la *considération des besoins proprement humains*. C'est en rapport à l'exigence de la *satisfaction* et d'abord à la *connaissance* de ces besoins que peuvent être déterminés les droits. Là-dessus, Marx, d'abord, tout Marx, puis, au vingtième siècle, Simone Weil, dont il faut lire ou relire le livre magnifique de 1943 : L'enracinement – dont le sous-titre, *explicitement dirigé contre l'idéologie juridique bourgeoise* (ou l'idéologie des Lumières), est : *Prélude à une déclaration des devoirs envers l'être humain*.

pour la puissance qui se déploie dans la modernité comme le Capital, d'un côté – le capital est en effet, comme toujours Marx le précise, une puissance sociale et non une puissance personnelle – le déploiement de la technique moderne et de la pensée techniciste *et* organisationnelle, de l'autre. Quant à l'humanité (en général), elle n'est jamais qu'un mot creux. Ce mot peut habiller toutes les puissances et toutes les impuissances : il ne dit rien.

## 3. La révolution communiste comme révolution de monde

En pensant la répétition dans l'histoire, les deux modes de la répétition – le mode tragique et le mode comique – Marx atteint, dès les premières années de son travail de pensée qui parvient à son accomplissement en 1844 avec ses notes recueillies dans ce qu'on appelle les Manuscrits économico-philosophiques, *l'essence de l'histoire*, c'est-à-dire ce qu'il faut penser comme l'historique.[1] Dans les Contributions de Heidegger (1938), cela s'appelle l'essence active (Wesung) d'espace-temps de l'Être, et s'explicite, au morceau 139 des Contributions, dans l'énoncé suivant : « *L'Être déploie son essence en tant qu'Evénement* ».[2] L'être de toute chose est sur le mode essentiel de la répétition, **c'est précisément sur le mode essentiel de la répétition qu'un étant joue sa différence,** c'est-à-dire son être, autrement dit c'est sur ce mode qu'il existe (l'essence de l'étant est son existence). Les deux modes de la répétition, on les retrouve, chez Heidegger, dans *les deux façons* dont il pense *la tradition*, d'une part comme ce qui, s'imposant en tant qu'autorité purement formelle, dessèche ou vide toute chose de son être, *d'autre part*, comme cela qui, au contraire, vivifie et donne son sens d'être à la chose.[3] Pour Marx, non seulement l'histoire connaît la répétition ou se

---

[1] L'accomplissement que nous disons consiste dans le dépassement de l'opposition métaphysique de la nature et de l'homme en vis-à-vis (qui se la représente) : « Nature » et « Humanité » sont deux régions que l'on peut distinguer dans l'étant, mais sont immédiatement le même dans l'Être : l'être de l'humanité s'accomplit en tant que nature, l'être de la nature s'accomplit en tant qu'humanité. Nous développons cette pensée de l'Être non métaphysique (et qui n'est donc plus une « ontologie » régionale ou fondamentale) des Manuscrits de 1844, dans la troisième partie de ce travail (Le monde commun). Rappelons que Heidegger a mis lui-même beaucoup de temps (tout le long temps de son travail de 1913 à 1968 en gros) à se délivrer du poids de l'ancienne « ontologie ».

[2] « Das Seyn west als das Ereignis » (Beiträge, 139, p. 260). François Fédier propose cette traduction : « L'estre déploie sa pleine essence comme avenance ». Le titre du morceau 139 est : « Die Wesung des Seyns : Wahrheit und Zeit-Raum » (L'essence active de l'Être : Vérité et espace-temps).

[3] Dans Être et Temps, la tradition, exerçant sa domination, dépossède le Dasein de son être : le pouvoir de se diriger lui-même, de questionner et de faire des choix, « elle rend d'abord et le plus souvent ce qu'elle « transmet » si peu accessible qu'elle *l'occulte* bien plutôt. Elle livre ce dont elle s'empare au « cela va de soi » et barre l'accès aux sources originales d'où les catégories et concepts traditionnels ont été tirés pour une part de manière légitime. La tradition va même jusqu'à faire entièrement perdre la mémoire qu'ils ont eu une telle origine » (§ 6). Dans les années qui suivent le « tournant », quand la pensée de Heidegger est celle d'une

constitue dans son être historique par et dans la répétition, mais chacun des étants, à la mesure de son Être, est répétition, se répète lui-même sur le mode tragique ou sur le mode comique, en héros ou en bouffon – farce ou tragédie. Les événements, dit Marx, et les personnages. Il semble que le comique de la répétition caractérise sa phase ultime, comme les derniers feux d'un tour de répétition, afin, écrit Marx, « *que l'humanité se sépare sereinement de son passé* » : un tour de répétition, comme un cycle, dans un autre langage, une « révolution », par où l'on passe d'un premier commencement à un autre commencement (un commencement est toujours pour un autre). On ne peut donc penser simplement à quelque chose comme à la retombée d'un élan initial, qui donnait son énergie et sa portée à une répétition singulière (un individu, un peuple). Cela, l'élan et la retombée, c'est la question des *âges* (une *question vraie*, c'est-à-dire dont la pratique singularise chacun des peuples ou des individus). Mais ce que pense Marx est à la fois plus simple et plus difficile à penser. Il faut d'abord voir que **l'événement premier** (la mort des dieux dans Eschyle) **n'est pas moins répétition que le second** (la même mort des dieux dans les dialogues de Lucien). **Il s'agit chaque fois d'une répétition vers l'avenir** (comme quand on répète, quand on prépare un concert, une représentation dramatique, un ballet de danse, une prestation lors d'un concours). D'une certaine manière on peut dire que l'enseignant est *celui qui prépare*, son enseignement est une répétition, et le philosophe, dans notre tradition occidentale, est *le grand répétiteur*. Avec Marx, le grand répétiteur est le prolétariat et la répétition *avec* sa préparation est la révolution. Si le second répète le premier, ce premier est déjà répétition, ils ont l'un et l'autre, le comique et le tragique, une structure *ou* une essence de répétition[1]. On ne pourra savoir *à l'avance* (théoriquement) ce qui est comédie, ce qui est tragédie : un étant s'est découvert dans son être au cours de l'une ou de l'autre répétition. La répétition est cette épreuve à travers laquelle un étant se cherche et se trouve éventuellement (en réalité toujours)[2], en empruntant à ce qui se présente à lui comme un modèle d'exercice et d'entraînement – répétition tragique par laquelle, même en s'appuyant sur tel ou tel modèle qui s'est

---

*histoire de l'Être*, la tradition est, au contraire, *ce qui libère l'origine* : le grand livre « Qu'appelle-t-on penser » est un travail de méditation de la tradition-traduction. Je donne ce passage du Principe de raison (de la même époque – les années 50) : « Une tradition qui se durcit peut dégénérer en fardeau et obstacle. Elle le peut parce que la tradition est proprement ce que dit son nom : une transmission, une remise, une livraison, au sens du latin liberare, une libération. En tant que libération, la tradition dégage et met en lumière les trésors cachés de ce qui fut et n'a jamais cessé d'être, même si cette lumière n'est qu'une aube encore hésitante » (p. 222, Le Principe de raison, traduction André Préau, Gallimard, 1957).

[1] Il faudrait préciser et justifier cette quasi-équivalence que nous suggérons ici des notions de « structure » et « essence ». Ce n'est pas le lieu.

[2] On peut dire autrement qu'il n'y a pas de répétition originaire : c'est l'originaire qui est la répétition. Il nous semble que Deleuze a travaillé cette pensée, dans une (belle) philosophie bourgeoise du simulacre, cependant trop peu affranchie des préjugés de la modernité (dans sa modalité universitaire).

imposé à lui, mais dont il doit s'approprier la vertu, l'étant est exposé à son être le plus propre (*à la question qu'il est lui-même*, s'il est cet étant et à la mesure de son être) dont il doit user (le plus difficile, selon Hölderlin) ; *mais* cette répétition peut se réduire à cette forme de fonctionnement de machine suivant laquelle ce qui a trouvé sa formule de répétition persévère dans l'être (Spinoza) en obéissant à la prescription de la formule, d'où l'effet comique.[1] L'inspiration de Marx est certainement du côté de Nietzsche quand il évoque Eschyle et « ses vagues de rires innombrables »[2], qui « pour finir, doivent l'emporter sur le plus grand des tragédiens ». Quand Nietzsche écrit : « *La brève tragédie de l'existence n'a jamais cessé de passer et de revenir à l'éternelle comédie de l'existence* »[3], l'éternité de l'éternelle comédie est celle de ce qui passe et qui revient, elle est l'éternité machinale de l'éternel retour. Avec l'incessant « passer et revenir », tout retourne à l'insignifiance de ce qui n'est plus que sur le mode de la représentation, qu'elle soit tragique ou comique, sur le mode de la parodie ou du pastiche, qu'il s'agisse des événements, de ce qui arrive, dans le monde et comme le monde, lequel monde est, pour finir, un monde indistinct de sa représentation, ou des personnages qui en arrivent en effet, comme pour un auteur, même le plus grand, à se parodier eux-mêmes, ou eux-mêmes dans un autre, Rome dans la Révolution française de 1789-1814, cette grande révolution bourgeoise française dans les agitations révolutionnaires prolétariennes de 1848-1852, Napoléon Bonaparte dans Napoléon le neveu, dont l'allure et les préoccupations sont si vulgaires et les comportements si médiocres – comme si derrière toute noblesse prétendue se dissimulait un fond d'infamie que découvre la descendance de l'événement ou du personnage – soupçon bourgeois !

Si quelque chose arrive véritablement dans le monde, ce qui arrive est le monde lui-même, dans sa configuration nouvelle – *ou rien* : quand ce qui arrive n'est pas le monde lui-même, alors rien n'arrive dans le monde, il n'y a plus que le simulacre de l'événement, ou le pastiche des écritures et des textes, c'est ainsi que des choses « arrivent », *en n'arrivant pas*, dans la représentation de comédie, dans l'absence de style et de moralité en quoi consiste le « faire comme si ». Il est clair que, pour Marx, la bourgeoisie désigne l'humanité du « faire comme si », des simulacres et des pastiches quand, comme dans les opéras de Mozart (Les Noces de Figaro ou Cosi fan

---

[1] Effet que l'on peut se représenter à la manière de Bergson, quand il définit le comique comme « du mécanique plaqué sur du vivant ».

[2] Prométhée enchaîné : « O Ether divin, souffles au vif envol, / Sources des fleuves innombrable sourire / Du flot marin, terre immensément maternelle ! / Et l'œil du soleil qui voit tout, je l'invoque aussi. / Voyez en moi ce qu'un dieu souffre des dieux. / Regardez quels outrages me déchirent ». La Pléiade, Tragiques Grecs, p. 195.

[3] « Die kurze Tragödie ging schliesslich immer in die ewige Komödie des Daseins über und zurück und die « Wellen unzähligen Gelächters » – mit Aschylus zu reden – müssen zuletzt auch über den grössten dieser Tragöden noch hinwegschlagen », Die fröhliche Wissenschaft (Le gai savoir, I, 1).

tutte), il se passe beaucoup de choses et il ne se passe rien, ou rien que la comédie, la représentation comique elle-même. Cette humanité bourgeoise *est* la *comédie* bourgeoise[1] – laquelle peut être prise en tant que genre dramatique et genre existentiel. Raison pour laquelle Molière, à l'âge classique, comme le désigne Foucault, est un si grand auteur, il délivre toute la richesse, si l'on peut ainsi dire, de cette humanité incapable de décision, mais multiplement talentueuse, parce qu'elle ne cesse de dissimuler sa propre médiocrité en se racontant des histoires à dormir debout auxquelles elle-même ne croit pas et auxquelles elle n'a jamais cru, parce qu'*elle rêve la noblesse en roturière*, commence avec le Quichotte, l'ingénieux Hidalgo flanqué de son écuyer Sancho Panza et finit en s'effondrant dans des travers ridicules et dans le pur et simple et criminel délire (Dostoïevski). Mais il est clair aussi que, pour Marx, la répétition bourgeoise est d'emblée une répétition manquée, parce que *l'histoire est déjà jouée* (c'est un sens que l'on peut trouver au « déterminisme économique »), parce qu'autrement dit, la bourgeoisie accomplit un destin qui s'est noué bien avant qu'elle n'apparaisse sur la scène de l'histoire, avec ses ambitions propres, de commerce et d'industrie, comme destin de la propriété privée qui ne trouve à s'accomplir, en Europe, qu'avec le « mode de production capitaliste », quand, au lieu d'être projetée dans l'au-delà du ciel et de cristalliser dans le Dieu « créateur » des religions, la puissance se découvre en tant que puissance de la technique moderne dans son essence avec sa science et la puissance de l'industrie en général, et, du même coup, en tant que la puissance du capital, c'est-à-dire non pas de l'argent simplement (comme dans la chrématistique, chez les Grecs), mais avec ce que le père Ubu appelait la « phynance », à savoir la *répétition indéfinie* du cycle A-M-A', à la faveur de laquelle le capital engagé au départ du cycle ne cesse de grossir, d'augmenter comme la grenouille de la fable, jusqu'à l'éclatement ou la déflagration finale[2]. Durant ce temps indéfini de la répétition du cycle, *l'humanité bourgeoise demeure dans l'indécision*, le bourgeois reste un crétin, quelque fois sublime, sans doute, mais rarement : cette humanité est incapable de politique, elle balance toujours entre son rêve de noblesse et la réalité infâme du « mouvement sans fin ni mesure » et de la cupidité qui en est le correspondant dans l'âme bourgeoise, de telle sorte qu'elle ne cesse de jouer le même jeu de la répétition indifférente, de tomber de son rêve de noblesse

[1] Qui finit, comme on sait dans la triste et très ennuyeuse comédie de boulevard, assez pauvre dans ses inventions de théâtre ; cet art boulevardier fait la distraction des fins de semaine pour la bourgeoisie provinciale et parisienne, depuis près de 200 ans. Une pareille fin inspire même des auteurs importants de la littérature « existentielle » (Ionesco, Becket, Sartre).

[2] Le Capital, livre I : « La circulation de l'argent en tant que capital est une fin en soi, puisque la valorisation de la valeur n'existe qu'au sein de ce mouvement sans cesse recommencé. Ce mouvement n'a ni fin ni mesure » (« Die Bewegung des Kapitals ist daher masslos », p. 167). Ce mouvement est le procès d'une auto-valorisation. Le capitaliste, dit un peu plus loin Marx, sait que toutes les marchandises si miteuses et malodorantes qu'elles soient « sont en toute foi et vérité de l'argent, des juifs circoncis à l'intérieur et de surcroît des moyens miraculeux pour faire plus d'argent avec de l'argent ». Le Capital, Livre I, pp. 172 et 174).

dans la pire vulgarité, l'absence de style et l'infamie, sans jamais pouvoir trouver *sa différence* ou son « être ».[1]

C'est parce que la bourgeoisie est *incapable* de politique, entièrement vouée à des affaires « personnelles », comme elle les appelle (en clair, de carrière et d'argent), même quand, dans sa mémoire trouble, elle évoque les héros du passé, qu'elle *fait semblant de la politique* dans ses révolutions qui sont des révolutions de théâtre ou pour rire (toujours le même « monde », le même ressort de la cupidité, le même horizon de la médiocrité – et ce supplément du rêve romantique comme chez Bergson, le supplément d'âme qu'il faut au monde positiviste de la science – et des affaires). Dès lors la *politique est pour elle du semblant*, elle ne tient qu'à la défense des intérêts (de carrière et d'argent). Au contraire, *quand le prolétariat répète*, il est aussitôt sur *le plan de sa propriété*, lui qui est, essentiellement, « **l'homme sans propriétés** », *sur le plan de sa différence*, en tant que le travail ou le jeu de cette différence : il est à l'œuvre du monde, raison pour laquelle les révolutions prolétariennes « se critiquent elles-mêmes constamment, interrompent à chaque instant leur propre cours, reviennent sur ce qui semble déjà acquis pour le recommencer à nouveau » (Le 18 Brumaire, p. 19). Il est certes très improbable que le recommencement passe par un même individu ou un même peuple : c'est même essentiellement impossible, le peuple du recommencement n'étant plus celui du commencement, un homme peut aimer deux fois, même la *même* femme, c'est possible, mais il sera un autre homme et elle sera une femme différente. Ce que Marx décrit pour caractériser les révolutions prolétariennes « du XIXème siècle », c'est bien le jeu de la répétition, **celui de la révolution**, celui, avant tout, de *l'homme de l'art*, du grand « auteur tragique » de Nietzsche, (quand il parle du « plus grand des tragédiens »), celui du peintre et humaniste de la Renaissance, puis, par répétition, des temps romantiques et modernes, Vinci ou Michel-Ange ou Vélasquez, puis Goya et Manet ou Van Gogh ou Cézanne, celui encore de l'écrivain et du penseur, de Kant, de Nietzsche et de Husserl, de Balzac, de Flaubert ou de Proust, qui ne cessent de commencer et de recommencer en même temps que *s'approfondit décisivement* leur travail d'écriture et de pensée – finalement, ce travail de la répétition dans chacun des hommes qui, chaque matin, recommence sa journée humaine « trop étroitement bornée » (Hölderlin).[2]

---

[1] Ce destin bourgeois est le sujet du grand livre de Thomas Mann : Les Buddenbrook.

[2] « *Notre journée, ah, que ses bornes sont étroites ! / Nous sommes, nous voyons et nous étonnons, déjà c'est le soir. / Nous dormons et les années des peuples / Comme des étoiles passent et disparaissent* » (« Zu eng begrenzt unsre Tageszeit/ Wir sind und sehn und staunen, schon Abend ists / Wir schlafen und vorüberziehn wie / Sterne die Jahre der Völker alle » (« Rousseau », poème inachevé écrit au verso de l'hymne Comme au jour de repos – fin 1799 -début 1800, Bibliothèque de la Pléiade, p. 1200). L'étroitesse est celle *des bornes de la journée*, une étroitesse de *l'horizon d'être* qui n'est pas calquée sur la « courte » durée de vie des

**La répétition se joue sur le plan de la propriété** (mais pas au sens juridique-formel), **c'est-à-dire sur le plan de l'Être**. Si l'on pense l'essence de l'histoire, telle que Marx la pense dans la notion de répétition, on ne peut plus penser l'Être en tant que la « réalité fondamentale »,[1]que cette réalité fondamentale soit cherchée dans le sujet qui se représente ou dans l'objet qu'il se représente, dans l'intériorité de l'esprit-un qui se souvient ou dans l'extériorité de la matière-multiple comme un « esprit instantané » (Leibniz). L'Être doit être pensé comme l'événement appropriant, l'Être *lui-même* ou l'être *barré*, l'événement de l'appropriation par lequel **l'homme advient à** son **humanité** (et **le monde à son être-monde**) – advient *ou n'advient pas* car la possibilité de son advenir implique la possibilité adverse du non-advenir de cet homme et de ce monde. Ce sens d'événement appropriant, Héraclite nous en donnait l'indication : « *Le combat engendre et règne sur toutes choses, par lui certains sont des dieux, certains sont des hommes, certains des libres, d'autres des esclaves* »[2]. La métaphysique ne pense l'Être qu'en tant que ce qu'elle appelle la « réalité » – à laquelle est alors attribué un caractère « fondamental », sans jamais pouvoir expliquer comme nous pourrions accéder à ce fondamental, parce qu'elle est méconnaissance de ce qui a seulement **le pouvoir de fonder**, à savoir **notre fondamentale implication dans l'Être** : le fait premier, cet « Urfakt » (Kant), que la venue à soi-même de cet étant, l'homme, signifie autant (et ni plus ni moins) que la venue à l'être de tout autre étant dans la configuration d'un monde. **L'existence se dit de l'homme et du monde.** Le sens du mouvement de l'appropriation peut être dit ainsi : ce qui advient (ou pas) dans le monde et comme le monde, en même temps, advient (ou pas) dans et comme la pensée, dans les textes et les écritures de la pensée et comme ces textes ou ces écritures (la pensée n'est nulle part ailleurs), toujours sur le mode de la répétition, suivant les deux modalités contrastées du tragique et du comique : s'il y a Napoléon Bonaparte, alors inévitablement suit un Louis Bonaparte – et la plupart des « grands hommes » de la politique bourgeoise (et des autres espèces de la comédie) se présentent à nous comme des mixtes de l'oncle et du neveu. Ce n'est pas un malheur, ni même quelque chose que l'on puisse « regretter », c'est plutôt « l'éternelle comédie de l'existence », suivant le Nietzsche du Gai savoir qui est le même que celui de Zarathoustra, le docteur, comme l'explique Heidegger, de la volonté de puissance *et* de l'éternel retour.

---

hommes individuels, mais qui correspond en revanche à la brièveté des années des *peuples* : ma pensée *dure* avec mon peuple.

[1] *L'être n'est surtout pas le fond*, et l'être de l'homme est le Dasein en tant que le hors-fond, pensée qui arrive à Heidegger après un long travail à partir de ce qui était gagné en 1927 (Être et temps), à la fin des années 30.

[2] Fragment B 42, et pour l'événement de l'Être, en tant que le tour de l'appropriation, entre autres, nombreux, le B 94 : « Si toutes choses devenaient fumée, c'est avec les narines qu'on les discernerait ». Le sens du combat (polemos) est ici, très clairement, celui de l'appropriation de l'Être.

Avec Marx *singulièrement* advient la pensée du communisme, cette pensée nous advient comme toute « chose » *sur le mode de la répétition* : elle nous arrive une première fois comme *pensée tragique* de la misère prolétarienne, une deuxième fois dans sa représentation de comédie, celle du *communisme comme un spectre de la vieille Europe, déjà* sur le mode comique de la répétition. Plus personne ne croit aujourd'hui à une pareille représentation spectrale, (nous avons d'autres revenants), n'accorde le moindre crédit à la légende du spectre communiste qui hanterait l'Europe, représentation désormais rendue à son insignifiance spectrale, accusée dans cette insignifiance, comme « idéologie creuse » et cependant – *pour cela même* – meurtrière. Une pensée vraie ne peut servir aucune visée criminelle. Et c'est pourquoi le marxisme du Manifeste a vieilli : le temps « d'opposer à la légende du spectre du communisme un manifeste du parti » (p. 49), ce temps-là est passé. Mais, si la légende n'a plus aucun crédit, *la vérité* de cette légende est toujours celle de ce que Nietzsche appelait « l'éternelle comédie de l'existence », *cette vérité qui se joue*, pour Marx, socialement, chaque jour sous nos yeux, de « la lutte des classes » quand elle signifie **un monde hanté par le « pauvre absolu »**. On peut dire autrement : la répétition tragique est la répétition ouverte sur l'avenir, telle que Marx en esquisse la figure en tant que répétition de la révolution prolétarienne, sur le mode de la mise en œuvre d'un projet communiste (qui se reprend sans cesse, se corrige, tente, connaît l'échec et recommence) ; mais la répétition en mode comique ou de farce est la répétition tournée vers le passé, parce qu'elle doit se dissimuler à elle-même sa propre médiocrité ou sa foncière indécision, en invoquant et, du même coup, en rabaissant, les héros qui ne sont plus. La version doctrinale du marxisme relève de ces « légendes » qui n'ont plus cours : ce à quoi elle croit et sur quoi elle s'appuie pour se construire en tant que doctrine, savoir d'institution, ou de pupitre, est depuis assez longtemps reconnu comme relevant non pas tant de légendes (comme des Chevaliers de la table ronde et du Roi Arthur) que de *pures et simples fadaises,* qui ne disent rien de l'Être, s'en tiennent à un rapport à l'être inconsistant. Rapport *suivant lequel l'Être pris en tant que l'être des hommes, des sociétés, du monde ... et du reste, serait une* « réalité » *sur laquelle la « science » nous donnerait des informations fiables, parce que contrôlées en laboratoire* : « réalité » dont aurait à connaître la science – la science policière, ou la police scientifique.

Or jamais la science ne nous a informé d'une quelconque façon sur l'Être parce qu'elle ne sait rien de l'Être, et ne s'en est jamais préoccupé ; elle ne pourrait nous informer de l'Être parce que *l'Être ne se dispense pas sur le mode de ce sur quoi on pourrait s'informer, parce que l'idée même d'une information de l'être ou sur l'être est une absurdité*. La science moderne est une *théorie du réel*, c'est-à-dire de l'étant disposé en « objet », de telle façon que l'on puisse procéder avec lui à des expériences probantes, suivant des protocoles rigoureusement déterminés.[1] Nous verrons que l'énoncé qui ordonne la suite ou l'enchaînement des pensées dans le Manifeste, celui suivant lequel « l'histoire, jusqu'à nos jours est l'histoire de la lutte des classes » ne peut être compris et rien qu'entendu, dans sa vérité ou sa portée d'éclairement, ni comme une thèse philosophique, ni comme une hypothèse scientifique.[2]

---

[1] « *La science est une théorie du réel* ». L'*explication* de cette phrase, qui peut apparaître comme une formule creuse – autant que celle qui s'appuie sur elle apparaît le plus souvent comme une provocation « réactionnaire » (« *La science ne pense pas* ») – doit montrer comment « *la théorie et le réel se dirigent tous deux, dans leur essence, l'un vers l'autre* ». Il apparaîtra que « *la science moderne, entendue comme théorie au sens de visée (Be-trachten), est une élaboration du réel, une intervention, nullement rassurante, dans le réel. Justement par cette élaboration, elle correspond à un trait fondamental du réel lui-même. Le réel est la chose présente qui se met en évidence* ». (Science et méditation, pp. 51, 62 et sq. Essais et Conférences). **Ce texte, dans la simplicité de sa manière de dire, est l'un des plus forts de Heidegger**. Il n'est guère lu, le plus souvent en passant, et incompris ou compris de travers. Nous y reviendrons souvent. Notamment II, I, 1 et VI, III, 3, 1.

[2] Voir le chapitre VII, III, 3.

# Chapitre II Lire le Manifeste. Le langage de Marx et le mensonge du discours marxiste

Lire Marx est difficile. La difficulté est *dans la chose même* (Husserl). Ici, la chose même est le texte de Marx, l'écriture de Marx, l'équivoque de son langage.

## I. Le langage de Marx

Marx parle le langage (ou pourrait mieux dire la langue) de son temps – **un langage ou une langue que nous ne pouvons plus parler**, avec laquelle nous ne savons plus rien **dire**, celle de « la science » et du « progrès » : le langage ou la langue de la bourgeoisie européenne, que nous entendons ou *croyons* entendre (comme allant de soi), c'est-à-dire « comprendre », quand Marx parle d'une « *science de l'histoire* ». Marx et Engels écrivent, dans l'Idéologie Allemande : « *Nous ne connaissons qu'une seule science, la science de l'histoire* ». Ils ajoutent : « L'histoire peut être considérée de deux côtés, compartimentée en histoire de la nature et histoire des hommes ».[1]

### 1. L'équivoque du mot et le trouble de la notion de « la science »

Que nous dit en effet le mot de « science » dans cette phrase ? Si nous voulons entendre vraiment ce qui se dit là, nous devons être attentifs à *l'essentielle équivocité* de ce langage marxiste qui *situe* la pensée de Marx dans son temps : car cette équivocité est *celle de la modernité elle-même*,[2] et

---

[1] « Die Geschichte kann von zweiten Seiten aus betrachtet, in die Geschichte der Natur und die Geschichte der Menschen abgeteilt werden ». L'Allemagne est le peuple qui *compartimente* (Hölderlin). « Betrachten » veut dire, ici : considérer quelque chose, examiner en vue de se rendre maître et d'agir sur la chose que l'on considère ainsi.

[2] *La modernité est son langage*. Cette modernité est *la modernité galiléenne et newtonienne* : « La conception qu'ont Newton et Galilée de la théorie tient *le milieu* entre la « theoria » au sens grec et l'acception contemporaine du mot. De l'interprétation grecque elle maintient une visée ontologique de la nature considérée comme ensemble de mouvements dans l'espace et le temps. La théorie contemporaine abandonne au contraire cette ambition ontologique ; elle n'est que la fixation des éléments nécessaires à une expérience, ou si l'on préfère le mode d'emploi pour la mise au point d'une expérience » (Questions IV, p. 291).

toute la pensée de Marx peut être vue comme une lutte active, dans la réalité de son travail de pensée, contre cette équivoque de son propre langage : que dit, en langue moderne, le mot de « science » ?

Dans ce langage, ce qui est appelé « la science » est **déjà** la science moderne comprise comme théorie du réel, c'est-à-dire **projetée comme** « *une intervention nullement rassurante sur le réel* » : [1]c'est, du moins ce que nous dit *une* voix. Cette voix nous dit que le développement de la science est requis par un projet technique de maîtrise de ce qu'on appelle encore *la nature* : « ce n'est donc pas la technique qui repose sur la physique, mais au contraire la physique sur la technique ».[2]

Mais « la science » est **aussi**, si nous prêtons notre oreille à *l'autre* voix (qui parle dans Marx), la *philosophie* qui veut prendre en vue *l'être même*, ou la *vérité*, de l'étant. La philosophie (la métaphysique) prend le nom de science ou de savoir universel avec Descartes, puis, dans l'énoncé de **ses principes**, de « doctrine de la science », d'abord chez Fichte et ensuite avec Hegel, c'est-à-dire dans l'idéalisme allemand. Nous changeons totalement de perspective : *on ne peut « intervenir » sur l'Être comme on intervient,* sur un mode économique, médical, chirurgical ou autre, *dans ce qui est, dans l'étant* – d**ont l'être a déjà été déterminé**.

Cependant, la conception de la science comme théorie du réel est appelée par la détermination philosophique moderne de *l'être de l'étant* comme *objet*. Tel est le ressort de l'équivocité de ce langage. L'objet est, ici, *cet « objet » que l'on se représente,* de telle façon qu'on puisse le *produire* et le *reproduire* : ce que l'on peut ainsi produire et reproduire, en suivant les instructions d'un *modèle quelconque*, est le réel, l'effectif. En langue allemande, cela se dit : ce qui est « wirklich », le « réel » *en tant que l'effet d'une production* (dont la science est la « théorie »). Le projet technique de l'être est, suivant Heidegger, l'essence de la technique : l'essence de la *technique est la détermination technique de l'essence comme ce que l'on peut produire (le productible) au sens de le fabriquer*. Dans l'Allemand de Heidegger, le mot est « die Machenschaft », traduit par : « la fabrication ». Je propose : « Machine de la puissance/ Puissance de la machine ». Mais « Fabrik », dans la langue allemande moderne, *c'est d'abord l'usine*, la « *gigantesque maison du travail* » (Marx)[3]. **Tout notre travail, qui se passe *entre* Heidegger et Marx est engagé par cette proposition**[4].

---

Conception *algorithmique* de la science. Le langage moderne est équivoque *dans sa prétention ontologique*.

[1] Heidegger, Science et Méditation, dans Essais et Conférences, p. 42.

[2] Heidegger, Questions IV, p. 290.

[3] Ou bien la « *maison de l'épouvante* » (« das Haus des Schrekens ») pour les pauvres. Das Kapital, VIII, p. 293.

[4] Sur ce point essentiel, voir la première partie de notre travail dans son ensemble, (l'Introduction à la pensée de Marx) et dans Le spectre et la puissance II, La démonstration du Manifeste, II, V, II : « Le tournant bolchevique, Heidegger et le léninisme ».

On ne peut donc intervenir *dans l'étant* que parce qu'on a *déjà déterminé au préalable* ou *projeté* l'*être de l'étant sur lequel on intervient* : cet étant est le réel, c'est-à-dire *qu'il s'impose à nous comme le réel* (l'effectif), ce qui suppose qu'on ait déjà pris en vue et déterminé la *réalité* de ce réel (son être) : en tant que ce qui produit des effets.[1] La rationalité scientifique, si la science est conçue comme théorie du réel, intervient dans ce réel (« naturel » ou « humain »), **c'est même dans la mesure où elle peut intervenir sur lui qu'elle considère l'étant en tant qu'étant : ce sur quoi on ne peut intervenir ou ce sur quoi une intervention ne donne aucun résultat est considéré comme n'étant pas** (ce qui est nul). Mais on ne peut jamais intervenir que dans une perspective bien déterminée ou dans l'attente de tel ou tel résultat. L'intervention est *rationnelle* quand on peut en attendre un résultat ou quand on peut *décider*, à son terme, qu'elle ne donnera aucun résultat, on est alors conduit à modifier les conditions de l'intervention. Une pareille rationalité n'admet pas que l'on se représente *une science une pour tout domaine de l'étant* – une science « idéale » qui couvrirait tous les domaines de l'étant ou tous les compartiments de la réalité (naturelle, sociale, physique, humaine et psychologique, historique, théologique). Ce qui *est un* ou *fait totalité* de la diversité des sciences, est **l'ouverture du projet lui-même** que la science ne peut prendre pour son objet puisque cette ouverture est ce qui la rend possible et qu'elle effectue.

Qu'en est-il alors de la « *réalité métaphysique* », laquelle n'est rien d'autre que le nom *de l'être*, quand l'être, qui se dit de l'étant, est *pris pour de l'étant, dans sa généralité d'étant,* et traité comme tel[2] : cette « ultime » réalité est *une pure fiction*, la fantasmer est pourtant inévitable *dans la mesure où on a toujours en vue* une « réalité », quand *on parle de* l'étant, humain ou non-humain-surhumain-inhumain, naturel ou non-naturel-surnaturel-dénaturé. Rapporté au projet moderne, *cet* étant se transforme *en un « être » sensible-suprasensible*, comme Marx l'explique à propos de *la marchandise* et de son fétichisme dans le premier chapitre du Capital.[3] Une maison est, un arbre est, une symphonie de Beethoven est, un rêve est. Cela veut dire qu'on accorde à

[1] Un tel projet de l'être – qui est le projet même de la puissance – se projette chaque fois dans la définition des concepts fondamentaux d'une science (de la nature ou de l'histoire), qui articulent le *domaine théorique* considéré : concepts fondamentaux de la physique, concepts fondamentaux de la psychologie, concepts fondamentaux de la science historique (le marxisme), si cette science existe ! *En vérité à chaque fois on suppose que « la science existe ».* En 1900, Freud publie sa « Science des rêves » (traduction pour les P.U.F de la « Traumdeutung » de Freud) : un peu plus de soixante ans plus tard, Lacan publie son Séminaire sur « Les concepts fondamentaux de la psychanalyse » (1973). La jeunesse intellectuelle de ce temps a appris par cœur de nombreux passages du Séminaire en question (le XI).

[2] Ce que nous appelons le *fétichisme* de l'Être. Comme si nous tenions l'Être dans telle ou telle détermination (quelconque) de l'étant. Voir surtout notre Introduction à la pensée de Marx.

[3] Aussitôt que la table de bois se change en marchandise et entre en scène comme telle, « elle se métamorphose en une chose sensible-suprasensible » (Sobald et als Ware auftritt, verwandelt er sich in ein sinnlich übersinnliches Ding », Das Kapital, erster Band, p. 85).

tous ces étants une certaine réalité, un certain « être » (être une maison, un arbre, une symphonie, etc.), mais cette réalité que nous accordons à tous ces étants, sans que l'on la détermine davantage (simplement nous disons qu'il y a bien une réalité à laquelle *renvoient* nos discours ou *sur le fond* de laquelle ces discours sont des discours), on ne peut ni la décrire, ni la modifier, on ne peut donc intervenir sur elle : *elle est ce qui est toujours déjà là*, au moment où nous parlons et disons quelque chose. *Parler serait justement l'unique mode d'intervention dans cette réalité « ultime » et « fondamentale »*. Une intervention « post festum », une « intervention » *pour ainsi dire*. Parler « de » ou « sur » quelque chose, n'est-ce pas plutôt un bavardage, qui peut très bien se donner un air métaphysique, à moins qu'une conversation mondaine qui aime se donner un « air spirituel » ? Un incessant bavardage, un incessante conversation mondaine, un bruit public qui couvre et recouvre toute chose qui advient : **en vérité on parle toujours des choses produites sur le marché, des choses-du-marché**, et le marché se connaît lui-même en tant que le marché culturel qui fait voisiner dans les rayons des grands magasins les productions de l'art, de la politique et de la théorie scientifique, les automobiles et les appareils de l'industrie numérique (comme disaient, dans leur langue de faubourg, les situationnistes du vingtième siècle : « la culture est la marchandise qui fait vendre toutes les autres »).

Peut-on parler *d'une considération* (« Betrachtung ») de cette réalité métaphysique ? Cette réalité de *fond et infondée, sur le fond de laquelle* nos discours prétendent dire quelque chose, se donne comme quelque chose de fumeux, « *la dernière fumée d'une réalité en train de s'évaporer*, dit Nietzsche dans le Crépuscule des Idoles (La « raison » dans la philosophie, 4)[1]. La réalité métaphysique, l'être dans son sens métaphysique, est devenu quelque chose de fumeux, comme est la métaphysique en général dans la tête et le ventre des braves gens, pour qui la réalité « vraie » est celle qu'on tient dans les mains, le plat de saucisses ou, au moins, un crédit suffisant sur le compte.[2] Mais aussi les braves gens concèdent volontiers que les humains, ces humains qu'ils incarnent eux-mêmes dans leur histoire, sont des *rêveurs*.

L'intervention sur le réel, en tant que l'étant dont on a déjà déterminé l'être et qui s'*impose* comme ce qui nous est présent, dans la mesure où nous intervenons sur lui, (ou, en tout cas, *dans la mesure où il est possible d'intervenir*, ce dont on peut s'assurer en consultant le registre sur lequel est

---

[1] A ce moment, « nous » avons aboli le monde vrai. En même temps nous avons aboli le monde des apparences ! C'est la fin, explique Nietzsche, de la plus longue erreur (l'erreur métaphysique).

[2] Autrement dit, la réalité des braves gens est cela qui correspond à leurs souhaits, comme, dans l'histoire que rapporte Freud, la réalité du bonhomme est une paire de saucisses, celle de la bonne femme, que la bêtise de son homme excède, est la paire qui pend au nez de celui-ci ; le bon génie du ménage interviendra encore pour débarrasser le bonhomme de la paire encombrante. Cette « réalité » est aussi celle, paralogique, de l'âme dans la « psychologie rationnelle » de la Critique de la raison pure (dialectique transcendantale).

notée la procédure) *ne peut être « générale »*. Ce qui est général, c'est le fait d'intervenir par la « raison », laquelle, dit Kant, dans l'introduction à la Critique de la raison pure, doit *prendre les devants*, si elle veut avoir affaire à *une réalité objective*. Mais la « raison » est désormais **une raison de bureau ou de police** : l'intervention sur le réel doit être *régionale et sectorielle* et prendre en compte la *spécificité régionale et sectorielle* de l'étant qui se présente à elle comme un étant réel. A chaque domaine d'étant ou de réalité revient sa rationalité propre – son *système de concepts essentiels* définissant un domaine d'objets ou, plus généralement un *domaine d'objectivation* – suivant les modes de l'expérimentation, c'est-à-dire de la mise à jour expérimentale des traits constitutifs de l'être de cet étant. *La rationalité est celle, technique, d'une procédure d'intervention* qui est toujours *locale* : c'est en tel lieu, précisé à l'avance, qu'une région de l'étant est investie (un secteur). Dans les faits, un tel système de concepts ne procure jamais qu'*une certaine interprétation* de cet être comme l'être de tel ou tel objet spécifié par ses propriétés. *Disons que cela est une femme*... A travers l'interprétation, la puissance se déploie comme puissance de mise à disposition de l'étant : la puissance d'une interprétation est exactement celle de *la portée de l'intervention*, c'est-à-dire que l'interprétation elle-même ne fait rien d'autre qu'*objectiver* (re-présenter) le type d'intervention que nous projetons : elle est elle-même une détermination technique, la **mise en registre d'une procédure**. C'est de la *procédure* que l'on peut dire et que l'on doit même dire : « tout ce qui est réel est rationnel, et tout ce qui est rationnel est réel » : le maitre du savoir (celui qui ne *désire* pas le savoir mais le *possède effectivement*) est celui qui tient le registre, le bureaucrate, la rationalité est le mode de pensée du fonctionnaire (de l'Etat). *Ce savoir est le savoir absolu*.

En quel sens s'agit-il d'un savoir absolu ? En ce sens que la considération de l'objet est une considération de quelque chose (un arbre, un homme, un âne, une technique, un art, etc.) du point de vue de ce que je peux ou crois pouvoir en faire, sans jamais regarder à la façon dont il se donne, puisque cette façon est déjà *objectivement prédéterminée*. Dans le langage « politique » de Staline, le capital, c'est l'homme. A partir de là doit se comprendre aussi ce que Heidegger caractérisait comme « l'hominisation de l'homme » (« Vermenschung des Menschen ») : comme toute autre espèce végétale ou animale, l'homme est un matériau exploitable, à partir duquel on peut produire un objet qui puisse circuler sur le marché, une marchandise. Sa caractéristique spéciale est qu'il peut *se* vendre *lui-même*, ou, plus généralement, *s*'exploiter *lui-même* (c'est la fameuse exploitation de l'homme par l'homme). Sa conscience et sa conscience de soi.

On peut dire que la perspective scientifique, dans la modernité, est exclusive de la question de l'être : **un « objet » se définit comme cela dont on ne questionne pas l'être**, il se définit de **ne pas** donner à penser. On peut dire autrement qu'il est généralement impossible de découvrir *ce qu'est* un étant – du point de vue de la technique moderne qui *ne connaît que des effets* et *ne considère que des résultats* (positifs ou négatifs) : « l'être » consiste dans le fait de résulter. Le modèle de la considération est le modèle (économique) de la machine. Par exemple dans la psychologie de laboratoire. Mais il est impossible de penser l'être du vivant, de ce point de vue de machine, puis l'être de l'animal, puis l'être de l'homme, de son « âme ». Dans la perspective machinique, nous ne pouvons rien savoir de l'être du vivant ou de quoi que ce soit d'autre : ce que nous pouvons, c'est *produire une interprétation dans un langage procédural de machine*, qui ne dit rien de l'*être* d'une chose, mais beaucoup sur la *puissance* du modèle machinique. L'être ne se découvre à nous que dans la mesure où nous allons vers lui, mais nous n'allons vers lui (cet être) que *pour autant que nous sommes déjà à lui et en lui.*

Il y a donc bien ce qu'on appelle la connaissance scientifique. Mais quelle sorte de *savoir* est cette connaissance ? Quand j'ai une connaissance scientifique, je sais *comment* intervenir dans tel ou tel domaine d'objet, je dispose de modèles qui me permettent d'intervenir sur telle ou telle « réalité ». Le modèle ne libère aucun savoir de ce qui est, *en tant qu'il est* ; ce savoir ne pourrait jamais être qu'un pis-aller de l'interprétation (c'est comme ça que je le vois, il doit en être ainsi) qui se transforme magiquement – c'est en effet une affaire de *prestidigitation* - en un savoir, lequel ne pourrait être qu'un pseudo-savoir : ce n'est qu'après la découverte du pays que l'on pourrait en dessiner la carte, et je ne *connaîtrai* pas le pays en en étudiant la carte, surtout je ne pourrai *découvrir* un pays quand je disposerai déjà de sa carte. Je ne ferai que *le visiter* en entrepreneur, en homme politique ou en touriste, finalement, dans tous les cas, en **inspecteur**.[1]

## 2. Philosophie et idéologie philosophique

Penser le savoir de la science sur le modèle « philosophique » d'une science *une pour tout étant* n'a plus aucun sens, du point de vue de la science moderne comme « théorie du réel », suivant la formulation de Heidegger. La philosophie, autrement dit, ne nous rend pas « maitres et possesseurs de la nature », suivant le projet de Descartes. **A moins que l'Être ne soit rabattu sur l'étant et conçu comme totalité unifiée de l'étant** : **ce qui est alors retenu du projet cartésien est bien l'idée de la métaphysique en tant que science universelle**, laquelle, n'étant aucune des sciences particulières, trouve sa juste place en *les coiffant toutes* : c'est en effet l'idée moderne de la

[1] Chez Descartes, le morceau de cire : il n'y a pas de carte du pays, mais toujours du pays *objectivé*, suivant telle ou telle perspective ou plan d'objectivation (politique, économique, démographique, climatique, orographique, etc.). Ce que je vois sur la carte, n'est pas le pays **mais je ne vois et ne peux voir que ce que je veux voir**, dans un projet de maitrise et de domination : c'est le point de vue de la puissance – *qui doit être dominant*, mais ne *peut pas être confondu avec le point de vue de l'Être* (*qu'il n'y a pas* – mais un **regard de l'Être**, **qui nous** regarde).

philosophie **comme science universelle,** fondamentale et ultime, ou couvre-chef, en étant *en même temps* la racine, en étant donc *à la fois* le fond, la base et le sommet. **Cette idée est celle du système,** c'est-à-dire d'une organisation du savoir telle que dans la racine est déjà présente, encore non développée, la totalité du savoir qui *apparaît* seulement au sommet comme la conscience de ce savoir qui se réfléchit en et pour lui-même (le « Savoir absolu », *le savoir lui-même enfin,* chapitre ultime de la Phénoménologie de l'Esprit de Hegel). L'*image* de ce savoir systématique ou de la science *en tant que* philosophie (et de la philosophie *en tant que* science) est celle de l'*arbre,* dans la pensée cartésienne, du *cercle* dans la pensée hégélienne.[1] Avec Hegel, la philosophie moderne est portée à son accomplissement « systématique » **juste avant** que cette même « philosophie » n'apparaisse clairement comme un pur et simple bavardage.[2] « *Juste avant* » est le moment de la « critique » de Hegel dans les années 1840, en Allemagne, les années de l'euphorie critique. La conscience que Marx a de ce moment (de sa jeunesse) est la conscience, qu'il gagne par son travail critique, *de la philosophie en tant qu'idéologie* (l'idéologie *allemande*). L'idéologie philosophique est la philosophie, telle qu'elle se représente en tant que l'héritière de la conception hégélienne du savoir comme système, mais de cette conception prise *comme une évidence* de la représentation et non plus comme proposition d'un *sens de* l'Être – comme si le savoir hégélien avait le moindre sens en tant que savoir positif-empirique, basé sur l'observation et l'expérience. *Les critiques de Hegel ne retiennent de la philosophie hégélienne que la forme systématique* qu'elles laissent hors critique, comme l'explique Marx dans ses Manuscrits de 1844 : la forme systématique est alors prise de façon réductive, non pas comme **la manière dont l'homme de la modernité (ou de la science) est requis ou projeté par**

[1] Trois textes magnifiques et fondamentaux sur le « Système » (le savoir comme système) : 1) De Descartes : la *Lettre-préface à Picot* (« Toute la philosophie est comme un arbre, dont les racines sont la métaphysique… », Œuvres philosophiques III, pp. 7è9-780) ; 2) De Hegel : la *préface à la Phénoménologie* qui est la préface au « *Système de la Science* », dont la Phénoménologie, en 1807, constitue la première partie ; 3) De Heidegger : dans son livre sur Schelling, *l'interprétation des premières questions* (points 1 à 6), méditation du « système » dans la philosophie moderne, qui montre « le caractère *incontournable* de la question du système de la liberté » (point 6).

[2] Cela est inévitable, comme nous venons de le voir : si la science est une intervention nécessairement régionale dans le réel, l'étant qui ne nous est présent que parce qu'on en a déjà déterminé l'être (la réalité) en tant que tel ou tel, on ne peut évidemment intervenir sur la « réalité fondamentale » (l'Être lui-même) que sur le mode d'en parler – c'est-à-dire que cette intervention est du pur et simple bavardage. Il est possible cependant que ce bavardage, *parce qu'il doit exister en mettant en œuvre un certain savoir* (un savoir parler, bavarder) soit plein de sens. Bavarder, autrement dit, est encore un mode ou une façon d'être (on ne bavarde pas de la même façon, suivant « qui » et « ce que » l'on est, les hommes par exemple ne bavardent pas moins que les femmes, mais différemment – comme dans Godard, qui traite en cinéaste de l'humanité européenne de la deuxième partie du vingtième siècle, ils bavardent de choses « abstraites », tandis que les bonnes femmes ont en vue dans leurs bavardages des choses très concrètes, offertes à une immédiate jouissance.

**l'Être, dans l'ensemble de ses pratiques réelles**, c'est-à-dire suivant un *concept existential de la forme,*[1] mais comme « forme » *en un sens rhétorique* (distinction forme/contenu), qui permet d'ordonner de l'extérieur les savoirs positifs : le système est compris (à contresens de Hegel) comme un instrument de classification, indispensable à la machine bureaucratique – **le savoir absolu est devenu savoir de bureau** (le grand écrivain qui fait fiction de ce savoir de bureau est Kafka, il n'est pas indifférent qu'il soit un écrivain juif). L'idéologie philosophique est alors cette façon de concevoir la réalité qui pense pouvoir déduire cette réalité de « l'idée », c'est-à-dire qu'elle *met tout à l'envers*, comme disent Marx et Engels, dans un discours qui est *essentiellement redondant*, puisque cette réalité n'est donnée comme *réalité produite* (plutôt que *déduite*) *seulement par l'idée que j'en ai*, suivant le projet (la façon de répondre à l'Être, le Dasein, ici, le Dasein moderne) d'une maîtrise du « réel » par sa connaissance scientifique (la fabrication discursive, « idéale », de ce réel). Aucune réalité ne pourrait se déduire de l'idée, mais je peux déduire de l'idée *l'ensemble des représentations* qui suivent de l'idée comme conséquence de cette idée en tant que principe que je me suis donné au départ, ensuite je prends cet ensemble de représentations pour le reflet ou l'image de la réalité (c'est le principe délirant par excellence). **Tout est à l'envers, parce que je pars toujours de ce qui s'impose à moi comme un réel** sur lequel je « me fais des idées », à partir desquelles, les ayant reconduites à une idée qui subsume les autres, je déduis le « réel » (qui est alors une représentation). Suivant, par exemple, l'idée que j'ai de la société ou du fait social, de l'histoire ou du fait historique, je peux déduire (systématiquement) les propriétés constitutives du social ou de la société, de l'histoire ou de l'événement historique. Ou bien un trait de Pierre que je ne connais guère m'a particulièrement frappé, et je *construis* toute une représentation de Pierre à partir de ce trait figé en idée – Pierre menteur, Pierre frivole, Pierre négligé, Pierre vulgaire ou Pierre élégant, etc. *Au contraire*, suivant Marx qui, *comme faisait Hegel*, part *de la vie*, les idées que se font les hommes de leur situation dans l'histoire ou dans la société ne sont jamais que *l'expression*, dans le langage de l'idée, de leurs pratiques réelles et, en tant que telles, elles-mêmes sont un moment de ce réel de leurs pratiques ; une *science de l'histoire* ne doit pas se laisser guider par une perspective idéale systématique, elle doit *partir de l'examen des pratiques réelles et des conditions de leur expression « idéologique »*, à travers lesquelles une humanité existe en se projetant, dans des conditions (de vie et de langage) qu'elle n'a pas choisies.[2] En ce sens, la science à laquelle pensent Marx et

[1] Suivant le concept existential, la forme dit comment un étant se tient dans son être, si l'on veut, elle est sa façon de se comporter. Ce concept porte l'usage courant de la langue quand on parle de « bonne forme » ou quand on dit de quelqu'un qu'il est en « bonne forme », etc.

[2] C'est-à-dire que Marx est *philosophe* et *part de l'Être – la façon dont une humanité pratique le monde*. Pour les modernes romantiques, pour Marx comme pour Hegel, pour Schelling et Schopenhauer, puis Nietzsche, *l'être est la vie* – vie de l'esprit (Hegel), vie

Engels, en rejetant le modèle « idéologique » du savoir spéculatif et systématique de la « philosophie » moderne, récuse *du même coup* l'approche scientifique au sens moderne : cette approche violente n'est intervention sur ce qui est que parce qu'elle en a *déjà déterminé la réalité au préalable.* **Dans cette expression « science de l'histoire », Marx ne projette pas une philosophie de l'histoire (Hegel et l'idéalisme allemand à partir de Descartes), ni l'histoire comme une science au sens moderne, en tant que « théorie du réel », mais une pratique de l'interprétation historique, telle que cette pratique appartient elle-même à l'histoire**. Le tour de cette pratique est celui de la répétition. J'apprends l'histoire par la répétition de même que l'acteur de théâtre apprend son texte par la répétition (donc aussi en le jouant). Marx pratique l'histoire dans une *pensée* de la répétition. En même temps, parce qu'il est le fils de son temps, la notion qu'il reçoit de la science est équivoque : dans le langage des modernes, l'histoire est une fois science comme théorie du réel, une autre fois, elle est savoir de l'Être (philosophie).

## 3. La pensée de l'histoire, prise dans le langage de l'indifférence

Le langage de Marx est équivoque, sa pensée ne l'est pas. Qu'est, du reste, pour *toute pensée*, le travail qui lui incombe, sinon l'épreuve de cet *écart* entre ce qu'elle veut penser et les moyens que lui donne son langage ? **Qu'est-ce que fait un penseur sinon chercher son langage et sa langue** ? La pensée de Marx est entièrement engagée dans son concept de la répétition historique. Dans le concept de la répétition, Marx pense ce qui doit être pensé et non pas les « faits historiques », puisque ce qu'on appelle « fait historique » est quelque chose de fabriqué à partir d'une vue préalable, elle-même anhistorique (supposée « rationnelle ») déterminant ce qu'est l'histoire. **Le concept de la répétition, chez Marx, est celui de l'épreuve de la différence de l'Être**. Cette épreuve de la différence suppose de « laisser là tous les faits, car ils ne concernent pas la question », comme dit Rousseau. La détermination d'un « fait » dépend évidemment de la perspective qui détermine la représentation de quelque chose comme un fait. Il ne s'agit pas de l'Être, mais de la puissance, ici de la volonté de puissance en tant que savoir : est un fait pour moi quelque chose avec lequel je dois compter dans l'évaluation d'une situation donnée que je m'efforce de maîtriser. **Cela n'a rien à voir avec**

---

historique et naturelle de l'homme social (Marx), vie comme volonté de puissance (Nietzsche). Heidegger rappelle que la vie *est*, comme la mort *est*. On ne peut donc prendre la vie pour l'être, cela reviendrait à l'identifier à la mort. Ce qui doit être pensé (comme l'Être) est le même de la vie et la mort, chacun *différant* de l'autre (Héraclite, Hölderlin). Ce recul de Heidegger lui est permis, parce qu'il questionne *le sens* de l'Être. Ce que font les autres, mais, pour ainsi dire, *sans le savoir* – du fait même qu'ils cherchent à dire la *vérité* (de) l'Être.

**l'être ou l'essence d'une chose.** La « science de l'histoire » revient pour Marx à une méditation de **l'être historique** – ou de la différence – qui vient en lieu et place de la méditation métaphysique cartésienne – le projet médité de la *mathesis universalis* – mais emprunte plutôt *son style* de questionnement à *la pensée critique* (de Kant), celui d'une remontée de l'étant-objet dont l'expérience est l'expérience aux conditions de possibilité de cet étant-objet, c'est-à-dire, suivant le principe kantien, les conditions de possibilité de *l'expérience* elle-même).[1]Mais ici[2], la condition de possibilité est l'Être lui-même en tant que l'ouvert ; l'Être se dit de l'étant dans son être (lui-même ouvert) et non pas de l'étant *en tant qu'étant représenté,* c'est-à-dire *pris en vue dans une perspective objectivante.* **L'être historique** n'est pas à chercher « dans l'histoire », où l'on ne trouvera jamais que de l'étant, **mais comme l'histoire elle-même.** *En même temps, quand Marx parle de la science de l'histoire*, particulièrement dans l'Idéologie allemande, son langage est le langage positiviste des « faits » : c'est le *discours* du marxisme.

En effet, le langage de l'indifférence ontologique (le langage métaphysique en général) pèse sur la pensée de Marx, d'où l'indétermination de cette pensée et l'équivoque de son langage : Marx rabat l'histoire et l'historicité de l'histoire sur l'histoire « empirique » au sens le plus plat, suivant lequel « *l'histoire n'est rien que la succession des générations, qui viennent l'une après l'autre et dont chacune exploite les matériaux, les capitaux, les forces productives léguées par les générations précédentes* », comme s'expriment, de façon significative (par le côté grossier, rudimentaire, de ce langage), Marx et Engels, dans la première partie de l'Idéologie allemande.[3] *La forme du successif, du « l'un après l'autre » est prise pour la forme du temps et de l'Être* historique. C'est la prise de la métaphysique comme **le système de l'indifférence ontologique** sur le langage et la pensée de Marx. Suivant le système de l'indifférence, la différence (de l'Être) et la répétition, comme épreuve et expérience de la différence, ont disparu. Dans le langage de Marx, le régime de l'indifférence ontologique est **celui de la production** et de ce qu'il appelle **le procès de production** ; suivant cette vue systématique, tout étant est produit, l'être est production, industrie, fabrication. On donne généralement et non sans raison, cette première partie de l'Idéologie Allemande pour une convaincante présentation du fameux « matérialisme

---

[1] Critique de la raison pure : « Les conditions de la possibilité de l'expérience en général sont aussi les conditions de possibilité des objets de l'expérience et ont pour ce motif une valeur objective dans un jugement synthétique a priori » (P.U.F, 1968, p. 162). C'est la pensée de l'objet = X. Kant reconnaît la profondeur de l'idéalisme cartésien qu'il dit « problématique ».

[2] Comme d'ailleurs chez Kant même si sa pensée de l'être est prise entièrement dans le langage de la métaphysique. Sur ce point, lire Gérard Granel : L'équivoque ontologique de la pensée kantienne. Granel parle d'un « Urkant » (un Kant originaire dont la pensée perce dans un langage de représentation) – lecture *phénoménologique* de Kant.

[3] « Die Geschichte ist nichts als die Aufeinanderfolge der einzelnen Generationen, von denen jede ihr von allen vorhergegangenen übermachten Materiale, Kapitalien, Produktionskräfte exploitiert ». Editions sociales, bilingue, 1972, p. 114.

historique », alors que, tout de même, Marx et Engels prenaient ces considérations « critiques » comme un simple, mais indispensable (pour eux, à ce moment de leur vie intellectuelle ou de leur parcours de pensée) *examen de conscience*. Nous ne devons pas surinterpréter, mais nous en tenir à la lettre de ce texte qui est celui de Marx et Engels cherchant à prendre leur distance avec l'idéologie philosophique et allant au plus court en *opposant* à la *spéculation* hégélienne le *plat positivisme* des « faits ». Marx et Engels, dans ces passages, sont, pour ainsi dire, privés de *leur esprit*. Surtout **la vue « matérialiste » (en vérité platement positiviste) qui réduit l'histoire à la « simple succession des générations, chacune exploitant le legs de la précédente », est typiquement bourgeoise, on pourrait dire qu'elle est la philosophie spontanée de la bourgeoisie** (cette philosophie que doivent rencontrer Marx et Engels quand ils font leur « examen de conscience »), c'est-à-dire une non-philosophie qui se donne (et d'abord se prend) pour de la philosophie : cette philosophie qui est une non-philosophie et même une contre-philosophie, se représente l'histoire de la façon dont le bourgeois se représente *le développement de son entreprise* et pense que la richesse (*sa* richesse) provient de l'exploitation « rationnelle » des « matériaux, capitaux et forces productives », qui lui sont légués par l'héritage dans son acception juridique (et non spirituelle) ou bien qu'il s'est appropriés par la violence, alors que (c'est le supplément de précision marxiste, c'est tout le Capital, le livre de Marx) **ce dont on « hérite » ainsi provient inévitablement, donc toujours, d'une première violence**, la violence de la « prétendue *accumulation primitive* »[1], qui ne cesse ensuite de se reproduire de façon élargie, comme un fait de structure – structure de ce mode de production capitaliste qui est l'objet du Capital.[2] L'homme qui fait son histoire « dans des conditions directement données et héritées du passé » est ainsi *semblable et plus que semblable* au bourgeois qui considère l'histoire en question comme sa propriété privée. C'est pourquoi, d'ailleurs, ce point de vue nous paraît « évident », ou aller de soi, parce que **nous sommes, bien entendu, nous-mêmes, même si nous avons des aspirations « révolutionnaires » – spontanément des bourgeois**, nous sommes nés dans un pays de bourgeois, nous sommes une humanité soumise à la puissance du capital ou, comme dit Marx, soumise à l'idéologie dominante, aux idées de la « classe dominante » qui sont forcément les idées de « tout le monde ». Nous appartenons peut-être à cette « partie de la bourgeoisie qui est passée dans le camp du prolétariat »[3],

[1] Die sogenannte ursprüngliche Akkumulation, titre du vingt-quatrième chapitre du Capital.

[2] Le livre : Das Kapital, dont le livre I a pour titre : Le procès de production du capital.

[3] Le Manifeste, p. 65. Pour Marx, sont notamment appelés à passer dans le camp du prolétariat ceux des idéologues bourgeois « qui sont parvenus à la compréhension théorique de l'ensemble du mouvement historique » (p. 65). Nous sommes là *en plein* dans le langage de la métaphysique moderne, qui est finalement le langage de la puissance, celui, justement, de l'hypertrophie de l'ego et de l'emphase théorique. Nous reviendrons sur ces passages.

mais nous restons des bourgeois.[1] Qu'en est-il pourtant de cet homme qui considère l'histoire comme sa propriété privée, nous-mêmes, et tous les autres ?[2] Il y a ici une « *hypertrophie de l'ego* », comme dit Marx quand il évoque la représentation de *la création du monde* dans la théologie chrétienne, dont il dit qu'il est très difficile de la « déloger de la conscience populaire », parce l'expérience du peuple est celle de la *dépossession*, celle de *dépendre entièrement* d'un autre (du capital).[3]

Bref, c'est sur un même fondamental rapport à l'Être, qui est celui de *son oubli*, que : 1) la philosophie moderne se représente l'homme comme un « sujet » et la conscience comme le modèle de tout ce qui est ; 2) l'économie politique, en tant que « science de la bourgeoisie », conçoit la « valeur » en tant que valeur de la marchandise dont « l'accumulation monstrueuse »[4] constitue la richesse des sociétés modernes ; 3) l'histoire est représentée comme « succession des générations, chacune exploitant le legs de la précédente ».[5]

**Cette histoire-là ne peut pourtant être aucune histoire**, à moins qu'on ne fabule l'histoire à partir de la représentation du mouvement sans mesure du **capital**, dont le « porteur conscient » est le capitaliste, « *sa personne*, ou plutôt *sa poche*, étant *le point de départ et le point d'arrivée de* l'*argent* ».[6] Cette fabulation (la fable du « progrès » historique) est le ressort de l'idéologie dominante, qui est donc l'idéologie économiste : il est bien vrai que c'est de cette façon que les braves gens, notamment *les braves jeunes gens de la bourgeoisie* – la « jeunesse », disent « les porteurs conscients du capital » –

[1] Nous verrons plus tard que nous ne restons pas *simplement* des bourgeois ! En passant dans le camp du prolétariat, nous nous transformons en hommes du prolétariat. « Plus tard » : notre deuxième partie.

[2] *Qu'en est-il des « marxistes » qui considèrent le trésor de la pensée de Marx comme leur propriété privée* (même quand c'est l'Etat qui est le grand propriétaire, ils en sont les fonctionnaires) ?

[3] « Si tu questionnes en direction de la nature et de l'homme, tu fais abstraction de l'homme et de la nature. C'est comme si tu les posais comme n'existant pas, tout en voulant pourtant que je te les démontre comme existant. Je te dis : renonce à ton abstraction, et tu renonceras à ta question, ou bien tiens-toi fermement à ton abstraction et soit conséquent, si tu penses l'homme et la nature comme n'existant pas, alors penses-toi toi-même comme n'existant pas puisque tu es aussi bien nature et homme. Ne pense pas, ne questionne pas, puisque, dès que tu penses et questionnes, ta façon de faire abstraction de la nature et de l'homme n'a pas de sens. *Ou bien es-tu un tel égoïste, que tu poses tout comme néant et que tu veuilles toi-même être* » / « *Oder bist du ein solcher Egoist, dass du alles als Nichts sezt und selbst sein willst* ? » (ÖPM, p. 128)

[4] « Eine ungeheuere Warensammlung », écrit Marx, en se citant lui-même (sa critique de l'économie politique de 1859. Le concept de la « valeur » de la marchandise, donc de toute chose, dans le monde moderne, est exactement celui de l'être vide et indéterminé (l'être en général de tout étant) comme représentation fétiche de la métaphysique.

[5] Cette représentation (bourgeoise) est *avant tout dépourvue de sens* ; mais pour ceux qui sont entièrement soumis à son évidence prétendue, il faut rappeler au moins qu'elle est *factuellement fausse*.

[6] Das Kapital, erster Band, p. 167 : « Seine Person, oder vielmehr seine Tasche, ist der Ausgangspunkt und der Rückkehrpunkt des Geldes ».

puis, par répétition-reproduction et sans mimétisme, les *braves jeunes gens du prolétariat*, se représentent leur propre singulière histoire, c'est-à-dire *qu'ils se représentent eux-mêmes*. A savoir, comme l'exploitation des richesses dont ils disposent heureusement ou malheureusement ne disposent pas, par la condition sociale (et familiale) ou la nature (suivant qu'ils sont plus ou moins doués), leur propre richesse ou leur « bonne fortune » se réalisant dans le cadre général de l'accumulation (capitaliste) progressive et sans limites de principe des marchandises ; exemplairement, ceux de ces gens de la bourgeoisie ou du prolétariat qui travaillent dans le domaine de la recherche scientifique, au titre d'épistémologues, ou d'historiens de la science.[1] Les marchandises dont la collection constitue la **richesse moderne** se présentent en effet *sous la forme de « biens » matériels*, terrains, bâtiments et machines, ou *de « biens » spirituels* – ce sont alors encore des terrains, des bâtiments et des machines, mais dans la modalité de savoirs, de techniques et de littératures – et, finalement, sous la forme de « biens » purement spéculatifs. A vrai dire, **ces biens ont toujours été spéculatifs**, ils ne trouvent leur garantie que par le juridique qui les transforme d'emblée en « propriétés privées ».

Mais aucune histoire n'est pensable sur ce modèle d'une accumulation progressive et sans limites. Car il n'y a pas d'histoire sans décision et la décision n'est possible que dans un espace ouvert par la répétition, dont la *réminiscence* platonicienne (métaphysique) était la *représentation inversée* suivant Kierkegaard. Pour Platon, la vérité d'une idée se révèle à l'homme à la faveur d'une réminiscence dans le cours d'une pratique de savoir, amoureuse ou mathématique[2]; pour Kierkegaard, *la vérité ouvre le jeu de la répétition*, à la faveur duquel cette vérité peut se révéler à moi, *en tant*

---

[1] Remarquons que les « jeunes gens » dont nous parlons admettent en général, quoiqu'en renâclant, les « inégalités » que l'on prétend naturelles (beauté, intelligence et sensibilité) pour lesquelles ils trouvent toujours des compensations ; mais ils rejettent, indignés, les inégalités sociales ou de fortune, de « chance » (entre les pauvres et les riches, les femmes et les hommes, les vieux et les jeunes, etc.), **comme si la société n'était pas elle-même le fait originaire (Urfakt) et la mise en jeu de l'intrication essentielle nature-humanité** ! Cette indignation artificielle n'est jamais qu'un tour bourgeois supplémentaire, la promotion de la *jalousie*, du *désir de possession* (Habsucht), de *l'envie universelle* (dans le monde bourgeois) comme ressorts de l'action – celle du pauvre qui trouve toujours un plus riche que lui ou inversement, celle du jeune qui jalouse le vieux ou inversement, « l'envie du pénis » chez la femme et le fantasme d'être une femme chez l'homme (dans la psychanalyse) – laquelle « action » est une agitation stérile qui renforce la folie de possession de l'ego – et « l'inégalité » ! Les bourgeois parlent d'autant plus aisément de l'égalité que leurs privilèges sont assurés. Ne savent rien du sens même du communisme en tant que l'appropriation par les humanités de toute leur richesse – de nature et d'histoire – qui est *une richesse commune*, telle que sa « possession » par un individu est aussitôt sa possession par tous les autres individus de son monde. Lire Marx et ne pas se contenter des idéologues, par exemple, de Feuerbach (son homme générique, communiste contemplatif) ou de Stirner (son Unique et la propriété de cet Unique).

[2] Voir, par exemple, le Banquet et le Ménon, (à propos du rapport de la diagonale au côté du carré). Le questionnant platonicien est Socrate dans le Ménon. Le savoir de l'amour est enseigné à Socrate par Diotime, dans le Banquet.

*qu'Individu* singulier – je peux m'efforcer de soutenir un autre dans son accueil de la vérité (par le travail de l'édification), mais il ne pourra l'apprendre de moi, car elle est la vérité du Christ, maitre et sauveur divin, de sa parole : « Je suis la vérité et la vie ». Platon, ce serait le communisme de l'Idée (purement idéal), Kierkegaard c'est le désespoir de l'existence privée, ou bien son contraire, la foi en tant que le face-à-face de l'individu et du Dieu qui à chaque fois décide de la destinée de l'individu en question, pour autant cependant que l'individu en question *soutienne* le face-à-face. Marx pense, lui, *les deux modalités de la répétition*, vers le passé et vers l'avenir : la répétition vers le passé (en tant que le *néant* de ce qui *n*'est *plus*) est la *répétition comique*, car jamais je ne pourrais faire revenir ce qui n'est plus, sinon sur le mode de la farce, la seule répétition qui vaille et *soit praticable* est **la répétition vers l'avenir, c'est-à-dire la répétition qui fait advenir, le travail et le jeu de la répétition**, éminemment la répétition de ce qui *a été* dans ce qui *est* et qui *advient*. Si donc l'essence de l'histoire est dans la répétition, si la répétition permet de penser la décision et *est* elle-même la décision (qui engage les deux modes de la répétition), si donc la répétition permet de penser la possibilité de la liberté, laquelle ne renvoie certes pas à une « faculté » du sujet, mais est **liberté de l'Être dans l'homme** ou **telle que cette liberté de l'Être est assumée et reprise (répétée) par et dans l'homme (individu ou peuple)**, on doit pouvoir penser l'histoire dans son être à partir de la notion de répétition, telle que Marx la conçoit et en esquisse la figure contrastée (tragique et comique) dans les textes que nous avons travaillés.

## II. Le mensonge du discours marxiste

Question : comment le Manifeste est-il encore *agissant* en nous, à moins que pas du tout, que la lecture du manifeste ne suscite *en vérité* que de l'ennui ? D'un côté, une représentation sans pensée du « progrès » *barre* toute pensée de l'histoire, versant positiviste du discours marxiste, suivant l'idéologie dominante de ce temps, Marx en Allemagne, et, en France, Comte ! De l'autre, Marx *pense* l'histoire dans le concept de la répétition. Le Manifeste est lui-même une pensée de l'histoire-répétition, il se produit lui-même comme une répétition du projet révolutionnaire : on peut transformer notre question en cette autre : « **Si le Manifeste se répète en nous, la répétition se produit-elle comme tragédie ou comme comédie ?** »

Jamais le questionnement actif de la pensée ne peut se prendre dans le discours de l'idéologie ou de la machine (mauvaise répétition). La pensée agit en silence, elle porte au langage la résistance des humanités au déploiement de la puissance, elle **est** elle-même cette résistance. *La pensée, en tant que pensée, est pensée vraie.* Elle n'a pas besoin de jouer des coudes, pour ainsi dire, de faire de grands effets, de langue ou de troupes armées, pour agir. Le discours marxiste est l'imposition d'une doctrine, il justifie une certaine vision du monde (propagande) et articule un projet organisationnel. En tant qu'imposition d'une doctrine, il se produit dans l'élément de l'impuissance : du mensonge et de la contre-vérité. Il est contraire à l'essence de la vérité que de devoir être imposée et de se présenter dans la forme d'un Manifeste.

## 1. Le Manifeste comme répétition

Certains intellectuels, journalistes, professeurs ou bureaucrates exerçant leur intelligence et leur savoir dans les différents appareils de l'Etat, qui ne peuvent donc pas ne pas avoir une relation, même compliquée, aux questions de la « philosophie » et de la « politique », se reconnaissent encore aujourd'hui dans les « classiques du marxisme », particulièrement dans ce classique des classiques qu'est le Manifeste du parti communiste. Ce jeu, plus ou moins maitrisé, de la reconnaissance les renvoie à leur propre histoire politique, sociale, familiale, intellectuelle, amicale, ou amoureuse : ils font de ce Manifeste un *monument* de *leur histoire*, alors qu'il n'est, pour la plupart des gens, ceux qui en ont entendu parler et ne sont pas du tout en mesure d'en exploiter les richesses, n'ont même pas l'idée d'une pareille richesse et de son éventuelle exploitation, que le *document* poussiéreux d'un *délire politique historique particulier* et *très localisé*, rien que d'être justement un délire « politico-historique ». Sans doute, a-t-il pu devenir ce monument à la faveur de la révolution russe de 1917, dans laquelle on peut ne voir, comme Marx voyait dans le 18 brumaire de Louis Bonaparte, qu'un « coup de main ou un coup de tête » – mais le coup en question, de tête ou de main, a donné au parti bolchevique cette plus-value de prestige qui tient à ce qu'on appelle « la victoire ». Rien de plus fallacieux, pourtant, et trompeur que ce qu'on appelle la victoire.[1] Car la victoire vraie est toujours cette victoire *dans le moment du combat, l'issue du combat est toujours équivoque* (à moins qu'il ne s'agisse, comme souvent, d'une issue « faute de combattants ») quand elle n'est pas celle *d'un peuple, dans sa résistance à la puissance*. La *victoire de la résistance* contre l'occupant nazi est dans la résistance elle-même qui, *par son existence*, a contribué à défaire la puissance nationale-socialiste et à donner un courage, sans aucun doute durable, au peuple et aux peuples de France[2], à donner un certain crédit à l'idéologie nationale. Mais la victoire

---

[1] Sur ce point relire Nietzsche, son premier grand livre, Considérations inactuelles, La première considération (David Strauss, l'apôtre et l'écrivain) : « Disons-le pourtant : une grande victoire est un grand danger. La nature humaine s'en accommode moins aisément que d'une défaite ». Nietzsche parle de la victoire de 1870. L'illusion néfaste (qu'à la victoire de l'Allemagne aurait pris part la « civilisation allemande ») est susceptible, dit-il, de transformer « *notre victoire en totale défaite* : *la défaite, voire l'extirpation de l'esprit allemand au profit de « l'Empire allemand* ». Où l'on voit que, pour le *jeune* Nietzsche, il y a un esprit allemand (Goethe, Beethoven, Schopenhauer).

[2] Lui et leur a, en tout cas, donné *une mémoire*, peu importe l'usage bourgeois qui en est fait par la suite ; chacun veut s'approprier ce qu'il y a de grand dans la résistance ; en France,

bolchévique n'était aucunement celle d'un peuple résistant à la puissance, au contraire : cette victoire fallacieuse du parti[1] léniniste a transformé un délire politique historique particulier en une vision du monde communiste « universelle », qui a exercé une attraction sur les peuples du monde entier en stimulant les ambitions politiques des *classes moyennes ou supérieures et intellectuelles* de ces peuples, lesquelles classes ont trouvé pour elles une *doctrine* et un *exemple*, l'aliment d'un courage, de telle façon que des hommes issus de ces classes, intelligents et énergiques, pouvaient entraîner les masses populaires dans l'aventure révolutionnaire.

Pour nous, cependant – pour nous, je veux dire pour les hommes de l'Europe et des autres continents que ce délire, dans la forme d'un délire de masse, a saisis, au moins un certain temps (celui des « révolutions nationales » et des « victoires du communisme », dans ses diverses interprétations, notamment en Extrême-Orient avec le maoïsme, en Afrique et à Cuba), mais qui arrivons, à la fin du vingtième siècle, dans le moment de la *désillusion* et du *dessaisissement* – le Manifeste du parti communiste, s'il constitue lui-même un monument de notre histoire, est un événement qui se produit presque entièrement de côté de la *répétition comique* et de la farce (une sinistre farce, une mauvaise plaisanterie). Il l'est, particulièrement, par l'ignorance entière dans laquelle il se trouve de sa nécessité « historique ». En quel sens, cette ignorance ? On dira justement que les *auteurs* (Marx et Engels) savaient très bien ce qu'ils faisaient ! Certainement. Et en même temps, *ils ne savaient presque rien de ce qui se passait à travers eux,* on peut dire seulement qu'ils étaient bien conscients de la *marginalité* dans laquelle ils étaient et du caractère *insolite* de leur appel.

Comment donc Le Manifeste de 1848 agit-il encore en nous ? Le Manifeste *répète* le projet révolutionnaire, au sens où il tente de le mettre en œuvre (*répétition vers l'avant ou l'avenir*), où il est donc un pari sur cette mise en œuvre et sur son propre pouvoir d'entraînement. Mais il est aussitôt le jouet

---

les forces en mesure de s'approprier la grandeur de la résistance étaient principalement la vieille bourgeoisie bonapartiste – De Gaulle – et le parti ouvrier – « communiste ». Je pense pour ma part que l'événement de Mai 68, qui concerne surtout *la jeunesse de France*, étudiante et ouvrière, ne peut se comprendre vraiment que dans la référence vivante, même souterraine, à la résistance des années 43-45. Le mois de Mai 68, après tout, c'est le lendemain (moins d'un quart de siècle) des années de résistance ! Car ce qui importait en Mai 68, nous le voyons mieux *aujourd'hui*, était *la générosité de son message* : qu'il *tranchait d'emblée* avec les revendications sociales et les oppositions partisanes – le parti communiste des années 60 ne pouvait plus, lui, s'y reconnaître. Une expérience juvénile et brouillonne de la liberté comme avaient pu la connaître les résistants des années 40 : ces femmes et ces hommes pouvaient se regarder en face et aller nu, « *dépouillés de tous les masques* » sans avoir honte de soi, « *à tous les repas pris en commun, nous invitons la liberté à s'asseoir. La place demeure vide, mais le couvert reste mis* » écrit René Char, le poète résistant. Voir la belle préface de Hanna Arendt à son livre « La crise de la culture », une lecture du poète, qui commence par le rappel, comme en exergue, de cet « étrange aphorisme » : « *Notre héritage n'est précédé d'aucun testament* ».

[1] Dont nous verrons qu'il était celui des hommes perdus, voir Tome II, VII, Note sur le marxisme historique et ses monstres (p. 234).

de sa propre répétition, **parce qu'il a d'abord joué la révolution dans l'idée**, *en se produisant théoriquement*, comme *l'acteur de la révolution.* Par la répétition théorique, le Manifeste devient un *pur discours*, une *machine discursive.* Il se *conçoit* comme un acteur, sur le plan de la théorie. Quelle sorte d'acteur est une machine et quels effets produit cet acteur, en tant que machine ? Ou bien : qu'est-ce qu'un acteur *théorique* de la révolution ? Question absurde et désespérée, mais appelée par le Manifeste. En conséquence – de l'absurdité et du désespoir – chaque fois qu'il veut mettre en pratique (appliquer) ce qu'il a théoriquement conçu dans un premier temps et dans *une atmosphère de tragédie*, en tout cas, *de solitude tragique*, il devient *une répétition de seconde main*, une répétition de comédie, une répétition côté farce.[1] Assumer le projet révolutionnaire, cela voulait dire : rompre décidément avec toutes les formes d'intégration de la doctrine marxiste en tant que doctrine d'économie ou théorie économique, qui transformaient les partis socialistes en partis bourgeois et l'activité politique en activité parlementaire, ce qui ne signifie rien d'autre que le renoncement à la répétition « politique » ou à la tentative de mise en œuvre du projet communiste. Mais, si le projet révolutionnaire ne pouvait en effet s'intégrer aux formes modernes, bourgeoises, de la politique, sans se défaire entièrement lui-même, **l'action révolutionnaire devenait un théâtre de la révolution, une révolution de comédie qui prenait un tour tragique pour tous les peuples entraînés dans ce cours fatal** (1917 et les années qui ont suivi ont été une telle répétition de seconde main, très vite *subie* dans *l'égarement* et *la stupeur*).[2] **A moins qu'une autre politique ait été, soit donc, pensable**.

---

[1] Il faut insister sur la *solitude réelle* de Marx – *solitude qui ira s'aggravant* – et de quelques-uns de ses amis, en 1848. Leur solitude vraie, pas rien que leur isolement : je veux dire la solitude qui est inhérente à l'originalité *d'une pensée vraie* ou d'un *acte de pensée* – et que la plupart des hommes ne connaissent que dans des situations de grande détresse. Sur ce point, essentiel, il faut lire la préface de Engels du premier mai 1890 ; Engels rappelle opportunément que, si le socialisme pouvait figurer dans les salons, le communisme était *à l'opposé* : d'une part le projet communiste ne pouvait *se réduire* à de « simples bouleversements politiques », il exigeait « *une réorganisation globale de la société* » ; d'autre part, la conviction qui le portait, manifestement délirante et cependant très belle, était que « l'émancipation des travailleurs doit être l'œuvre de la classe ouvrière elle-même » (il faut cependant y regarder à deux fois dans cette affirmation qui mélange confusément un thème *bourgeois* juridique (celui de l'émancipation) et une revendication *sociale et politique*, devant aboutir, non critiquée, au pire du marxisme (l'ouvriérisme). A l'appel final (« Prolétaires de tous les pays, unissez-vous ! »), il n'y eut, rappelle Engels, « que peu de voix pour nous répondre, lorsque nous avons crié ces mots dans le monde voilà quarante-deux ans, à la veille de la première révolution parisienne dans laquelle le prolétariat entra en scène avec ses propres revendications ». (Voir l'édition Chatelet, p. 108).

[2] Egarement et stupeur du *peuple russe* des villes et des campagnes, égarement et stupeur des *dirigeants bolcheviques* eux-mêmes, dans une situation *atroce*, quand, à la guerre des impérialismes européens, fait suite immédiatement la guerre civile, situation qui permet de « comprendre » l'établissement du régime monstrueux de Staline (ce n'était plus un « communisme de guerre »). Ce qu'ont pu dire les communistes européens du stalinisme est affligeant d'insignifiance et de mauvaise foi (par exemple, Althusser et sa critique, juste mais

## 2. La machine du mensonge

Celui qui considère aujourd'hui le Manifeste, en tant que « classique » des classiques du marxisme, comme un miroir où il peut se reconnaître et reconnaître les siens, un miroir qui lui renvoie la précieuse image de *son* histoire *et* de ce qu'il pense être l'histoire européenne et du monde, vues à travers le projet communiste, fait comme si, pas un seul instant, il ne mettait en doute la vérité ou la réalité (puisqu'il identifie l'une à l'autre) de ce qu'il ne peut appréhender pourtant que sur le mode de la représentation fabuleuse. Il ne peut pas ne pas se représenter qu'en effet, au moment du Manifeste, un spectre hantait l'Europe bourgeoise, que ce spectre était celui du communisme, que toutes les puissances européennes menaient la chasse à courre au spectre, etc. Mais l'Europe a connu bien d'autres spectres, qui ont ébranlé les imaginations et les cœurs jusqu'au délire, quand était venu, pour ceux-là, l'heure de « revenir », leur « temps » (en particulier toutes les créatures spectrales dans un manège obsédant qui tourne autour des puissances démoniques de la science et des merveilles de la technique, manège qui fascine déjà, à l'évidence, les auteurs du Manifeste). Le Manifeste évoque le « spectre du communisme », *pour qu'on en finisse avec la légende spectrale et qu'on passe aux « choses sérieuses »*). Le lecteur doit pourtant prendre au sérieux (sans quoi il laisse tomber dès le préambule) cette littérature révolutionnaire, qui a certes sa vérité, mais *non pas en tant que science*, sur le mode de la rationalité scientifique, non *pas davantage en tant que leçon politique* – les mouvements de la protestation et de la révolte ouvrières, au dix-neuvième siècle, sont admirables par le courage et l'intelligence populaire dont ils témoignent, par la mesure dans l'appréciation des choses et des hommes, mais ils n'ont pas de portée « *politique révolutionnaire* ». Le Manifeste a d'abord sa vérité sur le mode du pressentiment : à partir de la *reconnaissance* de la résistance ouvrière, il pressent ce qu'il en est de la puissance, de *l'affinité de la puissance et du spectre,* puis du *spectre* et d'une *logique historique de la répétition*, il touche à la vérité *sur le mode de la pressentir*, quand ce qui, partout, se dit du « monde » livré à la puissance (celle du Capital et de la technique moderne) ne se dit jamais que sur le mode du *mensonge* de la *contre-vérité* (du progrès de la civilisation, etc.).

Le mensonge et la contre-vérité passent dans le marxisme (qui se transforme en l'idéologie marxiste) quand le marxisme, la pensée du communisme, se conçoit – c'est-à-dire, ici, qu'il s'imagine *et* s'impose – en

---

tellement insuffisante, des bavardages ineptes sur le culte de la personnalité). Nous reviendrons sur tout cela.

tant que « socialisme scientifique », *quand il croit et veut faire croire qu'il est cela* : car il n'y a jamais eu quelque chose de tel qu'un « *socialisme scientifique* ». **C'est en tant que socialisme scientifique que le mensonge et la contre-vérité sont assumés par l'intellectuel « marxiste ».** Il y a une *vérité poétique* du Manifeste, une vérité de *l'expérience* à partir de laquelle ses auteurs, les intellectuels bourgeois allemands Marx et Engels, *peuvent écrire* le Manifeste. Cette expérience et la vérité de cette expérience, c'est cela qui est pensé dans *la question communiste* (en tant que chose de la pensée, le communisme est une question, la question du « commun »).[1] Mais de cette vérité-là, le socialiste scientifique n'a rien à faire, il ignore tout de cette vérité. Le mensonge de l'intellectuel « marxiste » consiste à reconnaître dans le Manifeste une pièce centrale de la **science socialiste qui n'a jamais existé**, que l'intellectuel baptise du nom de « matérialisme historique », « science prolétarienne », même s'il doit admettre que la prétendue « science » doit en rabattre quant à ses prétentions en tant que « science historique » – il y a eu tant d'autres approches, depuis le Manifeste et l'Idéologie allemande, de la « réalité historique » – même s'il doit en arriver, en fin de parcours, à se demander si, après tout, quelque chose comme « l'histoire » a la moindre réalité et le moindre sens (qui ne soit pas, soit celui des contes et légendes pour les enfants, soit celui d'un rapport des faits – un rapport comptable d'économie, de police et de bureau). Surtout il veut faire croire, redoublant le mensonge, que cette science est au fondement de la politique communiste, parce qu'il pense que le communisme, conçu comme socialisme scientifique, se dit d'une politique, il pense donc que, par magie, la vérité d'une science (qui ne peut être cette « vérité » que dans la perspective de la *théorie* scientifique et dans les *limites* du domaine de réalité qu'elle objective théoriquement) se transfère sur la pratique politique supposée fondée sur elle. Or, dans la pratique de la politique, *une humanité se situe dans un monde*, là où elle habite et bâtit, et le monde – l'être ouvert d'un monde – ne se laisse pas déterminer représentativement par une science, quelle qu'elle soit (en un mot : il n'y a pas de « science du monde »). C'est pourtant le fond de la propagande marxiste : si la théorie est *vraie*, la pratique qui se fonde sur elle est *juste*. **Enchaînement proprement délirant de la vérité de la science (qui n'existe pas) à la justice d'une pratique « fondée » sur elle**.

Si de nombreux intellectuels, longtemps, jusqu'à la fin du vingtième siècle, ont marché dans cette « combine » ou cette « machination » marxiste (« Machenschaft » dans la langue de Heidegger, 1938), tandis que les peuples de l'Europe ne se délivraient du théâtre de la « révolution », la socialiste et la national-socialiste, que *pour tomber dans d'autres formes de représentations illusoires,* portées par d'autres rêves qui sont, pour la plupart, des rêves de catastrophes (de fin du monde) – c'est que ces gens-là fonctionnent sur le

---

[1] Parménide : Le même – être et pensée (B III). Héraclite : Penser est commun à tous (B 113).

modèle de la machine, de la répétition machinale, du comique de répétition, modèle qui résiste aux usures de la représentation d'idéologie : ils font d'une pensée « philosophique » (celle de Marx) un produit idéologique d'institution, (l'idéologie sociale, le plus souvent couplée avec la nationale), **parce qu'ils sont eux-mêmes, le plus souvent, des hommes de l'institution**, les fonctionnaires de l'Etat bourgeois. Ce type de fonctionnement n'est pas « innocent » et la fidélité de l'intellectuel marxiste et même non marxiste à la doctrine du matérialisme historique que le Manifeste enseignait, lui, à l'intention des « ouvriers avancés » du milieu du dix-neuvième siècle, n'est pas un effet de stupidité, de gâtisme et de dégénérescence intellectuelle. Le fait est que l'intellectuel dont nous parlons ne s'intéresse plus guère à la *« vérité » du savoir marxiste*, il ne se retrouve pas dans le rêve communiste qui portait les auteurs du Manifeste : il gère **une position de pouvoir** acquise de plein droit, à ses yeux, parce qu'il serait ou qu'il est, au moins dans sa conscience, un dépositaire de la « vérité-réalité » d'une doctrine et d'une histoire (vérité de la doctrine, réalité des événements historiques que l'on suppose être éclairés par cette doctrine), dont il se présente comme *l'héritier légitime*.[1] Pour lui le texte de Marx est celui d'un testament qui le désigne comme l'héritier. **Les querelles des marxistes ont toujours été des querelles bourgeoises de légitimité**. C'est en tant qu'héritier légitime de ces biens fantastiques qu'il veut à tout prix être reconnu, suivant un besoin que détermine en lui son appartenance au monde bourgeois de la propriété privée (c'est-à-dire du capital et de la machine). Il fut, pourtant, en tout cas dans la conscience qu'il a de lui-même et de son passé militant et intellectuel, à la fois *un communiste*, c'est-à-dire quelqu'un qui existe dans l'ouverture du projet de l'abolition de la propriété privée, et *un homme de science*, c'est-à-dire quelqu'un qui voue sa vie à la merveille de la découverte de la vérité, et non pas du tout à l'acquisition de toujours plus de propriétés « prestigieuses » (terres, savoirs, techniques, positions de pouvoir, en un mot : capital) dans un besoin toujours plus pressant de reconnaissance ou de gratification sociale – tout cela qui satisfait, paraît-il, la vanité d'un bourgeois, ne saurait, en tout cas, faire naître une vocation. *Il y a un abîme du discours politique* à *la parole qui tient à la vérité.*

## 3. L'épreuve de l'abîme

**L'épreuve de cet abîme porte notre lecture du Manifeste**. Elle n'est pas nouvelle, au contraire aussi ancienne que le monde : mais elle est *notre* épreuve, en tant que celle de *notre monde*. Le discours politique (celui de la

[1] Voir la note 2 de la page 85, l'aphorisme du poète – l'héritage que ne précède aucun testament. Cette parole enferme tout le sens de ce que dit le mot : « communisme ».

propagande, d'un côté, et de l'organisation, de l'autre) cherche l'*adhésion* et veut être *cru*, la parole de la pensée veut être *entendue* et *questionnée* ; le discours de la propagande impose sa « vision », la parole de la pensée tient son autorité par cela qu'elle *porte au langage* ce qui ne pouvait être dit encore et qui se découvre en elle ; enfin le discours politique de l'organisation *dépersonnalise*, parce que celui qui le tient ne parle jamais en son propre nom (*donc ne parle pas*), quoiqu'il en soit des figures de style toujours empruntées par lesquelles il fait valoir ce qu'il croit et fait croire être son « originalité », tandis que la parole de la pensée – telle qu'elle ne parle qu'en s'adressant à quelques-uns qu'elle n'a pas même besoin de connaître – singularise, *écarte* d'emblée les effets de personnalité et *neutralise* les mouvements pulsionnels de l'ego propriétaire[1]. Fonctionnant sur le mode de la machine, le discours politique induit des *comportements de soumission* (machinale) en même temps que les **effets de vanité, qu'un homme de pensée ne peut jamais** connaître, *c'est pourquoi il est rejeté comme un méprisant, un obscur* – Héraclite ou Empédocle – il est rejeté ainsi par les hommes de la machine et de la vanité qui valent aussi bien en tant que les hommes du monde de l'entreprise ou du commerce qu'en tant que ceux du monde des partis politiques (la Chine de Xi Jinping illustre cette équivalence)[2]. Des hommes de pensée ont pu être fascinés par une forme de discours et de pratique organisationnelle qui produisait au moins cette dépersonnalisation qu'ils pouvaient prendre pour une mise à l'écart des effets de personnalité vus comme effets de vanité. Ces hommes ont cru se reconnaître dans la politique marxiste, et le discours d'idéologie qui l'accompagnait. Mais ce discours ne laisse *aucune place à la parole vraie* dont il est issu lui-même, alors la perspective révolutionnaire communiste devient une charge encombrante, une façon trop lourde de compenser la *déréalisation* et la *dépersonnalisation* qu'impliquait de se prendre dans la croyance dans ce discours (comme dans tout autre) : le mensonge compensait la déréalisation, mais le mensonge ne tient plus ou ne *prend* plus. Le discours marxiste est dévalué, parce qu'il n'a jamais été *que* discours, alors qu'il se prétendait garanti par des vérités de

---

[1] Freud a fait science (psychologique) de cet ego propriétaire dans sa théorie des « instances de la personnalité psychique » : une doctrine du pulsionnel, dont la version populaire est celle des trois instances fabuleuses : le ça, le moi et le surmoi.

[2] La façon la plus économique de le rejeter est l'assassinat (Socrate) ; mais on peut le réduire, en en faisant un beau parleur (qui parle pour ne rien dire), ou en l'assimilant à des figures d'humanité certes fascinantes pour les masses populaires, mais qui n'ont rien à voir avec ce qui vient au monde dans un penseur (on en fait un saint, un révolutionnaire, un criminel, un fou). Le « on » a vraiment remporté la victoire, il a *défait* le penseur quand celui-ci, *épuisé*, en vient à se prendre lui-même pour un saint, un révolutionnaire et, finalement, un criminel – bon pour la prison ou l'asile d'aliénés. « *Tous voudront la même chose, tous seront égaux* (« jeder will das Gleiche, jeder ist gleich ») ; *celui qui sent autrement va de son plein gré à la maison de fous* » (« wer anders fühlt, geht freiwillig im Irrenhaus ») Un peu plus loin : « *Mon âme n'est point ébranlée et claire comme les montagnes au matin. Mais, dans leur idée, je suis quelqu'un de froid, un railleur aux sarcasmes furieux* ». (Nietzsche, Zarathoustra, Prologue).

science et valoir comme vision (de l'Être ou du monde), on le jette sur le champ dans le déversoir des élucubrations ineptes ou des expressions malheureuses d'une humanité égarée. D'autres fariboles ont fleuri, dans lesquelles, bien sûr, les anciennes marxistes, dans toutes les versions, notamment l'invraisemblable « marxiste-léniniste » (maoïste), se répètent en variant. Mao *répète* Lénine qui *répète* Marx, la Chine de Xi Jinping *répète* la Chine de Mao.

Mais il faut enfin décider : comment le discours marxiste du Manifeste a-t-il agi véritablement sur nos intellectuels ? Réponse : les marxistes, qui sont aujourd'hui des « anciens », font passer pour *des choses sérieuses* des fariboles, ils le font parce qu'ils sont eux-mêmes des bourgeois, ils sont animés par une passion malheureuse et honteuse de propriétaires. Quelle propriété ? Celle de l'intelligence, sans doute, qu'ils se croyaient. L'allégation du sérieux (des histoires qu'ils racontent) est pour eux la seule façon de se justifier de leurs engagements passés, dont ils ne peuvent aujourd'hui méconnaître le caractère délirant et criminel, mais surtout **la sottise** : on est moins honteux, surtout dans le milieu, à vrai dire étroit, de la petite bourgeoisie intellectuelle dont elle est la faiblesse naturelle, d'avoir succombé à un délire criminel de folie temporaire, *que de devoir avouer avoir manqué de jugement* – car aucun homme de cette sorte ne se relève à ses propres yeux d'avoir été convaincu d'être un sot, l'ayant été indubitablement. Surtout ils devraient reconnaître (mais en ont-ils les moyens ? Rien n'est moins sûr), que cette folie, hélas, comme toutes les folies et toutes les raisons avec les déraisons variées, mais non pas la sottise, relevait de la nécessité de l'Être, d'un certain tour de l'histoire (qui est fini, ce que manifeste le passage, en Chine, de Mao, par Deng, à Xi Jinping), qu'ils répondaient, à leur façon délirante, à ce qu'exigeaient ce tour, qu'ils étaient fils de leur temps. Car si la machine de la puissance – telle qu'elle se déploie, Américaine, Chinoise, Russe, aussi bien en tant qu'un capitalisme débridé, d'une brutalité inouïe, désormais sans aucun besoin de justification et s'affirmant ouvertement grotesque et criminel, (clown totalitaire et clown libéral), qu'en tant que règne de la technique moderne dans son essence – *brise* l'humanité européenne et mondiale, dont les institutions s'effondrent, dont la mémoire est noyée, tandis que son esprit s'éteint, en même temps qu'elle *défigure* le monde et le produit comme non-monde, *elle a besoin* des hommes dans les individus et dans les peuples, pour ainsi briser *avec eux* (en les prenant dans son rêve de puissance) et *dans eux* (en les avilissant) l'humanité, comme elle a besoin d'un monde, et même de plusieurs mondes pour en arriver enfin à produire *le non-monde* terminal qu'elle porte en elle, qu'elle l'appelle « démocratique » ou « communiste ».

# Chapitre III L'aporie politique. Qu'appelle-t-on une puissance ?

*« Toutes les puissances* de la *vieille* Europe se sont *alliées* pour mener à ce spectre une *sainte* chasse à courre : le pape et le tsar, Metternich et Guizot, les radicaux de France et les policiers d'Allemagne (p. 49). »

Héraclite « Les cadavres sont à rejeter plus que le fumier » (B 96)

## I. Le fantasme et la puissance

La notion qui porte cette page de préambule – telle qu'elle engage ou met en jeu une hantise, non pas cependant n'importe quelle hantise, mais la *hantise européenne*, quelque chose qui se produit comme un effet de spectre, le *spectral européen* (le communisme) – est la notion de **puissance**. Chaque mot de notre exergue mériterait une assez longue analyse : « *Un spectre hante l'Europe – le spectre du communisme. Toutes les puissances* de la *vieille* Europe *se sont alliées pour mener à ce spectre une sainte chasse à courre* ». Des choses très diverses, des *choses profondes* et *dangereuses*, sont dites là, dans un langage romanesque, du continent hanté, du continent *de* l'esprit et *des* esprits, de la fièvre de ces esprits, quand tout ce qui se passait d'année et année, qui fut pris *au sérieux* (bruit et fureur, coups d'Etat, révoltes et révolutions), par les hommes de la bourgeoisie, ceux qui pensaient être les « fils de leur temps », apparaît désormais comme un jeu spectral, quand les « personnages » de l'histoire ne sont plus que des personnages, justement, ceux d'une histoire déjà fantastique, et sans doute assez noire. **Mais nous-mêmes, nous venons beaucoup plus tard. Peut-être n'avons-nous jamais connu que des choses spectrales** ? Quelque chose est au moins suggéré du caractère *provisoire* du *rassemblement* des puissances, dont on peut supposer qu'après qu'ait été défait le spectre traqué, écartée (provisoirement) sa menace réelle et/ou imaginaire, elles reviennent à leurs oppositions « sérieuses ». Marx et Engels remarquent, en tout cas, le caractère *frivole* en même temps que *sacré* de l'alliance dans la traque : la chasse au spectre communiste est une *sainte* chasse à courre, mais une sainte *chasse à courre*.

« Les puissances », cette expression, dans le préambule d'un Manifeste, appartient au langage de la politique. Le langage de *la* politique cependant *ne vient pas de nulle part* et *n'est pas toujours le même*. Les puissances sont des puissances dans la mesure où elles participent au jeu de la concurrence des puissances et sont *des puissances concurrentes*. Premier plan du concours. *En arrière-plan* demeure la **signification de fond** que retient le mot de « puissance », pensé à partir de l'*Être* : « puissance » ne signifie que dans *un rapport direct* à « impuissance ». Le rapport est direct en ceci que toute puissance apparue en un monde sait que son destin est de retourner à l'impuissance, de *disparaître en tant que puissance*.

Les puissances européennes se sont alliées pour mener la chasse au spectre *communiste*. Le passé de l'alliance est un *passé composé* – ce mode de conjugaison que les grammairiens caractérisent encore comme un *passé indéfini* : *il y a, en un certain sens, toujours eu chasse au spectre* et alliance des puissances pour conduire cette chasse. Suivant ce « certain sens », l'Europe se définit précisément comme *l'alliance des puissances européennes dans cette chasse au spectre*. Le jeu concurrentiel des puissances n'est pas interrompu par la chasse au spectre. *Comment interrompre ?* Mène-t-on la chasse au spectre ? Sans doute. N'est-elle pas, cette chasse au spectre, elle-même spectrale ? Peut-être qu'à bien y regarder **toute chasse est chasse au spectre et spectrale**. Ou bien, si l'on veut, toute chasse (à la bête sauvage, au loup, aux voyous, à l'étranger) *se double* d'une chasse au spectre et spectrale : quand je chasse le loup ou le voyou, je chasse ce loup et ce voyou *en moi*, mais *comment existerait-il*, le loup ou le voyou *en moi*, *sinon comme spectre*, comme un *esprit revenant*, elle est donc bien, cette chasse – la traque du spectre ou de l'esprit – une *chasse spirituelle*, bientôt sainte et consacrée[1]. La chasse aux puissances est une chasse *à l'esprit*, c'est pourquoi elle est une sainte chasse. Comment est-elle cette chasse ? Comment mener la sainte chasse (à courre) ? Est-ce bien sérieux ?[2]

Comment donc se conduit-elle, la chasse au spectre ? Dans la confusion toujours, un certain désordre, au moins, une *intranquillité*, une certaine précipitation ou, au contraire et en même temps, un *attentisme*, une certaine *négligence*, une désinvolture. C'est, en tout cas, cette chasse au spectre qui définit, dans son être historique, *une puissance dans son rapport aux autres puissances* : les puissances chassent le spectre, *il y en a toujours un*. Le spectre de l'Europe, pour Marx-Engels, est le spectre communiste, le spectre rouge. Quoiqu'il en soit de leur concurrence qui peut être féroce, *les puissances se*

---

[1] Le spectre n'est pas dedans ou dehors, intérieur ou extérieur : il est dedans-dehors, intérieur-extérieur. Il est sa *menace* (ce qui peut être localisé – dedans ou dehors, à l'intérieur ou à l'extérieur, *ne menace plus*).

[2] Cette question (est-ce sérieux ou pas ?) posée ici à propos de la chasse au spectre doit être posée à propos du Manifeste en général. Cela, le Manifeste du parti communiste, est-ce sérieux ou pas ? **La réponse est que c'est sérieux en ne l'étant pas**. On peut étendre la question à toute littérature, pas seulement de propagande, ce serait la question de la littérature en général et de l'existence littéraire. Le sérieux de la littérature est évidemment le contraire de ce que le philistin bourgeois considère comme sérieux (pour lui, n'existent que les « affaires », la « vie » elle-même est une affaire, plus ou moins bien gérée). Là-dessus, surtout, Nietzsche, partout (dès sa première considération intempestive), Heidegger, souvent, et, en France, naguère, surtout Jacques Derrida et ses amis (Paul de Man). Voir la note suivante.

*sont toujours alliées* pour conduire cette chasse ; en s'alliant contre le spectre, elles trouvent ou retrouvent leur vivacité concurrentielle, chacune contient les ambitions de chacune des autres – et le spectre revient toujours.

**Cela fait un essaim de questions qui ne sont pas les nôtres** (autour de la politique, de son *ordre*, de son rapport à la puissance, puis au fantôme, au spectre), que nous devrons laisser (laissons donc les spectres à leurs jeux), pour que nous reviennent *les vraies questions* – celle de l'ouverture d'un espace commun pour une humanité avec ses dieux, ses travaux, ses jeux, dans son rapport à d'autres humanités, de nouveau avec leurs dieux, leurs travaux et leurs jeux. A ces questions spectrales, même insistantes, nous n'avons pas à répondre, *nous n'en avons d'ailleurs pas les moyens*, nous devons au contraire trouver nos **propres questions**, nous retrouver *nous-mêmes* en elles.[1] Sans doute retrouverons-nous les spectres, mais sans jouer leur jeu.

## 1. La notion de puissance. Puissance et appropriation privative

Une puissance, de façon générale, n'a pas d'autre définition formelle que sa propre affirmation. Elle s'affirme en tant que puissance *qui se sait* irrésistible, elle ne connaît pas d'autre principe que celui de son augmentation incessante, de l'extension de son domaine d'exercice ou d'affirmation, de l'intensification de ses effets. Les moments de pause apparente sont en réalité des moments de *stabilisation* : une fois stabilisée, la puissance poursuit de façon assurée son augmentation. Elle le peut et elle le doit, parce qu'elle trouve son équilibre seulement dans le mouvement de son augmentation ; au contraire elle serait conduite à son dépérissement et à sa fin prochaine, si elle se satisfaisait de se maintenir au niveau qu'elle a déjà atteint de son affirmation de puissance. L'impératif catégorique de la puissance est l'impératif de *la course*, celui de poursuivre incessamment le mouvement de son déploiement.[2]*La puissance ne connaît pas le repos.*

La bourgeoisie, disent Marx et Engels, « a joué dans l'histoire un rôle révolutionnaire décisif » (p. 54). Comment la bourgeoisie joue-t-elle ce rôle décisif ? Réponse : « Elle ne peut exister sans révolutionner toujours plus avant les instruments de production, donc les rapports de production… Le bouleversement continuel de la production, l'ébranlement ininterrompu de

---

[1] **Sans doute est-ce la difficulté majeure de la philosophie** : les questions de la philosophie, nous pressentons d'emblée qu'elles sont les nôtres, pourtant elles nous restent étrangères longtemps, nous ne nous y retrouvons pas, nous ne les *comprenons* pas (le sens des questions, en quoi elles sont des questions), *parce que nous sommes* presque *entièrement dominés par le langage des puissances* – celui, typiquement, de l'efficacité. Hölderlin : « le libre usage de ce qui nous est propre est le plus difficile ».

[2] Dans le langage du capital, course aux marchés nouveaux. On peut encore la caractériser comme un mouvement qui a perdu sa fin. Définition par Aristote du mouvement, incompréhensible (ou inintelligible) pour Pascal : l'acte de ce qui est en puissance.

toutes les catégories sociales, l'insécurité et le mouvement éternels distinguent l'époque bourgeoise de toutes celles qui l'ont précédé » (p. 55). Marx et Engels parlent au passé. Ce passé est lui-même un passé composé ou indéfini. Cela veut dire : la bourgeoisie, *c'est* l'insécurité et le mouvement éternel (sans fin).

De même que le capital révèle l'essence de la propriété privée, la bourgeoisie révèle l'essence de *toute domination de classe*, à savoir précisément l'insécurité et le mouvement sans limites.

De ce fait, l'assurance que peut connaître une puissance est essentiellement provisoire et toujours précaire, elle ne cesse d'être sous la menace de sa fin. C'est pourquoi une puissance est hantée par quelque chose qu'elle ne connaît pas sinon comme *ce sous la menace de quoi* elle déploie sa puissance ou se déploie comme la puissance qu'elle est. Du même coup, étendant son domaine d'affirmation, une puissance – la puissance en général – s'expose à un approfondissement de la hantise. Quand elle croit dominer enfin, le spectre revient ou la menace spectrale, qu'elle tentait d'oublier, ou de *conjurer*, il lui faut toujours à nouveau s'assurer, donc se réassurer, multiplier les équipements *le plus souvent inutiles* de sa « sécurité », les armements, les enceintes, enclore ses territoires, surveiller ses populations, réduire considérablement ce qu'elle imagine être les possibilités de toutes les choses dans lesquelles elle voit une menace, qu'elle croit devoir craindre. *Le péril est partout, et partout l'ennemi* : il lui faut s'assurer contre les dangers venant de l'autre, contre les dangers venant d'elle-même, surgissant de l'espace intérieur. Il est certain que de nombreuses « sciences »[1] se consacrent à l'étude des innombrables périls (le plus souvent parfaitement imaginaires), des moyens de parer les éventuelles intrusions des puissances vues comme puissances ennemies, c'est-à-dire *toutes* les autres puissances ; en particulier, les sciences psychologiques qui prennent pour objet *ce qu'elles appellent* des pathologies mentales, des dérèglements comportementaux. Mais, bien avant le développement des *sciences psychologiques* (de la modernité), les *sciences théologiques*, avec *leur dieu fantasmatique* dans lequel la puissance se projette, désignent en tant que le mal, qu'elles appellent le *péché*, tout ce qui pourrait nuire à ce dieu (en nuisant à ses créatures) et endommager ses équipements défensifs, elles créent puis augmentent dans les humanités – ses peuples et ses individus – la *peur misérable* de la douleur et de la mort.

Dans tout cela, ce qui se montre est que **la puissance n'a affaire qu'à elle-même**, n'a d'autre préoccupation que de s'étendre et de détruire tout ce qui lui semble empêcher ou même seulement freiner, ralentir le mouvement

[1] **Sans doute faudrait-il dire « toutes les sciences »**. Mais cela nous engagerait dans le long détour d'une méditation de la science – de *la science dans son sens moderne* – laquelle n'est pas directement l'objet de ce livre. La méditation de la science nous ferait repasser par les questions de la philosophie critique (kantienne) puis de la phénoménologie husserlienne (celle des Recherches logiques avant tout), puis enfin (pour nous) les questions « heideggériennes ».

extensif, qu'elle n'est ou n'a d'être que dans cette affirmation dérisoire d'elle-même. Dérisoire parce qu'elle n'a d'autre ipséité – être soi-même – que celle de cette dérision, celle de l'irrésistibilité de ce mouvement de s'étendre toujours davantage. L'espace que définit son déploiement est son territoire, mais son territoire n'a pas de frontière puisque le déploiement de la puissance est sans fin, c'est un territoire *abstrait*, qui n'est *même jamais véritablement conquis*, seulement **annexé**. Nous voyons aussitôt le rapport de la puissance à la propriété : la puissance ne peut connaître la propriété que comme propriété exclusive, propriété privée – *à moi donc pas à toi*, d'autre régime d'appropriation que le régime privatif. Le rêve de la puissance est de faire de la terre entière, puis de l'univers (infini) sa propriété privée. Celui, aussi bien, d'occuper toute la place. C'est le rêve théologique du Dieu créateur de toutes choses. Mais ce n'est qu'un rêve, car la propriété en tant que propriété privée, serait-elle d'un lopin de terre, d'un plat de saucisses ou d'un porte-plume, est toujours menacée. Le propriétaire privé est armé, bien qu'il sache que les armes ne garantissent pas la sécurité, qu'au contraire, elles multiplient l'insécurité ; en vérité, *le propriétaire privé est toujours surarmé, parce que ces armes, en fin de compte, lui sont inutiles*. C'est pourquoi il a le fusil et la bible, comme dans le western américain. La propriété, parce qu'elle est menacée, est menaçante. Mon territoire est de toutes part exposé, les clôtures ne sont jamais sûres, elles sont artificielles, ce ne sont que des lignes sur une carte : si tu empiètes sur mon territoire, je te tue. En te tuant, je prouve que j'en suis le propriétaire – et seul maître. La science ou le savoir moderne de la propriété ne sera plus la théologie, mais la science du capital, l'*économie politique*, parce que, comme le montre Marx, le capital révèle l'essence même de la propriété privée (c'est la démonstration du Livre I du Capital qui analyse le mode de production capitaliste).

La théologie crée avec son dieu la peur de la mort, qui est aussi bien la peur de *tout autre* homme : tandis qu'est idéalement maintenu l'interdit biblique du meurtre, le droit, pour autant qu'il est le droit du propriétaire et de sa propriété en tant que propriété privée, transgresse l'interdit, ce droit du propriétaire est dans la limite qui le constitue, celui de tuer.

## 2. Le moment du Manifeste et le tableau des puissances

Le *moment* du Manifeste (1848) est celui, pour les communistes, de s'affirmer en tant que puissance. En effet, le monde de la propriété privée révélée dans son essence, le monde du capital, est le monde des puissances indifférentes, des *puissances en tant que puissances* : exister dans ce monde, c'est exister comme puissance. De quelle existence s'agit-il ? Une puissance encore non stabilisée[1], qui n'a pas encore connu son équilibre interne, dans son rapport à elle-même, et dans son rapport aux autres puissances, sa revendication intime est de **se faire reconnaître** par les puissances déjà **établies. La puissance ne sait rien du monde et n'en saura jamais rien, c'est son malheur de puissance**. Pour une puissance, dans ce moment de primitive affirmation, **exister ce n'est pas être pour un monde et la richesse de ce monde, exister, pour elle, c'est qu'elle soit reconnue par une autre puissance et ainsi seulement se connaisse elle-même comme puissance.** Exister signifie pour une puissance : s'établir. **L'existence est établissement**.

Le moment du Manifeste est donc celui de *l'existence* dans son *sens* « *politique* » : quand exister signifie être reconnu, *faire partie des choses établies* ou de *l'établissement*. C'est donc *renoncer à soi ou au monde pour s'affirmer comme une puissance.* Celui qui s'affirme comme puissance doit renoncer au monde et à l'existence pour un monde, c'est-à-dire à la diversité de ses richesses dont il pourrait jouir. Ce n'est pas un paradoxe, même si cela apparaît comme un paradoxe, surtout aux yeux du bourgeois, pour qui être au monde, c'est être établi ou pour qui la richesse est celle du capital (l'argent en tant seulement qu'il s'accumule). Il y a, comme toujours l'a dit Marx, *un idéal ascétique du capital*, de la puissance capitaliste, et l'économie politique est la plus ascétique de toutes les sciences et donc la plus morale de toutes les sciences, « en dépit de son apparence séculière et débauchée ».[2]

Pour les communistes, ce moment politique est le moment d'une aporie, sans doute indépassable. Le jeune Marx de 1884, celui des Manuscrits **économico-philosophiques**, a reconnu ce moment de *l'aporie communiste* comme celui de *l'énigme de l'histoire*. Son langage est alors celui de la philosophie. Le communisme, écrit-il, « *est la véritable résolution du conflit de l'homme avec la nature et avec l'homme, la vraie résolution du conflit entre existence et essence, entre l'objectivation et la confirmation de soi, entre la liberté et la nécessité, entre l'individu et le genre*. Il est donc « *l'énigme résolue de l'histoire et se sait comme cette solution* ».[3] Cette façon de dire paraîtra elle-même énigmatique au non-philosophe qui aimerait que les philosophes parlent un langage moins abscons, qu'ils parlent comme tout le monde. Mais tout le monde sait très bien que l'existence ne se pense que par l'essence, la liberté par la nécessité, etc. En disant l'énigme, la philosophie *pense* ce que tout le monde *sait*, elle résout l'énigme, en *lui laissant* son être d'énigme : le philosophe pense, c'est-à-dire qu'il porte au langage ou explicite. Ce faisant, il transforme.

---

[1] Mais une puissance ne sera jamais que très provisoirement stabilisée.

[2] « Sie ist daher – trotz ihres weltlichen und wollüstigen Aussehns – eine wirklich moralische Wissenschaft, die allermoralischste Wissenschaft » ÖPM, p. 138. Marx s'amuse et il est très sérieux quand il écrit cela. Très proche de Nietzsche aussi.

[3] Définition du communisme, ÖPM, p. 116, traduction p. 146.

La façon de dire du jeune Marx est claire, si l'on s'avise de ce point qu'il s'agit, dans ces divers conflits, *des* **diverses expressions d'un même conflit unique** : le conflit de l'affirmation avec elle-même, et donc l'*aporie* de l'affirmation. L'affirmation n'est pas une aporie en elle-même, son origine est *énigme* (« Enigme le purement jailli », dans la langue poétique de Hölderlin). Mais l'affirmation se transforme en aporie **en tant qu'affirmation de la puissance**, elle est aporétique parce que pour la puissance, le moment de son affirmation est le moment de sa perte, parce que, précisément dans ce moment elle s'est, pour ainsi dire, *déposée* elle-même.

Ou bien, en suivant la série des distinctions conceptuelles de Marx : je m'objective dans mon travail, mais dès lors que je m'objective, je suis sous la forme de l'*objet*, je me suis approprié l'objet en *disparaissant* comme *sujet*, en prenant moi-même une forme objective. Si elle est *confirmation de soi* (Selbsbestätigung), l'*objectivation* l'est en tant que *mise en question de soi*, elle est cette confirmation en tant que *mise en question*. Le Soi pratique objectivant laisse derrière lui le sujet, perdu dans ses fantasmes (qui sont toujours des fantasmes de propriétaire ou d'établissement). D'une façon plus générale, l'existence est exposition, elle est **exposition dans l'objet**, le Soi-même n'est Soi-même que dans son exposition **par** l'objet, son exposition est sa position au dehors, et cette position au dehors est en elle-même question. Par exemple, elle n'est pas la question **de** l'écrivain ou **de** l'œuvre, mais la question qu'**est** l'écrivain, qu'**est** l'œuvre). L'écrivain est objectif dans le livre qu'il écrit ou qu'il a écrit, mais ce livre n'est pas lui-même, et il ne ***s'*****est pas** objectivé, **le livre n'a jamais été ce « lui-même »,** il n'existe *pas* en tant que *son* livre, ou *sa propriété*, surtout il n'a *jamais* existé comme *son* livre, sinon à titre de *fantasme subjectif*, mais aucun livre n'existe comme fantasme de subjectivité ; s'il existe, le livre, c'est d'abord par la *pratique objective de l'écriture*, c'est ensuite en tant que livre tout court parmi d'autres livres, *chose commune, bien commun* : l'écrivain découvre que ce livre n'a jamais été en vérité *son* livre, mais le livre *tout court*, chose commune et bien commun – question adressée du monde au monde, le livre à venir dont parlait Blanchot.

Ou bien : en tant qu'*individu* je me distingue du *genre*, mais je n'existe que dans le rapport à ce genre, et ce genre[1] lui-même n'existe qu'avec moi, il existe dans les variations individuelles, je suis une telle variation individuelle, une variation du genre, et non pas un individu en dehors de cette variation. L'individu doit reconnaitre qu'il n'est précisément qu'une variation du genre, un individu qui est de part en part société,[2] qui est l'*existence* même de la société. L'existence sociale de l'individu est, avant tout, *ce qui se passe ou a lieu dans le travail* comme « engendrement du monde objectif, élaboration

[1] Il ne s'agit pas ici du genre grammatical, mais, d'après Feuerbach, auquel Marx reprend ce langage, de la *désignation de l'essence humaine* (c'est-à-dire de l'existence).

[2] « Ma propre existence est activité sociale » Voir dans notre Introduction à la pensée de Marx, le chapitre II, III, 1 de la première partie : « L'être commun individuel ».

d'une nature inorganique » : le travail atteste que l'homme « **est un être qui se rapporte au genre comme à son propre être, ou bien qui se rapporte à lui-même en tant qu'être générique** ».[1] Ou encore : j'existe, mais existant, je suis rapporté à une certaine *essence* qui me définit dans mon *existence* et *se fait essence* à travers moi[2] – par exemple j'existe en tant que je parle ou que j'aime, donc à travers des propriétés diverses qui *me reviennent* quand *elles m'arrivent*, comme ma *liberté* me revient avec ma *nécessité* ou ma *nature* avec mon *humanité*, mais aucune de ces propriétés ne se referme sur moi, le fait que j'existe signifie qu'aucune de ces propriétés qui m'*arrivent* ne me définissent, c'est donc plutôt l'existence qui est mon essence, je n'ai pas d'autre essence que d'exister, c'est-à-dire de faire exister ces propriétés, **qui ne sont essentielles que parce que je les existe, parce que je les fais exister, en tant que propriétés communes** (je fais exister le langage ou l'amour – un certain langage, un certain amour). C'est-à-dire que je ne suis pas *pour moi-même*, mon être n'est pas un être dont je serais le propriétaire, dès lors que j'existe, je suis dans un mouvement d'appropriation de l'essence qui est *commun*, qui ne peut pas être un mouvement de l'appropriation privative.

L'affirmation, quand elle prétend être l'affirmation d'un étant « pour soi » est celle d'une puissance, mais, pour cela même, elle doit se révéler comme une impuissance : ce qui affirme à travers moi, **c'est l'Être qui est commun** – non pas du tout « général », mais commun – l'Être commun est affirmation, mais il n'y aurait aucun sens à dire qu'il **s**'affirme ! L'affirmation d'un étant pour lui-même (en tant qu'Unique, comme dit Stirner, et avec ses propriétés, donc cet étant qui s'affirme avec les propriétés qu'il se donne lui-même) doit être destruction de l'Être comme tel et donc de l'étant lui-même. *L'étant est délivré des apories de l'affirmation* quand il sait que l'affirmation ne peut être qu'illusoirement affirmation *de* puissance, qu'elle est non pas l'affirmation de l'Être, mais l'Être lui-même – et **l'Être dans l'étant comme pure affirmation qui, de nouveau, n'est pas l'affirmation de cet étant, seulement son être**. Je suis en faisant être le monde, ou être l'Être, mais le « faire être » trouve sa source (surgit) dans l'Être lui-même et non pas dans un étant suprême comme Dieu détaché des autres étants, ou « créateur » du monde dans les religions monothéistes.

Or l'affirmation dans sa forme primitive, l'affirmation dans le moment du Manifeste, n'est *pas du tout* l'affirmation communiste – l'Être comme affirmation pure ou comme question – puisqu'au contraire, s'affirmant comme puissance, le communisme est pris dans le cercle de la puissance qui est celui de l'appropriation privative ou celui de l'établissement. L'affirmation

---

[1] ÖPM, p. 91. Heidegger : l'existence signifie que l'homme dans *son* être, se rapporte à l'Être. Importance du *travail* dans la pensée marxiste de l'existence. Le bourgeois, lui, « travaille » pour « ne plus avoir à travailler » ! Voir le deuxième chapitre du tome II.

[2] Dans la langue de Heidegger, cela se dit : Wesung (l'essence qui se fait essence, qui essencifie).

« communiste » est celle du commun dans l'individu ou le peuple, à travers leurs diverses façons d'exister, d'appartenir à une nature et à une humanité. Elle n'est jamais celle, pitoyable ou grotesque, d'un ego. L'ego est une redondance de vanité, il n'existe que comme *une dépendance* de la puissance : *le vaniteux est celui qui voudrait qu'on lui reconnaisse la possession de la puissance*, et ne sait pas que cette « possession » n'est aucune possession, que la puissance est un fantasme. Mais si le communisme veut être reconnu comme puissance (moment du Manifeste), il tombe dans la pseudo-affirmation de l'égoïste. Cependant il doit l'être, sous peine de ne pas exister, dans le monde du capital. Il doit l'être en refusant de l'être.

La puissance, dans le moment de Manifeste, est comme la puissance telle qu'elle *apparaît* à l'enfant : *incontestable*. Ce qui est incontestable, pour l'enfant est simplement *qu'il y a* des puissances, au sens de l'établissement de ces puissances. C'est incontestable **et cela ne le concerne pas**. Le père est, *pour l'enfant*, une puissance, il est celui que *l'enfant* voit comme une puissance, dans la forme de son existence de puissance, en tant que puissance établie – comme les humanités voient le Dieu transcendant et jaloux des religions. La puissance dans la figure du père peut, comme toute puissance, être débonnaire ou paresseuse, autant que curieuse, *c'est-à-dire méchante*, elle n'en est pas moins puissance et donc puissance irrésistible, le père est cette puissance irrésistible *pour son enfant*, c'est-à-dire dans l'image que s'en fait son enfant, lequel est, lui, dans une radicale impuissance, au sens où il n'est pas établi. Il est une puissance à côté d'autres puissances qui peuplent son « monde », que l'on pourra dire indifféremment réel ou imaginaire. Mais le père n'est aucunement une puissance pour *celui qui n'est pas son enfant* ou qui, plus généralement, n'est pas *un* enfant – à moins que celui-ci ne soit *infantilisé* (ce qu'on appelle le « paternalisme »), parce que précisément une puissance n'est rien d'autre que l'image de cette puissance dans ceux qu'elle se soumet. Celui qui est infantilisé n'est pas devenu un enfant, *il est rabaissé* à l'infantile (ce n'est pas l'enfant, mais l'enfant *du point de vue de l'adulte*, c'est-à-dire de la puissance, qui voit l'enfant seulement comme faible, dépendant, etc., bref n'a aucune idée de la richesse de l'enfant, du monde de l'enfant). Or cet enfant, s'il est soumis à la puissance paternelle (cette soumission fait également partie de son monde, elle est à la fois réelle et imaginaire), *est aussi libre* dans son rapport à cette image ou à cette réalité de la puissance à laquelle il « se trouve » soumis, parce qu'il ne la voit pas menaçante, et il ne pourrait la voir menaçante que s'il *se pensait lui-même comme une puissance menacée par une autre puissance infiniment plus puissante qu'elle n'est elle-même*, c'est-à-dire, dans la connaissance qu'il pourrait avoir de lui-même, s'il se pensait comme *un ego*. Mais l'enfant, que l'on imagine « égocentrique », n'a aucun contraire *aucun ego*, il ne pourrait être un tel ego que reconnu en tant que puissance. Sans doute est-il reconnu comme puissance dès lors que les parents, en tant que membres de la société, et l'environnement social général[1] projettent sur lui *leur fantasme de puissance*, lui fabriquent de l'ego. Et ils ne peuvent faire autrement, parce qu'ils appartiennent au monde des puissances et de la concurrence des puissances, le monde des « egos » (dans le langage de la psychologie) ou celui des propriétaires (dans le langage de l'économie). Comme celui du propriétaire, le problème de l'ego est un problème de puissance : l'ego ne cessera de se débattre, tout au long de sa vie, dans des problèmes imaginaires de reconnaissance : comment se faire respecter, craindre, aimer, comment ne pas être méprisé, quels sont mes droits. Profonde inertie de l'ego.

L'objectivité du monde, du point de vue de la puissance, c'est que le monde est aux puissances, mais le communisme ne peut connaître dans ses débuts que cette sorte-là d'objectivité : pris dans le monde des puissances, il doit faire *un tableau de ce ces puissances*, celles qu'il trouve, *déjà établies*, *un tableau tel que lui-même y figure en tant que puissance reconnue*. S'il n'est pas l'enfant, il est, *dans ce moment*, *comme* l'enfant. Il doit se « faire une place dans le tableau ». Cette place lui est assignée par le fait de la puissance, son caractère incontestable. Il doit figurer, *pour ainsi dire objectivement*, dans le tableau à cette place.

Il y figure à la manière de l'enfant dans la fratrie : il a trois frères, Pierre, Paul et lui-même.

## 3. L'aporie de la politique communiste

Dans tous les mouvements, *les communistes élèvent la question de la propriété*, quelle que soit la forme plus ou moins développée qu'elle ait pu prendre, au rang de question fondamentale du mouvement (p. 101).

Le moment du Manifeste est donc celui de l'aporie, qui est celle de *l'existence politique* du communisme. Aporie parce que cette objectivité n'est pas la sienne ; ou bien parce que l'existence du point de vue de la puissance (l'établissement) n'a aucun rapport avec sa propre existence ; ou encore parce que la propriété au sens du capital, n'est pas la propriété au sens communiste.

---

[1] Que devons-nous faire, quand nous sommes dans la position si difficile d'être *un père* ? Nous devons aider l'enfant à *sortir de l'enfance en gardant cette enfance* : pour l'enfant il y a les puissances, dont il sait très bien qu'elles ne sont que fantasmes. Mais sortir de l'enfance, c'est entrer dans l'univers des puissances *prises au sérieux*, celui de l'ego et de la menace. **La menace est toujours menace de mort** : le père doit apprendre à son enfant que la mort n'est pas à craindre, que ce qui est à craindre est seulement **le sérieux des puissances** qui **menacent**, il doit lui apprendre *à être un mortel*, qu'il y a un monde, *un ouvert*, auquel lui-même, le père, appartient – et *qui se renouvelle* dans l'enfant – qu'aucune puissance jamais ne pourra se rendre maitresse d'un monde, à *moins qu'elle ne le détruise* – mais on ne peut être maître de ce qui est détruit. L'être d'un père est de *remettre l'enfant au monde*, c'est-à-dire de le délivrer de lui-même en père ou de l'image du père (**comme puissance**). Le délivrant du même coup de **l'attraction mortelle des mères** ! Tu n'as rien à craindre, tu n'appartiens pas aux puissances, tu ne m'appartiens pas, mais tu es au monde. Aie ce courage d'être *au monde*. Il n'y a pas lieu de privilégier le rapport au géniteur. Comme disait Derrida, chacun de nous a *plus d'un père*.

Voici maintenant l'enchaînement des énoncés préalables à la *démonstration* du Manifeste du parti communiste. Cette démonstration est celle de l'essence, de la cause ou de la nécessité du *parti lui-même* (et de son Manifeste), *dans la mesure où le parti est le lieu du communisme* (de son existence) : 1) Le communisme signifie la « suppression de la propriété privée » (Aufhebung des Privateigentums), c'est-à-dire de *l'appropriation privative* des biens. 2) La politique, en bourgeoisie, est l'ensemble des dispositifs techniques par le moyen desquels la bourgeoisie garantit, en l'étendant toujours davantage, le régime de l'appropriation privative qui est celui de la puissance : *elle n'existe même en tant que politique que pour cela* (L'Etat est un instrument aux mains de la bourgeoisie en tant que classe dominante). 3) Or le Manifeste du parti communiste est le premier acte d'existence *politique* du communisme. 4) Comment le communisme qui signifie la suppression de la propriété privée, peut-il *exister politiquement* alors que la politique n'existe que pour garantir la propriété privée ?[1]

La question politique n'est plus en bourgeoisie la *question* de ce qu'est l'être commun (la cité) : elle est une question relative à la puissance, les puissances politiques n'ont *tendanciellement* plus d'autre définition que celle de **la puissance en tant que telle**, que cette puissance soit celle d'un moteur à réaction, du talent d'un artiste de la représentation ou de la pensée, d'un boxeur sur le ring, d'une entreprise capitaliste ou d'une armée, voire celle qui perce en caprices turbulents dans l'enfant, le costaud des cours de récréation ou le petit malin des réfectoires. Le seul régime de l'appropriation que connaisse une puissance est celui de l'appropriation privative, qui signifie *pratiquement* l'établissement, l'appropriation exclusive (à moi, donc pas à toi), si cela est concevable, **qui n'a certes rien à voir avec la jouissance et l'usage de l'Être**. Le plaisir de l'amour, par exemple, ou le plaisir de l'étude n'auraient *aucun sens*, si leur sens était celui de l'appropriation exclusive : simplement, ils ne seraient pas des plaisirs, mais des tourments. Une puissance est par définition exclusive de toute autre puissance. On ne peut parler d'une *terre*, d'un *esprit* ou même d'un *pays* (La France, l'Allemagne ou l'Uruguay) comme autant de *puissances* ; une terre, un esprit, un pays ne sont puissances qu'**annexés** par une puissance (mode privatif de l'appropriation) : ils sont alors des *images spectaculaires*, de ces images qui ne *montrent* rien, qui sont, en ce sens, des images *nulles*. Mais elles *signifient* la puissance. En même temps et à l'inverse, une puissance en tant que puissance n'*existe* qu'en tant qu'elle est reconnue comme puissance, qu'elle s'*impose* et est *projetée* comme telle. L'éruption d'un volcan n'est puissance que pour celui qui projette dans

[1] Autre formulation de l'aporie. Exister, c'est être ouvert et dans l'ouvert (au monde). Mais l'existence, c'est *être reconnu* et la reconnaissance, *en bourgeoisie*, signifie l'*établissement*, en un sens qui suppose la clôture, la fermeture au monde (et à soi-même). La reconnaissance en mode communiste est au contraire, l'ouverture, la possibilité de la pensée, de la connaissance et de l'amour – rien n'est jamais clos.

ce phénomène de nature une idée de puissance, comme si d'être en éruption manifestait dans le volcan l'emportement d'un satanique propriétaire privé. Le volcan est « puissance » en tant qu'image de la puissance. Nous pouvons maintenant développer l'aporie.

1. Le communisme, en tant qu'il porte le projet de la suppression de la propriété privée, ne signifie pas autre chose que l'abolition (« Aufhebung ») **de l'institution politique**, dans sa disposition moderne européenne et bourgeoise, celle d'un Etat à la disposition d'une classe qui concentre les pouvoirs existant dans une société donnée, dont les partis (les représentants concurrents de ladite classe) prétendent se rendre maîtres : Etat de « dictature de classe ». Cela signifie que **l'Etat est un ensemble de dispositifs qui garantissent ou assurent la propriété privée comme forme privative de l'appropriation** – ou **forme d'existence de la puissance** : la mise en place de l'institution politique moderne de l'Etat est rendue nécessaire par le fait de la propriété privée qu'elle doit garantir et justifier, **dont elle doit en conséquence étendre le principe à tous les domaines de l'existence humaine.** Une telle extension n'est certainement pas encore tout à fait à l'ordre du jour et dans les têtes des individus ou des peuples – sinon quelques têtes folles ou utopies malheureuses (socialistes, anarchistes ou libérales) – dans l'Europe de Marx. Elle a besoin de l'espace mondial, et du parachèvement de la puissance technique, noyant toute originalité des pays et de leurs nations, aussi bien que des individus qui font les peuples de ces pays.[1]L'institution politique, dans sa forme européenne-moderne, garantit la propriété privée en assurant sa protection par le dispositif du droit, de l'idéologie et des forces de police (« le monopole de la violence légitime ») ; elle justifie cette propriété par le *principe monarchique* (« L'Etat, c'est moi »)[2], suivant lequel chacun des individus est le seigneur en son domaine, et, par exemple, en présentant les monarques comme ceux qui sont en mesure de transformer un pays et le transforment effectivement, ce qui est ridicule et

[1] C'est le principe de cette extension qui, naguère, a rendu possible le projet insensé des Américains de construire ou de fabriquer un Irak « moderne » et « démocratique », c'est-à-dire le projet d'un Irak à l'image de l'Amérique états-unienne de Busch, puis d'Obama. Ce projet n'est pas insensé parce que l'Irak en tant que nation échapperait en lui-même au destin d'être ainsi fabriqué par la puissance états-unienne comme moyen de cette puissance – ce destin est inscrit dans sa naissance, en tant que pays *fabriqué* par les anciennes puissances – mais précisément parce que l'Irak qui est *déjà un faux pays* – une fausse nation – ne peut donc être ni moderne, ni démocratique. Dans leur délire et la fureur de ce délire, *les gens de l'Etat islamique (de son califat), ont reconnu cette vérité que les puissances du capital ignorent et, du même coup, la non-vérité du nationalisme arabe*. On peut dire aussi plus généralement qu'on ne peut exporter la figure originale d'une puissance politique, faire que la puissance politique *de tel ou tel peuple fonctionne au même régime que celle d'un autre peuple*.

[2] Dans sa critique de Hegel, Marx note que « *l'Ancien Régime* est la *tare secrète de l'Etat moderne* », (Pléiade, p. 386). La philosophie politique de Hegel relève, selon Marx de la *spéculation mystique* (dont le cœur est précisément dans la notion du « monarque souverain » comme « personnalité du tout » (voir Principes de la philosophie du droit, § 279).

stupide. Cela signifie que l'institution politique (l'Etat) doit elle-même être en mesure de *régenter* tous les domaines de l'existence humaine, qui lui sont étrangers, en les soumettant à une organisation qui fonctionne sur le modèle de la propriété privée : le *pouvoir doit lui-même être privatisé, au moins dans son principe*, même et surtout quand il se présente comme la puissance publique (les représentants de la puissance publique n'en sont que les fonctionnaires, cela leur confère un certain « pouvoir », mais en tant qu'ils sont des administrateurs de la puissance et non pas en tant qu'ils la possèdent – c'est impossible). Fonctionnaire ou administrateur de la puissance, je n'ai pas besoin de produire de la beauté, en exerçant mon pouvoir de peindre, il me suffit de m'approprier la production d'un autre qui peint pour moi. **Le communisme est donc contre l'Etat**, son principe et ses ministres, ou contre l'institution politique en tant qu'elle est là pour assurer la perpétuation **insensée** du régime de l'appropriation privée.

2. En même temps, par le Manifeste de son parti, le communisme s'affirme en tant que puissance politique, se fait reconnaître en tant qu'une telle puissance. Il « existe » enfin, il vient au jour de l'établissement politique, donc comme puissance. Il existe politiquement, *reconnu* par les autres puissances, et non pas *en étant pour un monde*. Il avait bien, ce communisme, une forme d'existence dans les diverses humanités, comme *le rêve* d'un ensemble de relations entre les hommes qui ne soit plus régi selon le modèle de la propriété privée. Ce communisme rêvé est le *communisme romantique*. Il est lui-même le rêve d'un monde comme celui de l'unité du naturel et de l'humain.[1] Mais le communisme romantique (celui, pour une part, du jeune Marx, disciple de Feuerbach) commence déjà d'être une réalité, *en dehors de toute rêverie romantique, dès lors que les humanités font l'expérience de ces richesses qui ne peuvent jamais être appropriées privativement*, devenir des propriétés privées et elles en font l'expérience en les produisant elles-mêmes ; en vérité **ces richesses sont tout ce qui constitue une humanité en tant que telle**, le langage, les réalisations de l'intelligence et de la sensibilité humaines dans le domaine de l'art et des sciences, dans les morales et les coutumes, les religions, dans le travail de l'ouvrier et du paysan, dans le métier des artisans, et, pour finir, dans la politique *et* la philosophie en tant que disciplines du « logos ». La signification commune de ces richesses est qu'elles ne peuvent être ces richesses en étant appropriées par un seul « propriétaire », par l'Unique, parce que, tout simplement, aucun homme ne peut s'approprier privativement de telles richesses. Je ne parle pas une langue, seul, je ne suis pas chrétien, musulman ou juif dans mon coin, j'ai besoin d'un professeur ou

[1] Unité donc de l'existence et de l'essence, de la liberté et de la nécessité au sens où l'existence *est* l'essence, et la liberté *est* la nécessité, la nature *est* humanité. Quel homme n'a pas éprouvé le sentiment de son entière liberté au moment précisément *où il sentait qu'il faisait ce qu'il ne pouvait pas ne pas faire* et *ce qu'il ne pouvait pas faire autrement* (il faisait donc l'expérience de la nécessité) ?

des camarades de l'atelier, pour apprendre l'usage des choses autour de moi, d'un enseignant ou d'un élève plus avancé que moi pour m'initier aux mathématiques, m'approprier quelque élément de philosophie, d'histoire, d'économie politique – et d'autres que moi, correctement instruits, jouiront de la lecture de Lautréamont, de Spinoza ou de Proust, qui, pour des raisons de tempérament ou de caractère et de circonstances, celles d'un bon maître ou d'un temps favorable, a été ma jouissance dès les premières années de l'adolescence. Toujours vous rencontrez un bon maitre et un temps ou un moment favorable. **Le communisme existe en tant que rêve, dès qu'existe l'humanité**. *Il n'est aucune richesse dont l'usage et la découverte ne définisse des obligations* et donc *un être commun*, un espace et un temps commun, qui ne *situe* ceux qui en jouissent dans *l'espace commun*, même un repas n'est un repas humain que partagé, *augmenté* de la société – et non pas disputé par des fauves.

Cependant, que le communisme ait conscience de sa réalité – c'est-à-dire de son *essence pratique* et des exigences qu'elle recèle – donc de la réalité des richesses naturelles et humaines, de leurs obligations aussi, signifie qu'il ne peut plus *seulement* être un rêve, il ne pourrait jamais être cette réalité mauvaise et fantomatique, dépourvue de chair et de sang, *le spectre rouge qu'il est pour les puissances établies, donc aussi pour lui-même*, qu'il continuera longtemps d'être dans les têtes (des communistes eux-mêmes) : il doit s'exposer au monde historique, c'est-à-dire se donner une réalité sensible qui se manifeste comme une telle réalité sensible, qui doit être visible, bref une existence politique. La conscience communiste dans un monde des puissances, doit être *une conscience politique*, le *corps du communisme* doit être *un Etat*. L'exposition au monde du communisme est alors ce qu'on appelle **la politique communiste** (l'existence politique de ce communisme). Mais le spectre rouge doit toujours revenir.

3. Car telle est l'aporie : la réalité ou la vérité communiste doit rester du domaine du rêve, de la nuit, elle doit appartenir à la nuit, avec les esprits et les spectres de la nuit, mais *elle doit trouver son jour*, la clarté de *ce* jour, elle doit connaître le moment où elle pourrait s'écrier : « Voici le jour ». Si elle était vérité dans la nuit, elle ne pouvait être rien que ce cri. Un cri, pourtant ne fait pas une politique. Le jour, dit le poète, je l'attendais, *je le vis venir*. Je ne crains ni le jour, ni la nuit. Je sais que la nuit est pour le jour qu'elle désire. **La nuit est le désir du jour que voit venir le poète, le jour laissait place à la nuit pour qu'à nouveau soit désiré le jour – un autre jour**. La nuit sera la nuit d'un *autre* désir, ne sera pas la même nuit. Autres esprits, autres couleurs. Il n'y a pas d'établissement du jour. **Le corps du communisme est l'exposition de la question communiste adressée à toutes ces puissances de l'établissement**. L'existence *politique* du communisme est l'existence politique du *communisme*. **Elle met en question le sens ou le non-sens du politique dans le monde des puissances**.

La contradiction n'est donc une contradiction que dans *la perspective de la puissance*. Dans cette perspective, le règne est celui du jour sans la nuit et de la lumière sans l'obscur : celui de la puissance – exemplairement le rêve des Lumières, au dix-huitième siècle. Si le parti doit exister politiquement, il existe comme puissance, il appartient entièrement au monde de la puissance, son existence (politique) compromet irrémédiablement son essence (communiste), détruit *le rêve qui appartient à son essence*. Cette contradiction que rencontre le communisme **n'est pas la sienne**, elle est la contradiction générale du monde moderne, mais il l'assume et doit l'assumer, dès lors qu'il existe, en se questionnant lui-même : il est lui-même *une réalité moderne*.

Les institutions politiques mises en place pour garantir et justifier le régime de la propriété privée, font plus que cela, elles *l'étendent indéfiniment* – jusqu'à ce que *le plus intime* de nos âmes (c'est-à-dire de nos corps mortels) soit ainsi approprié privativement par la puissance, ce qui passe par les techniques du *contrôle* et de la *surveillance* des mouvements des individus et des peuples, notamment de la *psychologie*, dans toutes ses ramifications, de la presse populaire féminine à la psychanalyse (laquelle produit une littérature qui tend à se confondre avec la littérature du Journal, cette littérature que l'on trouve notamment dans les magazines féminins). On dira que les ouvriers ou les paysans, les professeurs ou les docteurs en médecine, les ingénieurs ou les hommes de lettres, les psychologues eux-mêmes, contribuent à produire des *richesses communes*, tout en étant des employés salariés de la puissance, laquelle, publique ou privée, se déploie pour elle-même, dans l'indifférence de l'autre, et ne sait rien du commun, de l'être commun et de la richesse commune. Il y a donc du commun, même si ceux qui travaillent et produisent du commun, de l'*esprit*, pourrait-on dire, ou de l'*intelligence*, sont par ailleurs entièrement soumis au capital qui les emploie. On dira encore que, très longtemps, **les hommes, dans leur très grande majorité, ont été privés des richesses de l'esprit**, des privilèges sensibles et constants qu'assure, à un individu ou à un peuple, *un haut niveau de moralité*, pour ainsi dire.[1] Sans doute. Et l**a plupart n'en ont aucune idée** (comment pourrait-on avoir une idée, même lointaine, de ce dont on est privé ?). Mais justement *cette misère de l'humanité a considérablement augmenté* dans les deux derniers siècles, pour l'Europe et pour le monde, puisque la médiocrité a gagné, comme remarquait Nietzsche, les hautes classes de la société : l'augmentation de la misère, la paupérisation intellectuelle et morale, sont directement liées à

[1] Rien que jouir de la lumière du jour, des calmes sombres de la nuit. « Pour ainsi dire » : quand il est question de moralité, le langage du « niveau » est particulièrement inapproprié, en vérité, vulgaire et mensonger. Ou bien, c'est un langage de police. S'agissant de la moralité – c'est-à-dire de *la tenue en soi-même d'un existant* – c'est ou l'un ou l'autre : soit nous existons, avec notre courage (notre « morale »), soit nous n'existons pas, nous survivons, alors d'emblée scotchés au *plus bas « niveau » de la morale* (le « niveau » prolétarien).

l'organisation capitaliste de la société et du travail.[1] Avec le capitalisme, la contradiction de la propriété privée est universalisée : *la propriété privée impose son régime d'organisation, tandis que la richesse des humanités est essentiellement une richesse communautaire*. Cette contradiction, *sous ces deux aspects* (contradiction du monde moderne, contradiction d'une politique communiste) est sans aucun doute, le point de départ de la révolte et des analyses ou de la littérature du jeune Marx, jeune bourgeois allemand avec des idées de démocrate dans sa tête, et pas mal de rêveries romantiques, elle est à l'origine de son appréciation du politique. La question est *alors* – au moment du Manifeste : *comment surmonter la contradiction* (quatrième point dans l'énoncé de l'aporie, celui de la question) ? Nous savons la réponse, mais elle n'est pas claire dans le moment du Manifeste, elle n'est pas claire pour les communistes de ce temps, elle n'est pas claire *pour Marx lui-même*. **La réponse est que l'existence du parti est son existence en tant que question qu'il s'adresse à lui-même et adresse au monde des puissances dans lequel il figure comme une puissance politique au même titre que les autres**.

## 4. Le communisme en tant que puissance

Le communisme, suivant le Manifeste, doit être affirmé, « ouvertement exposé » (p. 49), comme une puissance réelle, une puissance vivante et non comme une puissance spectrale[2]. Mais peut-il être pensé comme puissance et quelle puissance qui serait non spectrale ? Cette puissance pourrait-elle être conçue comme la puissance « sociale » quand la société *ne* peut *plus* exister sous la domination de la bourgeoisie, quand l'existence de la bourgeoisie, celle du rapport social bourgeois, n'est plus compatible avec la société » (p. 68). « Puissance » désigne alors **tout ce qui pousse une société vers l'avant**

[1] *Il est certain* que les richesses de l'esprit sont beaucoup mieux partagées dans les sociétés dites primitives que dans nos sociétés civilisées. Ces sociétés « sauvages » ont pensé avec profondeur le type de relations entre les individus et entre les regroupements d'individus qui permette de résister aux processus de puissance et aux formes diverses de l'appropriation privative. Voir, dans une perspective marxiste, les belles études de Pierre Clastres sur « la guerre contre l'Etat ». Et l'AntiŒdipe (Deleuze, Guattari).

[2] L'opposition du vivant et du spectral joue, comme nous l'avons vu, un rôle majeur dans les écrits historiographiques de Marx, particulièrement dans le 18 Brumaire de Louis Bonaparte. « La révolution sociale du XIXème siècle ne peut pas tirer sa poésie du passé, mais de l'avenir... elle doit laisser les morts enterrer les morts pour réaliser son propre objet ». L'idée sous-jacente est que, politique, la révolution a besoin de spectres ; sociale, *elle s'en tient à son objet* : « autrefois la phrase débordait le contenu, maintenant, c'est le contenu qui déborde la phrase ». « Maintenant » est le moment de la décision : « Hic Rhodus, hic salta » : quand il ne s'agit plus de révolution politique, mais de révolution sociale. Mais peut-on penser indépendamment société et politique en mettant la politique du côté de la mort et la société du côté du vivant ? *Tentation anarchiste* dans le marxisme. Ne faut-il pas penser *autrement* la politique. Marx a laissé de côté cette question (celle de l'essence du spectre – qui est de revenir). C'est une des questions travaillées par Derrida dans son « Spectres de Marx ».

et qui la fait se *développer* : tel était le capital pour la société bourgeoise. **La bourgeoisie est une puissance passée** : « elle a joué un rôle décisif », c'est-à-dire qu'elle ne le joue plus. Le *prolétariat*, avec son parti, prendrait-il la place de la bourgeoisie en tant que puissance décisive ? C'est la question, une question du Manifeste. Cette puissance doit être politique, *reconnue* en tant que puissance, elle partage avec les autres puissances la conscience qu'elle a d'elle-même en tant que puissance *irrésistible*. Car le sentiment de son irrésistibilité caractérise en propre la puissance. Peut-on parler d'une puissance, irrésistible, du communisme et d'où proviendrait sa puissance ?

(Bien sûr, on parle de « mouvement social » irrésistible, et, souvent, les meneurs de ce qu'on appelle *mouvement social* se prennent pour les *représentants* d'une puissance irrésistible, voire pour des *incarnations* de cette puissance. Mais ces mouvements **ne sont pas** le communisme : ils n'ont qu'une durée très courte, ils se croient une puissance « irrésistible », comme il arrive à de jeunes fats, dans le commerce amoureux, qui seront forcément dépités ; ils ne sont jamais des mouvements *de la société entière*, ils sont au contraire le plus souvent des mouvements d'une *partie* de la société qui pense justement ne pas être appréciée à sa juste valeur, bien qu'ils puissent avoir la force des *courants* ; ils font alors éventuellement connaître à la société entière une richesse qu'elle ignore, qu'ils connaissent eux, puisqu'ils *sont* cette richesse, ils sont en ce sens des mouvements de *protestation* plutôt que de *révolte* : « voyez *qui* nous sommes », c'est ce qu'ils disent)

**Le communisme n'est une puissance que dans la perspective des puissances qui, elles, n'ont rien à voir avec le communisme, avec l'être social** (le « Miteinander Dasein », « l'être-là l'un avec l'autre » ou en commun ») **dont le communisme est l'expression, comme question**. Cette question n'est pas quelque chose d'autre que l'*être* naturel ou humain : le communisme peut être pensé comme *le lieu* où se joue l'humanité dans son être de nature, et la nature dans son être d'humanité. Nous ne disons pas que la nature soit humaine, nous ne voulons pas humaniser la nature, nous ne voulons pas davantage naturaliser l'homme, cela n'a aucun sens, nous disons que la nature, qui existe *dans* la diversité *des* natures, n'est nature qu'*à travers* les *humanités*, que, réciproquement, les humanités, diverses, n'existent qu'*à travers* la nature dans sa diversité, et que le lieu de cette traversée réciproque est précisément la société (Dasein).

La notion de puissance ne peut **en aucun sens** se dire du communisme, elle se conclut de la considération des richesses produites dans une société. Ces richesses, parmi lesquelles les individus et les peuples de l'humanité historique, ne sont pas des « puissances », elles sont au contraire ce trésor qu'une puissance s'approprie privativement – c'est-à-dire **détruit** – en tant que la puissance qu'elle est : pour se manifester en tant que puissance, mais sans en avoir l'usage. La puissance ne jouit pas elle-même des richesses parce qu'elle ne les connaît pas en tant que richesses, elle n'a aucune idée de la façon dont elle pourrait jouir de ces richesses, elle jouit seulement d'avoir fait main basse sur ces richesses, ou quand elle dit : « Ces richesses sont à moi ». Ainsi les hommes d'affaires ne s'intéressent guère aux richesses qu'ils possèdent et accumulent, mais ils en ont un besoin impératif parce qu'ils ne démontrent leur puissance que *par l'exhibition de ces richesses.*[1]

Qu'en est-il du communisme dans cette forme primitive de son existence politique ? Réponse : **il se transforme en une idéologie politique c'est-à-dire en un discours communiste de la puissance**. Mais ce discours n'est pas n'importe quel discours. Le communisme, en tant qu'idéologie, est lui-même une richesse sur quoi la puissance fait main basse ou qu'elle rafle, il devient alors le *communisme idéologique,* on peut alors parler **d'un communisme de la puissance**, et non pas d'une puissance communiste : ce « communisme » accompagne (justifie et garantit) la puissance parvenue à son déploiement ultime, radical, quand elle s'affiche ouvertement comme *pure puissance absolument indifférente* à *la diversité des choses dans leur être,* ou, si on parle le langage de la métaphysique (platonicienne) – indifférente au beau, au bien ou au vrai, en tant que les modalités à travers lesquelles les hommes reconnaissent l'Être dans l'étant et se reconnaissent eux-mêmes dans cette reconnaissance de l'Être – et *destructrice de la société*, si la société est pensée comme le lieu de l'accomplissement de l'humain ou de l'humanité des hommes et de la nature ou de la naturalité de la nature.

L'aporie est ici non pas *marquée* mais au contraire *biffée*, dans la mesure où l'existence du communisme comme question *s'est transformée* en l'existence du communisme comme puissance, puissance idéologique (qui ne souffre pas contestation : le dogme communiste), et puissance technique. **Aucun espace pour la question et l'existence de la question**.

**Nous nous représentons le communisme dans un monde qui est celui du capital et du déploiement de la technique moderne qui détermine toutes les formes de l'expression humaine**, que l'on annexe à la technique, sous le titre général de la « culture » : la science, la philosophie, le droit, l'art, l'amour, etc. sont des « réalités culturelles ».[2]Ce monde est celui de **la puissance en tant que puissance**, et non plus en tant qu'être de nature ou être divin, surnaturel, ou satanique, etc. Alors, le communisme *se fait reconnaître comme une puissance*, sans quoi il est écrasé par les autres puissances, parce qu'il n'y a qu'une puissance pour s'imposer face aux autres puissances. Notre

---

[1] C'est de la puissance que l'on peut donc dire que, chez elle, « la pure et simple aliénation de *tous* les sens, le sens de l'avoir, est venue prendre la place de tous les sens physiques et mentaux » (« An die Stelle aller physischen und geistigen Sinne ist daher die einfache Entfremdung aller dieser Sinne, der Sinn des Habens getreten », ÖPM, p. 121).

[2] Un bon philosophe, un bon chef d'Etat, un bon amant, un bon cinéaste sont donc des techniciens (culturels), avant tout. L'idéal serait l'idéal technique ? Que faites-vous alors de l'originalité, du génie, de la grandeur, etc. ? *Mais originalité, génie, grandeur,* ce ne sont jamais que des idées bourgeoises. Sans doute. *Mais* des idées qui retenaient encore quelque chose de *l'humanité vraie* dans son rapport d'existence (son rapport d'Être), ce quelque chose qui a fait de la bourgeoisie cette classe *décisive* dont parlent Marx et Engels.

pensée de la politique est désormais une pensée technique ou de la puissance : comment conquérir le pouvoir, comment se maintenir au pouvoir, etc. Les choses *s'inversent* : **nous parlons** *du communisme*, mais le communisme, nous le **percevon***s* dans la perspective de la puissance. Idéologie (communiste), dictature de la « machine calculatrice ».

Ce qui, alors, a lieu est qu'avec ce communisme (de la puissance), la puissance se défait de son habit politique. Le **politique n'aura été qu'un masque transitoire pour une puissance qui en elle-même n'est aucunement politique**, il est ce masque comme a pu l'être la religion, comme, dans le marxisme, sont les idéologies en général. *Ce qui apparaît comme une impossibilité* (l'aporie de la politique communiste) n'est jamais que *la façon dont doit apparaître et s'apparaît à lui-même un être transitoire* (le communisme transitoire, habit politique de la puissance). Et, nous allons le voir, la puissance ne peut se défaire du politique sans se détruire elle-même en se dévoilant dans sa nudité : c'est le sens vrai du communisme politique.

Comme l'adolescent (entre l'enfant et l'homme), le communisme politique *est et n'est pas* (contradiction) *puisqu'il ne peut plus être ce que pourtant il est encore* (*spectre* de la puissance), qu'il en arrive à être ce qu'il ne pourrait être (délire de la puissance *vivante* et non spectrale), *pour se renoncer enfin comme puissance, passer au-delà du politique et être ce qu'il n'a pas cessé d'être* (société comme lieu du déploiement des humanités et des natures, *délivré de la puissance*, vivante ou spectrale). Il est donc *trois fois* l'ennemi des puissances anciennes (de l'Europe) : une fois, il est leur ennemi interne, dissimulé comme une profonde et silencieuse inquiétude : alors il vient habiter les nuits des hommes, il est le spectre rouge qui les hante et le spectre rouge est *l'enfant avec ses rêves*. Une autre fois en tant qu'il s'impose lui-même comme une puissance (qu'elles doivent combattre), mais une puissance fantasmatique, il peut remporter des victoires (dans *son combat spectral* avec les autres puissances), mais devra finalement être *défait* – soit qu'il disparaisse des rêves des peuples (alors les peuples disparaissent du même coup), soit qu'il soit anéanti par le fait qu'il *imite* le comportement des autres puissances qu'il combat, l'homme dans l'enfant qui le fait. Une dernière fois, en tant que, *délivré de la puissance*, il est le libre déploiement de l'Être, **sans aucun rapport à la puissance**. Il est leur ennemi trois fois mais pas de la même façon : une première fois, en tant qu'il *les hante*, en tant que « *névrose* » (l'enfant barré qui hante l'homme), une deuxième fois, en tant que cette puissance qu'il ne peut être pourtant, c'est-à-dire *délire de puissance* ou « *psychose paranoïaque* » (homme spectral, esprit de mort, dans l'enfant), une troisième fois, en tant qu'il *découvre* l'homme retournant à lui-même, à son « essence » : *en laissant être l'enfant et l'homme, l'humanité s'accomplit en* *tant qu'elle est elle-même nature, et la nature en tant qu'elle-même est humanité.*[1]

Quand le communisme apparaît comme une puissance politique, se manifestant historiquement dans la figure du parti comme une telle puissance, il n'est plus ce qu'il était, rien qu'un spectre pour puissances européennes (une névrose), il s'affirme puissance politique pour s'*abolir aussitôt* comme cette puissance politique, et se libérer du fantasme destructeur de la « puissance sociale communiste » à moins qu'à l'inverse il ne s'identifie lui-même sur le mode du délire paranoïaque à travers ce fantasme de la puissance qu'il est en tant que communisme politique.

## 5. La question ultime

La question ultime, du point de vue du marxisme et de Marx lui-même, est alors de savoir ce que pourrait signifier la puissance quand elle abandonne tous ses masques, ou, inversement, quand il se découvre que le communisme ne saurait être une puissance, que l'affirmation qu'est l'être ne peut jamais se produire comme une affirmation de puissance. La puissance a grand besoin de masques, dans la période de sa croissance instable, quand la puissance était trop fragile pour s'affirmer comme puissance ou croître à partir d'elle-même *sans plus rien devoir aux autres puissances*. Quand elle abandonne tous ses masques et « laisse les morts enterrer les morts », quand elle est donc pleinement « vivante », ne s'alimente plus aux *énergies spectrales*, quand la puissance est la puissance « sociale », elle se découvre impossible en tant que puissance : car l'énergie du spectre ou des spectres lui vient de ce *qui a été et continue d'être*, comme l'énergie du spectre, cette énergie transmise au fils du Roi, est l'énergie de son père assassiné par l'usurpateur. Que pourrait d'ailleurs signifier pour cette puissance d'être « pleinement vivante » ? La puissance a besoin de ses masques, l'éclat qui est le sien est celui de ces masques. En effet, le fond de la puissance est son impuissance, et mise à nu, la puissance se révèle impuissance, sa richesse pauvreté. Le ressort de la

---

[1] En tant qu'homme dans l'enfant (qui n'est pas admis comme un *tel homme*), en tant qu'enfant qu'il n'est plus ou seulement spectralement, enfant *dans* l'homme et *avec lui*, cet homme, communiste, n'est pas le loup pour l'homme capitaliste, au contraire il est celui que cet homme capitaliste *ne veut pas même voir* : *il ne veut pas voir l'ami*. Ce jeu est l'objet du beau film communiste de Comencini, *Un enfant de Calabre* (1987), qui met l'enfant, l'enfant désirant (c'est sa définition), aux prises avec son père (« l'homme ») et soutenu par l'*ami* (le chauffeur de bus communiste) : *l'enfant* est porté par le désir (et le besoin) de la course à pied (en arrière-fond de ce désir, l'humanité éthiopienne – l'Ethiopie le pays des hauts plateaux et des coureurs à pied), *son ami* est un infirme qui « traine la patte » et incarne le pur courage d'un homme, *son père paranoïaque* apprend à se délivrer de sa propre frustration et ses effets de violence extrême, puisqu'il est allé, dans un moment de folie furieuse, jusqu'à briser la jambe de son garçon, mais devient lui-même l'ami du communiste (happy end d'un film porté par l'optimisme communiste).

puissance est dans l'effort qu'elle *est* pour persévérer dans son être de puissance, donc pour s'augmenter, **mais son être était un être emprunté**. Car elle n'est que cela, cet effort pour persévérer dans son être de puissance qui jamais ne parvient à l'Être, celui d'une puissance délivrée de la puissance. Elle doit persévérer ainsi avec ses masques. Ainsi, la puissance ultime, la puissance nue doit laisser son rêve d'être « pleinement vivante », elle doit découvrir dans le défilé des masques la mort qu'elle porte en elle-même : que toute puissance, en tant que telle, est puissance de mort. Le dernier masque, avant qu'elle ne se découvre, dans sa nudité, a sans doute été le masque du communisme comme puissance). **Véritablement pensé, le communisme ne peut l'être à partir de la puissance, au contraire, il y a dans le communisme quelque chose qui est essentiellement irréductible à la puissance** – laquelle apparaît comme un carrousel de ses fantômes et de ses spectres – quelque chose qu'aucune puissance ne peut réduire, qui contraint au contraire la puissance à se dénuder, ce qui revient pour elle à avouer son impuissance radicale. Ce quelque chose vient à la question dès que l'on parle de « puissance sociale » ou du « communisme comme puissance » en faisant apparaître que ces expressions sont celles de purs et simples non-sens. Nous devons revenir à notre lecture et garder avec nous ces remarques qui appartiennent au questionnement d'ensemble de ce travail – un travail de « philosophie », dans lequel il s'agit de préparer, pour nous et pour le monde, cette décision dont le nom est « communisme ». [1]

Cela veut dire : revenir au *tableau des puissances*. Il y a, d'un côté, les « puissances de l'Europe » ; ces puissances mettent en œuvre les forces économiques, militaires, idéologiques et culturelles des peuples de l'Europe, en utilisant les institutions politiques et culturelles qu'elles trouvent devant elles, quitte à les transformer *plus ou moins* radicalement, suivant ce qu'on appelle l'esprit pragmatique – qui dit avant tout cette forme politique de l'intelligence, telle qu'elle s'adapte aux exigences de la puissance (son expansion, son intensification). En clair : telle qu'elle se soumet *plus ou moins* tranquillement à ces exigences et, dans le fait même de cette soumission, produit un certain savoir, le savoir de la mise en œuvre des forces d'un peuple, le savoir du « plus ou moins ». On peut dire à la rigueur que ce « plus ou moins », ce *jeu* de la transformation laissé à chacune des puissances de l'Europe, définit ce qu'on appelle, en pays de la modernité européenne, les *enjeux d'une politique*.

[1] « Pour nous et pour le monde ». On moquera cette présomption. Mais une pensée, quelle qu'elle soit, et déjà dans le moment de ses toutes premières tentatives, n'est-elle pas une préparation présomptive « pour soi et pour le monde » ? Préparation sur le mode de la répétition ! La répétition *n'est pas* imitation ! Elle *tient* comme différer de la différence.

## II. Les questions de la politique communiste (les deux conclusions du préambule)

### 1. La première conclusion du préambule. La question d'une autre politique

*Face aux puissances, reconnu par elles*, le communisme. Reconnu par elles « désormais » : c'est la première conclusion du préambule, tirée des considérations des deux premiers alinéas. Le premier alinéa était celui de la chasse, de la traque de toutes les puissances alliées menant la chasse au spectre (au spectre rouge, à la menace qui est spectrale, une menace qui revient aux puissances comme un rappel de leur fondamentale impuissance) ; le deuxième alinéa montre que toutes les puissances concurrentes de la puissance dans le moment dominant sont elles-mêmes identifiées au communisme, *vues* depuis le spectre ou spectralement. C'est logique, puisque la puissance dominante se voit menacée dans son être de puissance par les puissances concurrentes : « *où est le parti d'opposition que ses adversaires au pouvoir n'aient traité de communiste* » ? Mais il y a plus. Chacune des puissances concurrentes *traite* chacune des autres, pour autant qu'elle s'affirme davantage dans son opposition, de *communiste*, c'est-à-dire comme étant hors du jeu politique et ne devant pas être admise : « *où est le parti d'opposition qui n'ait lancé en* retour *aux hommes plus avancés de l'opposition comme à des adversaires réactionnaires le reproche insultant de communistes* ». Autrement dit, les puissances, qu'elles soient déjà dans la position dominante ou dans la position de l'être bientôt, voient bien que le communisme est un intrus dans le jeu des puissances, qu'il ne joue pas le jeu de la concurrence, qui est une concurrence des cupidités : **il est donc reconnu comme l'élément inintégrable**, en lui-même hors-jeu. Il est reconnu seulement par cela qu'il est le parti de ceux qui ne pourront jamais être admis, le parti *des inadmissibles* de la scène politique européenne : le reproche *insultant* de « communistes » n'est pas seulement adressé aux « plus avancés » de l'opposition, il est adressé même aux adversaires réactionnaires de ceux qui s'opposent à la puissance dominante. Le mot « communiste » s'entend, se profère comme une *insulte*, *ne renvoie plus à aucun contenu*. Le parti communiste désigne **la limite de la politique** ou bien la politique à la limite. Si vous êtes à la limite, vous êtes un radical, c'est-à-dire un révolutionnaire. Qu'est-ce qu'un radical ? Le radical n'est pas, ici, celui qui remonte à la « racine », le radical est celui qui *conteste l'ordre politique*, et, en contestant l'ordre politique, *le langage même des politiques*, conteste les puissances, il est celui qui montre que le jeu des puissances est un jeu truqué ou *un jeu de dupes*. Le parti communiste est en effet (pas seulement dans la tête des bourgeois capitalistes) un parti *révolutionnaire*, non pas parce qu'il s'oppose à telle ou telle puissance *actuellement dominante*, il l'est *formellement*. Qu'il renonce à l'être, qu'il renonce à la perspective pratique de la révolution (celle de détruire l'ordre politique, d'en finir avec le jeu des puissances), qu'il se présente comme *un concurrent*, quelqu'un de *présentable*, justement, qui a *les mêmes appétits* que son concurrent, est mu par la *même cupidité* (qu'on l'appelle « appétit du pouvoir » ou « ambition » ou « envergure d'homme d'Etat »), il se liquide lui-même, comme *il est arrivé à tous les partis « communistes » qui ont existé jusqu'à aujourd'hui.*[1] A l'inverse tout parti révolutionnaire, *en tant que tel*, est communiste. Le parti (communiste) – il n'y en pas d'autre, en vérité – qu'il s'intègre, il est déjà mort.

Nous savons déjà pourquoi il en est ainsi du point de vue du *contenu* de la politique communiste : si les communistes doivent être reconnus dans l'espace politique, ils ne peuvent s'affirmer dans cet espace sans renoncer à ce qu'ils sont, parce que leur projet (ce qu'ils *sont*) constamment rappelé par Marx, est celui de *supprimer la propriété privée* et donc de *mettre le feu à toutes les institutions* qui garantissent et justifient la propriété privée, qui sont les institutions du mensonge ou de l'imposture quand elles prétendent le contraire : l'institution du **droit bourgeois**, celle de **l'Etat** et de sa **police** (qui garantissent l'ordre de la propriété privée et la société des cupides) *avec leurs idéologies* (qui justifient un tel ordre et l'homme qui va avec toujours – en disant que *cet homme de la cupidité est l'homme naturel,* l'homme de la nature, que la concurrence des égoïsmes est dans la nature des choses et des hommes, qu'elle est *fondée ontologiquement et anthropologiquement*). C'est en ce sens que le communisme, au moment du Manifeste, est le spectre des puissances, qu'il est leur spectre rouge.

Or l'homme de la propriété privée et de son ordre (républicain ou monarchique) est *l'homme de l'impuissance.* Celui qui s'approprie privativement les richesses rejette l'être commun, mais toute richesse vraie est une richesse qui appartient au commun, part du commun pour revenir au commun. L'homme propriétaire (privé) *se détourne* du monde commun : il est l'homme *qui dort.* « *Pour les gens éveillés, il n'existe qu'un monde, qui est commun, alors que dans le sommeil chacun se détourne vers le monde qui lui est propre* » (Héraclite, B 89). **Le parti communiste découvre ou démasque le fond d'impuissance qui est dans toute puissance, il est, en ce sens précis, inadmissible**. Pour les gens du droit, de la police et pour les gens de bureau – qui enregistrent les rapports de justice et de police – le parti communiste est

[1] Il entraine dans sa chute même les partis bourgeois qui ont fait semblant, non pas de la révolution (loin de là !), rien que d'une politique qui « allait dans le sens » du communisme (Liberté, Egalité, *mais* dans l'ordre républicain « qui nous est cher », c'est-à-dire avec la propriété et Bentham, comme dit Marx, au Chapitre IV du Capital) – les partis qu'on appelle chez nous, pris ensemble, « la Gauche » (Les insoumis, chez nous). *On ne va pas au communisme* : il faut, au contraire, *partir du communisme*, pour revenir à soi-même, s'interpréter et se transformer. De même **on ne va pas à l'Être, il faut partir de l'Être pour revenir à soi-même**.

l'ennemi naturel : **il est le parti de la vérité, le parti philosophique**, tandis que la puissance, parce qu'elle est dans son fond impuissance, a besoin du mensonge et de la contre-vérité. Dans sa figure politique, elle a besoin du *mensonge du droit*, du *super-mensonge* de l'*idéologie*,[1] sous toutes ses formes et dans toutes ses modalités – notamment celle du communisme d'idéologie – et de la brutalité policière.

En même temps, le parti des communistes doit bien être reconnu, parce que, pour un parti, la reconnaissance est l'existence. Nous avions énoncé l'aporie de la politique communiste : le communiste doit être et veut être ce qu'il veut abolir. Nous voyons maintenant que l'aporie est **le cœur de la politique** communiste, de l'*action* de cette politique comme politique révolutionnaire : **l'aporie est à la fois ce dont vit et ce dont meurt la « politique » marxiste**. Elle en vit parce que cette politique *se distingue* en se définissant par elle, mais elle en meurt parce qu'elle est une aporie. Depuis assez longtemps, les partis communistes sont *fondamentalement indistincts* : ils sont devenus, comme ils le déclarent eux-mêmes, des partis « démocratiques » comme les autres. Autant dire qu'ils sont morts depuis tout ce temps ; et longtemps après les peuples « s'en rendent compte », comme on dit. Mais alors, cette « prise de conscience » est beaucoup trop *tardive* pour avoir un quelconque sens, et notamment un sens politique, on est dans un autre temps, notamment un autre temps du politique, si un autre temps, est possible et souhaitable. A moins que le temps du politique (et de la politique) ne soit derrière nous, et que la puissance se dévoile enfin dans sa nudité, sa vérité d'impuissance : **mais cela est l'impossible même**, la puissance ne peut se montrer nue, **et s'il y eut, dans le monde des hommes, l'invention de la politique, c'est que la politique ne peut disparaître sans que disparaisse le monde des hommes**. La question communiste est alors en celle d'**une autre politique** (et pas celle d'un autre temps de la politique de puissance).

## 2. La deuxième conclusion. Politique et Archi-politique

La deuxième conclusion du préambule se contente de préciser les circonstances de la rédaction du Manifeste dont « les grandes lignes ont été définies par les communistes des diverses nationalités » qui « se sont réunis à Londres » (p. 49) : puisqu'en effet le communisme est reconnu en tant que puissance, c'est le moment de rédiger un tel Manifeste. Le moment est celui

[1] « Super-mensonge ». Le super-mensonge nous affecte, *parce qu'il touche à la vérité* (la vérité de l'illusion, de la prise sur nous du mensonge de la puissance). Pratique de la voie tibétaine, (texte cité par Roland Barthes, en quatrième de couverture de son livre : La chambre claire) : « *Marpa fut très remué lorsque son fils fut tué, et l'un de ses disciples lui dit : « Vous nous disiez toujours que tout est illusion. Qu'en est-il de la mort de votre fils, n'est-ce pas une illusion ? ». Et Marpa répondit : « Certes, mais la mort de mon fis est une super-illusion* ».

de la *déclaration*. Les rédacteurs du Manifeste déclarent le moment venu, le moment opportun de la déclaration.

Nous devons remarquer d'abord que le Manifeste, dans ses grandes lignes, est *transnational*, il *conteste* le principe national des politiques européennes : dans la configuration politique de l'Europe moderne, les puissances s'organisent dans la forme des nations ; il n'y aucun fondement « naturel » à cela, la nation n'est pas un cadre prédestiné et un peuple n'existe pas *naturellement* en tant que peuple « national », la nation est quelque chose de spectral. *L'espace d'existence d'un peuple*, c'est-à-dire son espace politique, *est ce que les Grecs appelaient la « polis », la cité*, et une cité *n*'est précisément *pas* une nation.

Nous devons marquer ensuite le caractère singulier, disons : singulièrement *outrancier*, de la déclaration. Cette outrance est dans le style d'un Manifeste (le Manifeste du parti communiste et, sans doute, tout autre Manifeste). « *Le communisme est désormais reconnu...* ». On comprend le sens de la déclaration : si le communisme est reconnu, alors nous devons rédiger le Manifeste de son parti. Nous disions tout à l'heure : l'aporie est biffée. La reconnaissance et le moment de la reconnaissance sont donnés pour une *évidence* : le « désormais » dit une scansion décisive du temps, il est performatif, mais il n'est pas *sérieusement* performatif, il l'est *ironiquement*, il avertit donc que nous sommes déjà dans l'élément du fantasme, et dans son exposition publique, dans l'élément de *la comédie* sérieuse (édifiante, avec morale) ou grotesque (rose ou grinçante, amorale). Sans doute est-on toujours déjà, quand il s'agit de politique, en tout cas dans la modernité.[1] Pourtant (avec l'ironie) une série de *questions* est ouverte par la déclaration non sérieuse, de questions essentiellement diverses qu'on ne peut aligner comme les versions différentes d'une seule et même question qui serait la question politique – telle qu'elle se connaît elle-même, c'est-à-dire se *méconnaît* en tant que question de puissance : qu'est-ce donc qu'une puissance dont le nom est celui d'une insulte ? Aussitôt : ce parti a-t-il attendu le moment de sa reconnaissance pour

---

[1] C'est l'originalité de Hanna Arendt : avoir marqué nettement que la politique moderne était un fantasme (technologique – le fantasme « faire l'histoire ») ou une impossibilité, qu'il n'y avait de politique que dans le monde Grec : en conséquence, *une politique ne peut être véritablement, qui n'appartienne au monde Grec*. Si jamais un homme véritablement politique est apparu chez nous, c'est un Grec ! Penser notre situation d'hommes modernes à partir de l'être-là de la Grèce de Parménide, des philosophes et des tragiques, risque bien de n'être qu'un jeu encore, une comédie – laquelle peut, certes, ouvrir la possibilité d'aperçus clairvoyants sur cette situation. Cet aspect de jeu, de comédie, du politique en général dans la modernité, n'est guère marqué par les marxistes, qui le plus souvent, semblent n'en rien percevoir, **comme si ce n'était pas l'essentiel de la pensée politique de Marx**. Les marxistes, dans l'ensemble, *se prennent au sérieux* : *ils sont donc comiques*, le spectacle qu'ils donnent est celui d'une comédie, même si la comédie est sinistre – *et ne rien apercevoir de ce que l'on est ou que l'on fait soi-même est impossible* : on dira qu'ils cachent leur jeu autant qu'ils le dissimulent aux autres. Cet aspect comique leur a longtemps assuré un réel succès auprès du public populaire (théâtre de Brecht).

être ce qu'il est ? Le fait, pour lui, d'être reconnu, s'il doit l'être, malgré tout (tout ce que nous venons de dire), ne va-t-il pas changer de fond en comble ce parti en lui donnant un tout autre statut, d'abord, et finalement, une autre forme d'être : il n'était puissance que spectrale – *pour les « partis » bourgeois* – il est maintenant un parti, *comme les autres*, c'est-à-dire un non-parti, ou bien... Qu'en est-il, du reste, de la reconnaissance ? *Le fond de toute reconnaissance – d'une puissance par une autre – n'est-il pas la mort, cette « irréalité »* ? (Hegel). La reconnaissance d'une puissance par une autre n'a-t-elle pas le sens de la mort de la première, qui reconnaît, par l'autre qui est reconnue, qui devient la mort de la seconde, reconnue, parce que la seconde a désormais *en elle* cette mort qu'elle a révélée dans la première en se faisant reconnaître par elle ? Ces questions (développées dans les deux prochains chapitres) n'appartiennent pas à la politique – si elle se les pose, elle a perdu la confiance en elle-même – **ces questions contestent l'évidence du politique et de la politique** – elles sont plutôt des questions de **l'archi-politique**, les questions de la possibilité et de l'impossibilité, donc des questions de philosophie.[1] Il faut remarquer qu'à toutes ces questions, *la réponse a toujours-déjà été donnée pratiquement*. Mais, à chaque fois, la réponse manquait de clarté, ne trouvait pas son sens.

Par exemple, celle-ci : le parti ne pourrait être reconnu par les puissances qu'en tant que puissance ; mais le parti (communiste) *conteste* la possibilité de la reconnaissance, parce qu'il sait qu'à la limite, *c'est-à-dire dans sa vérité*, une puissance n'est pas reconnaissable, elle ne peut même se connaître elle-même. La reconnaissance « politique » est une fausse reconnaissance, le parti gagne sa « *dignité* », il est reconnu comme lui-même, en étant non reconnu par les puissances qui ne pourraient le reconnaître que faussement, il est digne – *en reconnaissant ne pouvoir être reconnu tel par les puissances indignes !* Une puissance est (re)connue dans *sa manifestation* et les divers moments de cette manifestation ; or ces manifestations, les conquêtes (militaires, technologiques, culturelles), les affairements voués au prestige (expositions, les grands travaux, conquête de l'espace, classement des grandes universités en fonction de leurs performances prétendues, divers défilés de mode, sportifs ou militaires, par lesquels une puissance nationale s'affiche comme telle, dans son allure d'effectivité, en montrant ses hommes dressés en multitudes cadencées, ses équipements, ses armes) – **sont moins les manifestations de la puissance que de l'impuissance de la puissance**.[2]

---

[1] Il est question de la pratique archi-politique dans l'Introduction à la pensée de Marx (II, VI, I, 4 – à propos du féminisme). *L'archi-politique est la philosophie*. Cette façon aristotélicienne de dire est reprise à Gérard Granel.

[2] En outre, les figures sous lesquelles apparaissent, dans le texte du Manifeste, comme déroulées sur un album de bandes dessinées, les puissances de la vieille Europe, à coup sûr trop usées pour reconnaître nettement cette neuve et archaïque puissance (le communisme), sont des figures dérisoires, personnages de ce temps (première partie et milieu du dix-neuvième) pris comme un temps de cinématographe, ou bien un temps de l'almanach, un temps qui se déroule

La déclaration préambulaire (le communisme **enfin reconnu comme puissance**) est la seule chose que le Manifeste ait à **dire**, en tant que Manifeste – sur le mode de l'*ironie*, puisqu'il ne peut ni l'être ni vouloir l'être.

## 3. L'effroi des familles. L'effrayant

**Le communiste n'est pas de la famille**. On pourrait encore dire : les puissances, qui ne reconnaissent pas le communisme, le reconnaissent véritablement pour ce qu'il est ou prétend être : *l'effroi des familles* (des familles bourgeoises, bien entendu). On ne peut « frayer » avec lui. Sans aucun doute, si de nombreux esprits romantiques (avec leurs penseurs et leurs poètes, en Allemagne, exemplairement, Marx et Heine), dans ces temps de trouble (du milieu du dix-neuvième aux années soixante du vingtième siècle), ont épousé la cause du communisme, c'est par la promesse de l'abolition des familles (bourgeoises), de leurs rituels idiots, de leur religiosité frileuse ou de leur athéisme grossier des Lumières, de leurs névroses minables : la promesse communiste n'a pas manqué d'exercer une irrésistible attraction sur un esprit romantique et romanesque comme était celui de Marx – le jeune bourgeois et philosophe d'Allemagne a le goût de fréquenter l'infréquentable. « Le communiste n'est pas de la famille », cela est toujours vrai dans les familles bourgeoises, et, désormais, dans les familles prolétaires, en Europe et aux Etats-Unis, et certainement un peu partout ailleurs. A partir du moment où il est admis, quand il fait enfin partie de la famille, il n'est plus inquiétant, le communisme, mais il n'est pas non plus une puissance, **rien que la dépendance d'une tout autre puissance** qui ne peut être même nommée. S'il n'est plus inquiétant, là où il n'est plus le communisme, et fait semblant de l'être, alors *il est effrayant*, il est même **l'Effrayant comme tel**[1]. L'Effrayant emprunte les habits du communisme (et de la philosophie et de toutes les richesses, dont la science, qui viennent avec la philosophie et le communisme), il prétend avoir le projet de l'abolition de la propriété privée, il se moque pas mal de ce qu'il prétend. Ce qu'il veut, comme tout le monde le sait, est au contraire l'extension radicale du régime de la propriété privée : quand *un seul est désormais le propriétaire* et a le droit de l'être – par exemple, dans l'Union soviétique d'autrefois, l'Etat du peuple tout entier, ou le Parti « communiste » dans l'Etat « communiste » de la Chine d'aujourd'hui – et que les autres, *tous les autres*, c'est-à-dire tout le monde, même les fleurs des champs et les arbres des forêts, *sont sans propriétés*.

---

ou que l'on feuillette, avec dessins et poèmes en miniatures ou chansons : « le pape et le tsar, Metternich et Guizot, les radicaux français et les policiers d'Allemagne », comme sont, également usés, dans leurs tours de Polichinelle, ceux de « notre temps », le pape et Poutine, le président américain (Obama ou Trump ou Biden) et la chancelière Merkel ou les présidents français, ainsi de suite.

[1] Mais : peut-on dire l'Effrayant *comme tel* ?

# Chapitre IV L'indifférence de la puissance (Hegel et Marx)

Qu'en est-il donc de la *reconnaissance* ? Le concept hégélien de la reconnaissance (quatrième chapitre de la Phénoménologie de l'esprit) est celui de la *réciprocité* de la reconnaissance, il se dit de la *conscience* (Bewusstsein), et conçoit le moment fondamental du *passage* de la conscience à la conscience de soi (Selbstbewusstsein) en tant que *vérité* de la conscience. Or on ne peut penser quelque chose comme *une reconnaissance réciproque* des puissances, rien qu'un *alignement* de l'une sur l'autre. Il est tout à fait impossible de comprendre la pensée de Marx sans avoir médité à fond des passages de Hegel, notamment ce chapitre dont le titre est : « La vérité de la certitude de soi-même ».

Nous ne pouvons penser une seconde à quelque chose comme un hégélianisme de Marx : dès le commencement de son travail de pensée qui commence précisément par une « critique » de Hegel, Marx a laissé loin derrière lui le principe de la spéculation philosophique hégélienne, à savoir que « la substance est sujet »[1], qui définit l'Esprit dont la Phénoménologie est la Phénoménologie (laquelle s'explique en tant que « science de l'expérience de la conscience ») : avec « l'Esprit » est conçue cette suprême puissance dans laquelle toute « réalité » vient s'abolir. Pour Hegel, en effet, l'Esprit est cette puissance qui absorbe en elle tout ce qui vient à l'être et ne se présente alors que dans la forme de l'extériorité objective (la réalité objective de l'étant), forme que, justement, la puissance, en tant qu'esprit, doit supprimer, en la pensant : autrement dit, dans l'objet, la puissance spirituelle doit se reconnaitre ou reconnaître que cet objet n'était pas un autre qu'elle. Dans ce *système du savoir* (l'Encyclopédie), « *l'esprit objectif* » est *le Droit*, qui signifie que la vérité d'un objet quelconque est dans la propriété de cet objet, sa possession reconnue juridiquement (concept juridique de la propriété). Parallèlement, la connaissance est pensée comme une appropriation *privative* de l'objet, qui passe dans l'élément de la *représentation* « subjective » pour

[1] Ce principe, c'est de la théologie protestante dans un habit rationnel, comme dit Feuerbach. « Le vrai est effectif seulement en tant que système, *la substance est essentiellement sujet*, à cela correspond la représentation que l'Absolu est Esprit ». Dans l'optique de la puissance spirituelle – l'esprit est le nom hégélien pour la puissance – l'être (la substance) est représentation, mais *représentation infinie* parce que représentation *de soi* (sujet). L'absolu est substance-sujet.

enfin s'accomplir en tant que concept : quand je connais l'objet, dans la perspective hégélienne, je le fais « mien ». La vérité de l'objet est la connaissance de cet objet, mais la connaissance de l'objet signifie que le sujet se reconnaît *lui-même* dans la connaissance de l'objet, il est alors l'esprit.

Au contraire, pour Marx, la vérité de l'objet – qui est jouissance de l'objet, objet sensible de l'amour, (la jouissance est une connaissance amoureuse), objet intellectuel de l'intelligence, (la jouissance est une connaissance intellectuelle) – est dans le mouvement de l'appropriation pratique de l'objet, **appropriation qui est elle-même objective, et aucunement subjective**. Ce qui se passe dans la connaissance que j'ai de l'objet se passe dans l'objet lui-même, ce qui se passe dans l'objet est un moment de la connaissance que j'en ai : connaître un objet, c'est bien se l'approprier, mais ce n'est pas en faire sa propriété, c'est découvrir, au contraire, ce qui, de cet objet, a une portée d'être, une portée logique, au sens du logos d'Héraclite,[1] découvrir non pas qu'il y a de cet objet un usage commun ou un sens commun (qui s'opposerait alors à son usage ou à son sens « privé »), mais que **son être ou sa vérité est cet usage ou ce sens commun**, qui ne se découvre pourtant qu'à travers les voies d'usage et de sens singulières, c'est-à-dire propres à chacun à un moment du temps ou de l'histoire, ou que chacun trace, fraye *à sa façon*, c'est-à-dire *exactement comme il peut*. Le mouvement de l'appropriation considéré dans son objectivité n'est en aucun sens celui d'une mainmise violente sur l'objet ou d'une prise de possession privative de cet objet, il est un mouvement d'appropriation commune réciproque, tel que je sois moi-même *l'objet de l'objet* que je découvre, en sorte que **tout se passe sur le plan « objectif » ou le plan de l'être** : je ne puis « faire » quoi que ce soit « pour moi », c'est tout à fait impossible, ou « pour l'Autre », c'est également impossible, je bâtis et j'habite, je parle et je pense dans un monde *avec* l'autre ; et l'être avec l'autre de l'être-là (Dasein) c'est-à-dire *son être commun*, ne peut être démembré et de la sorte irréalisé dans l'opposition idéaliste proprement insensée de « l'être pour soi » et de « l'être pour autrui ».[2]

La difficulté est celle-ci : la langue de Hegel est la langue de la métaphysique dans le moment de son accomplissement ou de sa fin, et Marx philosophe est contraint de parler cette langue mais il en subvertit radicalement l'usage (et le sens), par exemple, quand il dit : « *Un être non-*

[1] Le fragment B 2, déjà cité : « Aussi il faut suivre ce qui est, mais *bien que le logos soit commun*, la plupart vivent comme avec une pensée propre ». Ou bien B 113 : « Penser est commun à tous ».

[2] C'est à mon avis la limite de l'expérience de pensée de Levinas, celle d'une éthique comme « philosophie première » : prendre son départ dans le « Pour autrui » implique que l'on maintienne l'opposition idéaliste. Limite d'époque, Levinas est le fils de son temps, le contemporain de Sartre et des autres (hégéliens-et-marxistes du vingtième siècle, en France). L'homme (si on peut même parler ainsi de « l'homme ») n'est ni « pour soi » ni « pour l'autre ». Ce sont là, pour dire les choses à la façon de Marx, des abstractions ou des facilités de philosophes (quand je dis « pour autrui », c'est pour me faire entendre des philosophes).

*objectif est un non-être* ». Avec Hegel, qui concentre dans son projet *réalisé* de « l'Encyclopédie du savoir philosophique » toute la métaphysique occidentale, et en découvre par là le fond, **l'esprit est le nom de la puissance**, et la manifestation de l'esprit est la violence de l'appropriation spirituelle, qui détruit l'objet, se l'assimile, l'absorbe, le fait sien. Marx peut dire justement que « Hegel se place au point de vue des économistes modernes ».[1]

Nous lisons Hegel véritablement, nous lisons Marx véritablement, et nous comprenons que Marx n'a rien à voir avec Hegel, que Marx et Hegel ce sont deux mondes qu'un abîme sépare, mais nous comprenons du même coup qu'à Marx il a fallu Hegel, le langage, les mots et les concepts de Hegel, pour être Marx, et pour ne plus rien à voir avec Hegel.

## I. La reconnaissance des consciences et l'Esprit comme puissance

Le chapitre IV est difficile, *tout simplement parce qu'il s'agit de philosophie*, de porter la question de l'Être, du *sens* de l'Être – et non pas de raconter quelque histoire ou de rapporter un événement historique ; parce que, pour le dire autrement, la philosophie n'est pas une « anthropologie » qui s'efforcerait que glaner quelques informations sur « l'homme », par une considération des événements historiques. En accueillant l'Être tel qu'il se donne à penser (c'est-à-dire qu'il se refuse en même temps, ne se donne que dans l'instance de la question : Qu'en est-il de ?), la philosophie éclaire la *signification* de l'historique, en propose *une interprétation*, donc décide, chaque fois, ce qu'il convient de retenir comme historique ou de laisser hors du champ de la considération historique. La philosophie peut être, comme chez Hegel (et d'autres de son temps) une philosophie de l'histoire, mais *la philosophie de l'histoire n'est pas l'histoire* ![2]

---

[1] ÖPM, p. 151 : « Hegel steht auf den Standpunkt der modernen Nationalökonomen ». La critique de Hegel doit donc se *prolonger* et se *confirmer* dans la critique de l'économie politique moderne, dont Hegel avait bien vu qu'elle était la science proprement moderne : le sens de la liberté économique est *la liberté abstraite du propriétaire* pour qui s'approprier l'objet signifie le faire sien (le faire reconnaître comme sa propriété). Dont une modalité est expressément, notons-le, ce qu'on appelle la « liberté d'opinion » (le mot pour opinion, en langue allemande, est « Meinung »). Je ne fais pas plus « mien » l'objet que l'objet ne fait « sien » ce que je suis, bien que, comme dit Marx, je sois moi-même « l'objet de l'objet », comme le soleil est l'objet de la plante qui est l'objet du soleil. D'où la critique radicale que Marx fait de ce qu'il appelle le communisme primitif, qui consiste à étendre universellement le principe de la propriété privée de telle sorte que « la *jalousie universelle et se constituant en tant que puissance* est la forme dissimulée sous laquelle se fabrique et se satisfait d'une autre manière la *cupidité* » (« Das allgemeine und als Macht sich constituirende Neid ist die versteckte Form, in welcher die Habsucht sich herstellt und nur auf eine andre Weise sich befriedigt (souligné par Marx), ÖPM, p. 114.

[2] Elle peut être considérée comme *un moment* de cette histoire.

La Phénoménologie de l'Esprit se produit comme la « science de l'expérience de la conscience ». La Phénoménologie ne signifie pas du tout une « science » qui prendrait l'Esprit pour objet, elle est au contraire « *l'expérience de la conscience* » elle-même, c'est cette expérience qui *se sait* dans la Phénoménologie. La lutte pour la reconnaissance n'est pas quelque chose que le Phénoménologue observe de l'extérieur, comme s'il était un savant entomologiste, elle est, au contraire, un *moment* de la phénoménologie et une *figure* de la conscience : la lutte pour la reconnaissance est une lutte pour la reconnaissance des consciences, laquelle est *un duel* et une *lutte à mort*. Mais elle ne l'est qu'en principe, ou, comme disent les enfants, « pour de rire ». Sérieuse (il s'agit de la reconnaissance, de la *dignité* de l'être), mais « pour de rire » ! Parce que, premièrement, on ne voit pas comment des « consciences » pourraient se *mettre à mort*, or tel est bien le sens de la « lutte à mort » (quant à la signification de la mise à mort, elle relève d'une logique rituelle du *sacrifice* – penser aux magnifiques tableaux de Bacon, les « Crucifixions »). Parce que plus sérieusement – je veux dire : en acceptant de penser dans les mots et la logique « spéculative » de Hegel – si la lutte est une lutte qui va jusqu'à la mort, l'histoire, comprise comme « expérience de la conscience », s'arrête au terme de la lutte à mort, quand le combat prend fin faute de combattants, *c'est, du reste, à peu près ainsi que s'arrêtent* les *ignobles boucheries que sont les « guerres » du vingtième siècle* – excepté, à la rigueur, le combat victorieux contre le national-socialisme[1] – et peut-être *toutes les guerres*, en tout cas, *toutes les guerres modernes* : par épuisement des forces combattantes, sans qu'il y ait ni vainqueur ni vaincu.[2] Ce n'est pas la guerre qui, dans Hegel, est la décision (elle ne l'est qu'en apparence) et il ne peut y avoir d'histoire, au sens hégélien, que si la lutte à mort **n'**est **pas** menée jusqu'au bout.

C'est le secret de la logique hégélienne : de chacune des contradictions par lesquelles passe l'être pour parvenir à s'égaler au concept et à s'affirmer comme l'idée « absolue », on doit dire qu'*elle ne trouve sa résolution que dans le fait qu'elle ne va pas jusqu'au bout* – signification de l'expression dialectique de la « relève », suivant la traduction que Jacques Derrida, grand expert des choses aporétiques, proposait du terme « Aufhebung », par lequel est pensée une suppression qui maintient et même révèle à soi-même ce qu'elle supprime : l'être s'oppose absolument au néant, mais de ce fait, il passe lui-même dans le néant en même temps qu'à son tour *qui est le même*, le néant passe à l'être, et les deux se retrouvent en tant que le *devenir*, c'est-

[1] A la rigueur parce qu'à la vérité, ce national-socialisme se défait de lui-même. Pour se « refaire » ailleurs. La guerre moderne, essentiellement indigne, a sa vérité dans le *massacre* (par exemple, le massacre des communistes par le Kuo-Min-Tang dans la Condition humaine de Malraux).

[2] Toutes les guerres modernes, sans exception concevable : ce qui montre que la politique moderne n'a jamais été qu'un masque pour la puissance dans l'indifférence de son essence.

à-dire un passage de l'être au néant qui est simultanément un passage du néant à l'être, *une tragédie qui est une comédie* !

Mais revenons au chapitre IV de la Phénoménologie. La lutte pour la reconnaissance était donc une lutte pour rire, une *comédie*, parce qu'il fallait bien, pour qu'il y ait effectivement reconnaissance d'une conscience par l'autre, que les deux consciences appartiennent encore à « l'être-là de la vie » ; il y avait donc une rupture de la symétrie, la lutte à mort était sérieuse en tant que lutte « pour de rire », en tant que l'épreuve de la symétrie *qui doit être rompue*. Dans le face-à-face des deux consciences supposées égales, quoique opposées, il se révèle que l'égalité n'est qu'une fausse apparence, un *simulacre*. La symétrie est mortelle et non sérieuse, fixant chacun des symétriques dans sa position solitaire de symétrique : comme ces beautés adolescentes qui, dans les bars de nuit, s'admirent l'une l'autre, et, renonçant à leur désir, à la certitude et à l'incertitude de ce désir (il se sait désir mais ne sait pas l'objet de son désir), ne sont plus capables de mouvement, sont paralysées dans leur rêve de pierre, ne se regardent plus qu'en chiens de faïences. « Comme nous sommes belles ! », disent-ils (ou elles, filles ou garçons dans le *trouble féminin* de leur différence indifférente) : jalousies de faïence ! La symétrie rompue, il y a cessation du combat : la reconnaissance d'une conscience par l'autre ne pouvait être que celle d'une conscience comme conscience d'un maître, celui qui ne tremble pas devant la mort, par l'autre conscience qui, elle, a tremblé : « elle n'a pas en effet connu l'angoisse pour ceci ou cela, à tel ou tel moment, au contraire pour tout son être ; car elle a ressenti la peur de la mort, le « maître absolu ».[1]

Ce qui s'est passé, dans cette lutte pour la reconnaissance, concerne l'essence ou la *vérité* de la conscience en tant qu'elle est conscience de soi. La conscience est prise dans la dualité de la position du sujet et de la position de la chose ou de l'objet ; en effet, par définition, la conscience se sait elle-même en tant que sujet qui ne peut se représenter quelque chose en tant qu'un objet sans se représenter lui-même comme *n'*étant *pas* l'objet, comme étant le sujet. Elle n'a pas à produire expressément ce savoir, elle *est* conscience de soi ou *n'*est *pas* conscience. L'autre (conscience) qui se présente à elle, elle la saisit seulement comme objet, chose extérieure, rien que représentée. Le sujet lui-même n'est pas saisissable objectivement, il épuise sa réalité dans l'*acte* de représentation, il n'est que dans l'affirmation de soi ou la position de soi comme sujet identique à lui-même : « Je pense donc je suis » : « Je = Je ». Seulement *l'affirmation* de soi en tant que position de l'identité du sujet (« c'est bien moi ») implique cette affirmation *devant un autre sujet* : c'est cet autre qui, en me reconnaissant comme sujet, valide ou « objective » (« dignifie ») cette affirmation ou cette position de soi du sujet. Quand elles

---

[1] « Dies Bewusstsein hat nämlich nicht um dieses oder jenes, noch für diesen oder jenen Augenblick Angst gehabt, sondern um sein ganzes Wesen, ; denn es hat die Furcht des Todes, des absoluten Herrn, empfunden ». PG, p. 153. (Suhrkamp, 1989).

se présentent l'une devant l'autre en face-à-face (en chiens de faïence), chacune de ces consciences est « enfoncée dans l'être de la vie », comme écrit magnifiquement Hegel (« *in das Sein des Leben versenkte Bewusstsein* », PG, p. 148). Le sens de la lutte à mort est donc que chaque conscience exige *de l'autre* qu'elle *se manifeste* comme conscience, parce que seule une conscience peut reconnaître une autre conscience : « prouve-moi que tu es une conscience, que ton essence n'est pas la vie, autrement dit, que tu ne crains pas la mort », chacune doit donc *mettre en jeu* sa vie, la *risquer*. On ne se bat pas, ici, pour étendre son territoire ou sa domination économique, c'est-à-dire par vanité – **on se bat pour l'honneur**. C'est sans doute, le **principe** de la guerre, pour toutes les humanités, en exceptant l'humanité moderne-européenne ! Ou bourgeoise ! Or cette lutte à mort (pour le prestige, pour la reconnaissance) doit justement introduire une dissymétrie : les deux se reconnaissent en ce que l'une tremble, l'autre ne tremble pas – en tout cas, ne perd pas la tête dans son tremblement. Il doit pourtant arriver ceci que la situation initiale (chacun est assuré de lui-même, mais non de l'autre, son assurance de lui-même est donc sans vérité) est reconduite en n'étant qu'*apparemment* changée. Le maître s'affirme comme sujet, maintient sa position et l'authentifie, tandis que le serviteur renonce à son affirmation, ne maintient pas sa position, cela par son attachement à la vie et aux jouissances de la vie, du même coup se trouve *rabaissé* à la position (au statut) de l'objet (de l'instrument). Le changement n'est qu'apparent, la situation ne peut être stabilisée, parce qu'un sujet ne peut être reconnu que par un autre sujet (c'était même le point de départ de la lutte), tandis que le serviteur ou le valet a chu dans la position de l'objet (qui est cette position pour le maître que l'autre sert).

Hegel pense en bourgeois, mais avec une grande profondeur, le rapport de l'homme à lui-même et au monde que dit le mot de conscience dans la philosophie : il montre de façon très convaincante comment il est de l'essence de la conscience d'être conscience de soi (l'essence du savoir est de se savoir lui-même). Mais, d'une part, *ce savoir*, dont on peut dire qu'il est un savoir *critique* (ce que je sais, quand je sais que je sais, est que je ne savais pas ce que je croyais savoir, que j'avais donc à l'apprendre et à le réapprendre, que je peux et dois toujours enfin *perdre* un savoir que j'avais acquis, ce savoir est le contraire d'une satisfaction de soi, il est le savoir socratique de la question) n'est pas *tout le savoir*, au contraire, le plus souvent je suis dans la situation[1] inverse de *savoir sans savoir que je sais*, d'autre part et surtout, ce savoir hégélien (la conscience en tant que conscience de soi) *n*'est *pas* l'essence de l'homme, ce n'est pas la conscience qui met l'homme au monde

[1] Cette situation inverse est celle du témoin dans les amusantes histoires policières de Agatha Christie. C'est pourquoi aussi nous avons besoin de la philosophie : non pas pour reconnaître notre ignorance, mais au contraire notre savoir (qui n'est pas, lui, sur le mode de la conscience, qui est savoir *objectif*).

et le remet à soi-même ou le met au monde comme à soi-même : en bref, l'essence de l'homme n'est pas d'être conscience de soi, bien que la conscience de soi soit une *possibilité éminente* du savoir humain. Autrement dit, dans le langage de l'Idéologie allemande : 1) « Ce n'est pas la conscience qui détermine la vie, mais la vie qui détermine la conscience » ; 2) « on part des individus réels et vivants eux-mêmes et l'on considère la conscience uniquement comme *leur* conscience ». C'est en tout cas ainsi que je lis le texte de Marx et Engels, en rappelant deux choses : 1) « la vie des hommes » ne renvoie pas à la vie en général, l'expression dit bien ce que signifie de vivre *pour les hommes* et seulement pour les hommes, ici le verbe « vivre » signifie autant que le verbe « être » (exister) ; 2) parler de conscience en général ou de « la conscience » n'a aucun sens, la conscience n'est cette conscience que comme conscience *de quelque chose* (Kant et Husserl)[1], et avoir conscience de quelque chose implique d'avoir conscience de *ce à quoi on a réellement affaire* avec ce « quelque chose », là où il est question de notre être essentiel – c'est cela que l'on sait toujours, mais sur le mode de la question (ce savoir est alors celui de la pensée). Mais ce que je sais toujours est ce que je ne cesse d'oublier, et alors cet oubli est un **oubli essentiel** : ce n'est pas le même oubli que quand j'ai oublié où j'ai mis les clefs, quand j'ai oublié où j'ai bien pu rencontrer cette personne dont la tête me « dit quelque chose" – il est l'oubli de l'être lui-même qui est aussitôt oubli de soi.

En langage de Heidegger, l'essence de l'homme est d'être au monde et, du même coup, en rapport essentiel à un autre homme – à tous les autres hommes *dans lesquels un homme peut se retrouver lui-même et son monde*[2]. Il n'est donc pas *d'abord* un sujet de conscience et de pensée (au sens de représentation), il est en étant situé en un monde avec l'autre, quelque part, de façon singulière (ce lieu, ce moment), c'est-à-dire qu'il est tout le contraire d'un « sujet de pensée » : un « objet réel-sensible », dans le langage de Marx qui travaille à partir d'une découverte de Feuerbach (celle de la vérité du sensible, de la portée « ontologique » de « l'amour »), un existant[3] dans le langage de Heidegger.

---

[1] Kant : « unité *objective* de la conscience de soi », Husserl : l'intentionnalité.

[2] Et donc pas à *tous les autres hommes* comme dans l'universalisme de l'humanisme abstrait. Mais le travail de la pensée et de l'Être en moi, *ou de sa vérité*, est *d'étendre ce rapport* ou cette possibilité de reconnaissance, d'établir *un pont* avec les humanités ou formes d'humanités qui me sont étrangères : le *sens* du monde comme l'*ouvert*.

[3] Exister : être au-monde ou pour-le-monde (chaque fois un monde) qui est aussitôt un *être-avec* et un *être-soi-même* : le chapitre IV du grand livre de Heidegger (Être et Temps) traite en effet de l'être-au-monde en tant qu'être-avec et être-soi-même (« Das In-der-Welt-sein als Mit und Selbst-sein ») *et* traite de *la condition première*, pour un homme, d'être un « On ». Vous pouvez être ramoneur, ouvrier spécialisé, typographe, amoureux ou président de la république, si vous l'êtes, c'est toujours, dans un premier temps, sur le mode du « On » ou du « Moi-On » : ni soi-même ni avec l'autre. Autrement dit, vous l'êtes *fantasmatiquement* sur le mode de la conscience-de-soi (en ramoneur, typographe ou président) : principe de la vanité. L'homme compris comme conscience de soi est cet homme qui ne connaît d'autre façon de l'appropriation

Il résulte de notre analyse que le rapport de deux consciences (qui ne sont pas deux consciences abstraites, mais toujours la conscience de Pierre ou celle de Paul, comme disait Sartre) est par définition un rapport d'*instabilité*, sans aucune fermeté. Ce qui pourrait arrêter l'instabilité, et l'arrête en effet, *dans les rares instants de l'existence vraie*, est l'impératif catégorique, auquel il faut donner un sens pratique (avoir à faire quelque chose) en même temps qu'existentiel (avoir à faire quelque chose comme il convient dans la mesure où ce quelque chose me concerne dans mon être, quand « avoir à faire » signifie « avoir à être »). L'impératif catégorique accuse l'instabilité de la conscience ou de l'être conscient et délivre l'homme de cette instabilité (laquelle cependant est toujours là, mais *tenue à distance*), dans la mesure où, catégorique, il est inintelligible et commande vraiment (tandis que les impératifs hypothétiques sont sous condition), il interrompt donc le carrousel des figures, il est en cela ce qui précipite en abîme le sujet de la représentation – et faussement assuré de lui-même dans cette représentation – dans le beau vertige de l'être libre ou dans l'abîme de ce qu'on appelle la « conscience morale », l'abîme de l'être-en-dette (et non pas « en faute ») qui est une autre expression pour dire l'être au monde[1].

La pensée dialectique de Hegel se moque bien des impératifs catégoriques, cette pensée (de la) dialectique que l'on doit concevoir comme une *ruse*, par laquelle le philosophe croit pouvoir se dérober à l'abîme en refusant, c'est-à-dire, en l'occurrence, en *différant* de l'affronter ; il est, en revanche, très certain que la pensée du professeur de Iéna, puis de Berlin, suit au plus près l'expérience de *la conscience humaine*, c'est-à-dire *l'expérience humaine* : cette expérience et le désespoir (Verzweiflung) de cette expérience, *quand* les hommes sont dans la situation d'être des sujets enfermés dans l'univers clos de leurs fantasmes, des Uniques avec leur propriété (Stirner)[2]. Le rapport d'instabilité entre les deux consciences devient, à la limite, une limite *très vite* atteinte, un rapport d'*exaspération* : « Pour qui se prend-il, celui-là ? », ce qui

---

que privative, pour qui propriété = propriété privée. Dans la langue allemande, c'est le sens de la « Selbstbewusstsein » (être conscient de soi, de son importance, de sa valeur) – autrement dit se mystifier soi-même et les autres avec soi !

[1] Le paragraphe 58 de : Être et Temps montre précisément que l'être-en-dette (das « Schuldigsein ») signifie la même chose que l'être-au-monde.

[2] Ce que je dis ici ne va pas du tout dans le sens d'une lecture anthropologique de Hegel (Kojève et tant d'autres après lui) : car l'expérience de la conscience est pour Hegel celle du désespoir de se manquer elle-même essentiellement, parce qu'elle a toujours manqué l'Être, parce que ce manque d'être la définit justement comme conscience et conscience-de-soi. Autrement dit, c'est la conscience bourgeoise, qui prépare la *misère* prolétarienne. L'expérience de ce que Marx, reprenant un mot de Hegel (mais non pas le *concept* hégélien que dit le mot, dans la Phénoménologie de l'Esprit, plutôt son contraire) appelle « Entfremdung » (être devenu étranger, avoir perdu son sol, sa patrie et alors *plus rien n'a de sens*). Humain, dans Hegel comme chez Nietzsche, c'est « trop humain » (pas du tout l'essence de l'homme, mais au contraire une « extranéation » pour reprendre le mot d'un traducteur français bien connu de la Phénoménologie, le premier et longtemps l'unique, Jean Hyppolite).

veut dire aussitôt : « Pour qui me prend-il ? » où se produit un glissement inaperçu du « Qui » au « Quoi », glissement qui fait virer la première question, laquelle devient : « Pour quoi se prend-il ? ». Ce rapport d'exaspération est véritablement le seul rapport possible entre deux êtres humains qui seraient ainsi de purs « sujets », c'est-à-dire qui ne se produiraient pas eux-mêmes comme objets, qui ne se présenteraient pas ainsi (avec leur monde), ou qui ne s'objectiveraient pas – dans le *travail*, dans le *jeu* ou dans l'*œuvre*. C'est, autrement dit, un pur rapport, et misérable, de vanité. Ce qu'on a longtemps appelé « l'aliénation » n'est en aucun sens quelque chose comme la « réification » du sujet ; ce concept sociologique, qui a certainement une pertinence descriptive dans l'optique du sociologue (du vingtième siècle), n'a, en tout cas ici, aucun sens appréciable – mais au contraire **la perte de l'objet et de l'objectivité** (ce que ne cessent d'analyser les différentes critiques de l'économie politique qui aboutissent au Capital). La situation, dans la Phénoménologie de l'Esprit de Hegel, ne sera stabilisée que dans l'élément du savoir absolu, avec lequel, du fait de son essence spirituelle (qui « absout », efface les « péchés, les « crimes », généralement dissout l'opposition du sujet et de l'objet puis du bien et du mal, ou sa *fixation*), tout ce drame de la conscience de soi trouve s*on terme*. Le drame en question était celui-ci : la conscience de soi est essentiellement *désorientée*, ne cessant de passer d'un pôle à l'autre, parce qu'elle est toujours aux prises avec une conscience autre qu'elle-même dont elle fait et doit faire son objet, *sa chose*, alors qu'elle ne peut être reconnue que par un autre « sujet » ; l'autre conscience doit s'imposer à son tour comme « pur sujet », sauvant ainsi la première de sa perte dans une maîtrise fantasmatique, une reconnaissance illusoire – mais, pour ce faire, l'autre doit objectiver, comme elle doit faire et comme, en réalité, elle a toujours déjà fait, la première, qui perd donc sa position de sujet – mais alors celle-ci ayant perdu cette position, l'autre, elle-même, donc… sans fin, d'où l'exaspération. Ce *terme* est aussi, chez Hegel, le terme de l'histoire (qui, elle, confronte des *peuples* – des « conscience-peuples » – et non des individus, des consciences individuelles) et de « l'expérience de la conscience », qui est donc l'expérience épuisante de l'exaspération, celle peut aller et va souvent au meurtre.

Tout autre est la situation, lorsque la confrontation n'est plus celle des consciences mais celle des puissances. **Qu'il y ait des confrontations de puissances, cela va de soi, est analytique, se tire du concept même de puissance** : la preuve de la puissance est dans sa confrontation à l'autre puissance. Cette confrontation ne découvre donc rien à la puissance, aucune vérité, elle n'est pas, à proprement parler une *expérience*, si elle l'était, elle serait reconnaissance et réciprocité de la reconnaissance. Cela se dit des situations les plus concrètes et de confrontations dérisoires (dans les divers milieux qui font coexister les individus d'humanité, soumis à la pression de la puissance, et se prenant donc pour des puissances eux-mêmes). Une puissance n'a pas à se prouver face à une autre (à prouver, c'est-à-dire, en l'occurrence, à montrer son droit de passage, son laisser-passer, son passeport, son « Ausweis ») en se faisant reconnaître par elle : ou bien sa preuve n'est pas d'être reconnue par l'autre – mais *de s'imposer à elle*. Elle n'a pas à se présenter, elle *force* le passage. Elle n'a pas à être civilisée, la civilité est pour elle un jeu qu'elle néglige ou qu'elle joue par manière, ruse, pour pouvoir surprendre l'autre puissance et la vaincre en la prenant par surprise : elle est *essentiellement* brutale. C'est pourquoi la reconnaissance des puissances a cette caractéristique d'être *spectrale* : ainsi le communisme ne peut être reconnu par les puissance européennes que spectralement, comme ce qui hante, puissance spectrale ; du même coup, suivant l'essence dégagée par Hegel de la réciprocité de la reconnaissance[1], il ne peut lui-même reconnaître les puissances historiques co-présentes, les monarchies, les puissances féodales ou les puissances religieuses, les puissances de l'argent que comme étant elles-mêmes *spectrales*, c'est-à-dire qu'il les reconnaît *dans leur vérité*.

Ce qui est l'autre (*humanité* de l'autre) ne concerne pas la puissance dans son rapport à elle-même, elle-même, qui n'a ni chair, ni os, ne voit dans l'autre que chair et os, comme du *consommable* : le « réel » de toute réalité saisie dans la perspective de la puissance, c'est le sang du vampire, le terre du conquérant, l'espace vital de la nation allemande, la force de travail prolétarienne, la beauté de Catherine Deneuve pour la caissière du supermarché. La puissance est elle-même, *en tant que puissance*, essentiellement inconsommable, elle se définit et *se voit* comme puissance *abjecte*. Le fond de la puissance est d'être *partout la même*, dans toutes les puissances, qui peuvent alors se présenter sous des formes dérisoires, à l'occasion de conflits minuscules, mais chaque fois décisifs pour chacune des puissances engagées dans ce conflit – et de s'exercer partout suivent une logique identique : ce qui lui est présent est *présentable* et *représentable* seulement dans la mesure où il est consommable[2] (un capital, une entreprise, un pays, un spectacle de variétés, un « temps » de loisir) ; cet étant est pour elle un autre, mais un autre dont cette puissance ignore l'altérité, de la façon *la plus probante*, en le consommant. Le processus qui a plusieurs moments et plusieurs aspects, il est un processus d'absorption – la puissance buvard ou éponge – d'ingurgitation puis de digestion et d'excrétion, pour les puissances animales ou les puissances économiques[3], le pudding se prouve certainement lui-même par le fait qu'on le mange, mais avant tout il prouve en étant mangé le solide appétit du mangeur ! **La puissance inconsommable ou abjecte est essentiellement cannibale.** Quelqu'un qui se met au service d'une puissance

[1] Mais on trouve des analyses proches, dans l'esprit, de l'analyse hégélienne, chez tous les moralistes bourgeois, notamment les moralistes français, La Rochefoucauld et les autres.

[2] Il ne se présente donc pas *dans son être* qui est au contraire *toujours différent*. Il est déjà une représentation.

[3] C'est en le réduisant à l'état d'excrément que la puissance a vraiment réduit l'autre et jouit éternellement de cette écrasante réduction (sur ce point, voir les descriptions d'Elias Canetti). Artaud parle du « caca de l'être ».

est quelqu'un qui, par peur d'être dévoré, ou en échange d'une vie de « jouissance » et de « représentation », se produit lui-même comme matière consommable, finit toujours par être dévoré et même précipite le moment de l'être : où il faut comprendre que *la représentation jouit d'elle-même et qu'inversement la jouissance est de représentation, pour la puissance dévorante, pour la chose dévorée* (voir, sur ce point, Sade, et les commentaires de Blanchot « sur la raison de Sade »).

Une puissance peut bien être dite, quoiqu'improprement, aveugle, **elle n'est jamais désorientée**, son mode d'affirmation est quasi instinctif, « animal », si l'on veut, mais de nouveau improprement, alors que la conscience qui est toujours, nous l'avons vu, conscience de quelqu'un ou de quelque chose, est toujours, quelle qu'en soit la figure, *désorientée.*[1]La puissance étant, dans son fond, toujours la même, les antagonismes « politiques » sont toujours seulement *relatifs*, ne sont que des manifestations de surface de ce qui se passe par l'extension de la puissance en général. Il y a certes un gradation des puissances, qui se mesure à la *dureté des antagonismes* qu'une puissance est capable de supporter[2] : là où l'antagonisme est le plus dur, la puissance est au maximum de sa capacité extensive (elle s'étend au monde entier), aussi bien qu'intensive (elle attaque l'existence individuelle au plus intime) ; quand elle se tient à ce maximum de sa possibilité de puissance (auquel elle *semble* atteindre aujourd'hui à travers le dispositif technique particulièrement, le développement des réseaux informatiques), *tendue à l'extrême*, elle se prend pour l'Être même, dans la figure du suprêmement étant (elle se prend pour Dieu – cela même qu'interdisent et rendent impossible les religions ) jusqu'à à abolir tout autre étant : mais là où l'antagonisme faiblit, la puissance s'affaiblit elle-même, cela arrive un jour ou l'autre et quand on ne s'y attend pas (« le maître n'est jamais assez fort pour être toujours le maître » Rousseau), cela arrive quand la puissance ne se reconnaît plus elle-même comme puissance capable de s'exercer ou d'exercer sa domination, jusqu'à se perdre complètement en tant que puissance, *à ne plus pouvoir parler son langage ou sa langue* – ce qui signifie qu'elle n'est plus en mesure de maîtriser les forces dont elle dispose encore ou dont elle croit encore

---

[1] *A propos de l'impropriété* : 1) la puissance ne peut être dite proprement aveugle, c'est-à-dire, ici, privée de la vue, parce qu'elle n'a pas d'yeux pour voir (généralement on peut la penser en analogie avec le corps sans organes de Deleuze et Guattari – pas d'yeux, pas d'oreilles, pas de peau, pas d'anus ni de bouche. Nous le verrons, la puissance est *insensible*) ; 2) nous savons peu de choses de l'animalité ou des animalités, mais *nous pouvons savoir* (négativement) que l'animal *n'*est *pas* une machine, même si on peut l'étudier en s'aidant du modèle de la machine (aussi bien que l'homme, d'ailleurs) et il peut connaître des troubles de l'orientation. Comme dit Heidegger dont les analyses sur ce point sont hésitantes, l'animal est aussi *au monde* (*avec* l'homme, certainement – ou bien l'être-avec de l'homme comprend l'animal et le met au monde).

[2] Dans le Nietzsche ultime, la révélation de l'histoire cachée des *philosophes* est dans la question : « Quelle dose de vérité un esprit sait-il *supporter*, sait-il *risquer* ? » (Ecce homo, Avant-propos, 3).

pouvoir disposer. C'était un motif du beau livre de Julien Gracq (Le rivage des Syrtes) comme un livre du déclin et de la veille. Et c'est la situation dans laquelle se trouve la bourgeoisie, après qu'elle eut accouché du prolétariat, puis nourri son rejeton, à la fin de la première partie du Manifeste, cet autre livre du déclin et de la veille. Quand la puissance joue son jeu de puissance, ce n'est jamais une question de conscience ou de savoir : la puissance n'a de rapport qu'à elle-même, c'est-à-dire au maximum qu'elle est capable d'atteindre, à *son maximum* : le rapport prétendument antagonique à l'autre n'est au fond qu'un rapport à elle-même, c'est un rapport du pur artifice, « *pour voir* », l'antagonisme ne repose sur rien de sérieux, de substantiel, son ami d'aujourd'hui peut dans l'instant devenir l'ennemi de demain et vice-versa. **La puissance n'a pas vraiment d'autre**.

L'autre conscience, dans la lutte pour la reconnaissance, est *véritablement* l'autre conscience, même si cet autre est une abstraction, un autre formel, comme est toujours un autre pour la conscience. Elle est cette autre conscience parce que la première ne peut être reconnue que si l'autre s'est elle-même prouvée comme conscience : c'est le concept central, dans le mouvement dialectique de la reconnaissance, *celui de* **la présentation.** Que signifie de se présenter (puis, tout le jeu social des présentations dans tel ou tel milieu déterminé par tel ou tel objectif d'alliance ou de préparation à une activité sociale) ? « Cette présentation est le double faire ; le faire de l'autre et le faire par soi-même. Dans la mesure où le faire est celui de l'autre, il y va pour chacun de la mort de l'autre. Mais dans cet enjeu est donné le second faire, le faire par soi-même ; car mettre en jeu la vie de l'autre revient à exposer sa propre vie. Le rapport des deux consciences de soi est donc déterminé de telle façon qu'elles se prouvent elles-mêmes et *prouvent* l'autre à travers le combat à mort » (« Das Verhältnis beider Selbstbewusstsein ist also so bestimmt, dass sie sich selbst und einander durch den Kampf auf Leben und Tod *bewähren* », pp. 148-149). C'est le faire de l'autre qui est premier, ce qui signifie que je ne me présente pas, en général, à mon chat, à mon chien ou à ma brosse à dents (où alors je suis dans un moment de forte dépression, comme dans un album de Hergé où un vieil huluberlu de savant se présente à un lampadaire qu'il a pris pour une de ces connaissances, dont il a fait une « personne » qu'il salue) mais à quelqu'un qui se présente lui-même. Chacun des deux met en jeu sa vie, *forcé par l'autre*, parce que c'est seulement par l'engagement du combat qu'il prouve son *identité* et gagne le droit de passer, de la reconnaissance – la *dignité*. L'autre est ici l'aiguillon, bien que je ne sache rien de son altérité (en quoi il est autre, comment il l'est), mais aussi le principe de la désorientation. Il doit donc être *anéanti et* il doit *être*. Ce n'est pas *une reconnaissance vraie*, une reconnaissance dans un *espace de dialogue* où guerre et paix ont un sens, ce n'est pas une *libre* reconnaissance, mais bien une reconnaissance *forcée*.

Cependant, **s'il y a histoire**, l'homme est dialogue (Hölderlin), et l'homme est un tel dialogue depuis qu'il y a histoire. A vrai dire, *la dialectique* *hégélienne de la reconnaissance précède toute histoire*,[1] dans la mesure où le fait qu'il y ait histoire, événement de portée historique, cela suppose que les hommes se soient déjà reconnus par leur nom, dans leur appartenance à une famille, une tribu, puis à une nation, etc. Ce que d'autres appellent la reconnaissance symbolique[2] – on comprend que ce drame dialectique ait pour horizon la problématique hégelienne du Droit comme « existence concrète de la liberté ».

## II. L'indifférence de la puissance

Tout le « problème » hégélien, dans la Phénoménologie (de l'esprit), est de surmonter l'altérité. Cela passe par *l'épreuve* de l'altérité (surmonter ce qui est autre parce que non reconnu, ce qui n'est pas de la famille – l'intégrer), puis par le fait de *surmonter l'épreuve elle-même*, cela ne peut se faire qu'au terme d'une très longue histoire – qui est, si l'on peut dire ainsi, *l'histoire tout court, dans la pensée de Hegel* – et dans l'élément de la *religion*, *tout au long de* cette *histoire*, c'est-à-dire de l'*Esprit* (de *cet* Esprit qui est toujours, comme dira Marx dans sa critique de la philosophie du droit, « l'esprit d'un état de choses où il n'est point d'esprit »)[3], tel que cet Esprit se *représente* seulement à travers les diverses religions[4], puis se *manifeste* comme tel, *comme ce qu'il avait toujours été*, dans l'élément du savoir absolu - le savoir absolu de l'Esprit ou bien l'*absolution* de l'Esprit qui se sait lui-même absolution du monde (l'élément de la philosophie). Précisément, ce que Hegel appelle l'Esprit n'est pas autre chose que l'appellation théologique-philosophique de la puissance, quand la philosophie, comme dit Marx après Feuerbach, est une théologie qui a mis des habits « rationnels ».

Or il n'y a pas, s'agissant *des puissances*, à surmonter, en vérité, l'altérité qui suppose qu'on en fasse d'abord l'épreuve. Autrement dit, la puissance, dans *son exercice* ou *sa manifestation*, n'est jamais *forcée*, elle n'a pas à *se présenter* ou à présenter un certificat d'admission, la lutte à mort est, pour elle, un jeu qui ne la concerne pas (tandis que dans la lutte des consciences, chacune est essentiellement concernée). **Ce qui caractérise la puissance est son**

---

[1] Complet non-sens de toutes les lectures anthropologiques de Hegel (notamment la plus célèbre, en son temps, celle de Kojève).

[2] Lacan, le père et le Nom-du-père.

[3] Il s'agit précisément de *la misère religieuse* « tout à la fois l'expression de la misère réelle et la protestation contre la misère réelle. La religion est le soupir de la créature accablée, l'âme d'un monde sans cœur, de même qu'elle est l'esprit d'un état-de-choses sans esprit. Elle est l'opium du peuple » (Pléiade, p. 383).

[4] Il doit donc y avoir une histoire philosophique des religions, comme histoire du mouvement de spiritualisation de ces religions qui passe par la religion naturelle, la religion de l'art, puis culmine dans la religion manifeste ou révélée (le christianisme). Le christianisme hégélien est le dernier moment de la spiritualisation du religieux et donc *la mort des religions* – et du dieu des religions.

**indifférence**. Vérité phénoménologique qui s'étend à toutes les formes de la puissance, (intellectuelle, sociale, sportive, artistique, politique, etc.). Par exemple, dans l'univers des puissances, *il y a bien la guerre, mais c'est un jeu de la guerre, une guerre sans enjeu vrai* – c'est-à-dire ici de **dignité** – et alors *les atrocités de la guerre sont sans limites*. Dans l'élément de la puissance, pas d'altérité concevable, ou rien que de comédie, c'est précisément ce qui définit la puissance : la puissance peut se soumettre toute autre puissance dans la mesure même où elle ne connaît pas, n'éprouve pas, n'a pas à supporter l'épreuve de l'altérité. Le dictateur étriqué du désert peut affronter sans crainte le géant américain, mais le géant américain peut très bien, lui, se casser les dents sur la puissance d'un petit peuple misérable du désert. Le problème de la puissance n'est pas de surmonter l'altérité de l'autre, d'emblée aboli dans son altérité, mais bien **de se surmonter soi-même**, l'éternel retour du même, parce qu'*il est impossible de s'abolir soi-même*. « Se surmonter soi-même », c'est une sorte de refrain chez Nietzsche, le penseur de la « volonté de puissance », Nietzsche, en particulier dans son moment Zarathoustra.

Heidegger est, sans aucun doute, pris lui-même longtemps dans le *pathos nietzschéen* du dépassement dans lequel on (se) surmonte : ce dépassement peut être le dépassement de la métaphysique ou celui du ressentiment, comme vengeance contre le temps. Mais Heidegger suit *principalement* Hölderlin, et le divin du Dieu de Hölderlin *n'a aucun rapport* avec toutes les façons dont se manifeste et se prouve la puissance (toutes les puissances).[1] Le Dieu vient aux hommes et s'éloigne d'eux, il ne peut être *retenu* par les *stratagèmes humains*, par les *religions*. Mais l'esprit des religions garde quelque chose du Dieu qu'elles n'ont pu retenir, mais qui les a touchées (*sans cela il n'y aurait pas de religion*). On ne peut donc parler sérieusement d'une religion de la puissance[2] – au contraire, la puissance, en se servant des religions, détruit radicalement l'esprit de religion qui est un esprit d'*amour* – ce qui se passe concrètement dans le *scrupule* – la mère et la grand-mère de Proust, qui n'ont pourtant pas de religion, sont, pour moi, les figures littéraires les plus belles du sensible scrupule. En revanche, il y a bien une idolâtrie de la puissance, par

[1] Il suffit de lire quelques lignes de Hölderlin pour en être frappé. Par exemple des poèmes que j'appelle les poèmes du fruit (« Les fruits sont murs, baignés de feu… ») ou moitié de la vie (« Avec des poires jaunes et tout fleuri de roses sauvages / Se suspend / le paysage dans le lac, … ») et la question avec sa réponse (« Dieu est-il inconnu ? Est-il, comme le ciel, évident ? / Je le croirais / plutôt. » dans le poème En bleu adorable. Pléiade, pp. 831, 833 et 939). Nietzsche disait : « *le splendide Hölderlin* ».

[2] On fait de l'Islam une religion de la puissance. Or se soumettre au Dieu de l'Islam revient *en principe*, pour le musulman, à se délivrer de la puissance. Ce qui se passe aujourd'hui dans l'islamisme, comme on dit, se passe dans le cadre de sociétés détruites *égarées* dans le monde de la modernité. Sur « ce qui concerne l'islam », voir le petit livre de Adrien Candiard, frère dominicain, membre de l'institut dominicain d'études orientales au Caire (Flammarion, 2016) : « Comprendre l'islam, ou plutôt pourquoi on n'y comprend rien ». Reste que le fond de ces *constructions délirantes* que sont les religions monothéistes *en général* est le fond métaphysique – identification de l'Être (comme étant suprême) et de la puissance.

exemple, dans l'Antiquité, l'idolâtrie de l'Empire (romain) et de son Empereur, César avec ses légions (fétichisme de l'autorité) comme il y a chez nous, dans l'Europe occidentale moderne, une idolâtrie de la science (le fétichisme de la vérité) *et* de la technique (fétichisme de la machine) ou bien une idolâtrie de la « démocratie » (il faut entendre le règne des masses), qui est aussi le fétichisme du nombre, qui est encore une idolâtrie de l'argent (« Dieu visible ») et un fétichisme de la marchandise.

Il y a donc à la forme spectrale de la reconnaissance (d'une puissance par une autre) une raison de fond qui est que les puissances ne sont de telles puissances que pour autant qu'elles s'exercent, à titre de puissances, comme spectres, en tant qu'elles sont des « esprits », des revenants (la manifestation d'une puissance, *c'est la hantise d'un spectre*). Le spectre hante la cervelle dégénérée des vieilles bonnes femmes dites « grenouilles de bénitier », du pion ou du surveillant général, l'âme désordonnée et impatiente des jeunes loups des établissements d'enseignement supérieur ou des administrations, les couloirs des palais présidentiels, les remparts des forteresses des dictatures, les départements consacrés de la finance, des sciences financières et des nouvelles technologies. La relation d'une puissance aux autres puissances et au monde (qu'elle imagine comme *une construction* prouvant l'ingéniosité de la puissance) est celle, sourde, de l'inquiétude : la puissance ne peut **être inquiétée que par une autre puissance**, mais **aussi ne peut être qu'inquiétée par elle**, dans laquelle elle ne peut que se mirer elle-même (son double) et puisque l'autre *puissance* est pourtant bien l'*autre* puissance, alors elle doit lui *apparaître* comme un spectre. Chaque puissance s'inquiète elle-même dans le spectre d'une autre : l'autre ne lui est qu'un fantasme inquiétant qui alimente les légendes, Hitler et les bolcheviques, Staline et les nazis, les Américains et les « communistes », les dictatures des pays arabes avec leur antisémitisme maniaque, leurs guerres de légitimité féroces et le cérémonial funèbre et frivole de leur propre autodestruction.[1] De l'une à l'autre des puissances, la sombre comédie de la *fausse reconnaissance* (qui n'est en effet qu'une comédie, qu'une farce : il n'y a rien à connaître et à reconnaître, ici) est un jeu de l'intimidation et du découragement qui exténue les peuples. Que l'autre puissance (l'ogre soviétique, l'Américain, son dollar et Hollywood, le péril jaune, le juif de Wall Street, le terrifiant islamiste) ne puisse être identifiée que fantasmatiquement, c'est très important : l'être de la puissance n'est rien qu'un fantasme, la puissance est puissance *en tant que fantasme* – un fantasme, c'est-à-dire un *imaginaire fermé, clôturé*, comme si on en était,

[1] On ne réduira pas, comme font certains, le malheur des peuples arabes à l'effet d'un *ratage* de la modernité (à partir de l'opposition trop simple – superficielle – tradition-modernité). Par ailleurs, on se rappellera que ce qu'on appelle « islamisme », pour l'opposer à « l'islam », est une réalité fabriquée (par les gens européens du Journal), et on dira que cet islamisme *est un des simulacres* de l'islam d'*aujourd'hui*. Sur ce point, voir le remarquable petit livre de Adrien Candiard.

avec la puissance, toujours déjà au *second temps* de la répétition, comme si le premier temps de la répétition avait été court-circuité.

Nous ne cessons d'opposer l'Être et la puissance, l'Être comme ce qui est *sans* puissance, libre de la puissance ou délivré de cette puissance, et la puissance comme ce qui est de l'ordre de *la fabrication*, *du fantasme*, de la *machine à fantasmer*, qui est donc toujours dans son fond impuissance. Et cependant, il doit bien y avoir un être de la puissance elle-même, telle qu'elle est évaluée « à l'aune de l'efficience – et justement pas à partir de la possibilité ».[1] Que l'*être* de la puissance soit fantasme veut dire que *c'est cela qui seulement peut être intelligible du déploiement de cette puissance*, une puissance n'est jamais que réplique et la *réplique* d'une puissance à une autre est de *mimer* la figure projetée du fantasme – le soviétique se fait ogre, à moins que ce ne soit l'Américain qui fait l'ours, le chinois se présente comme l'ange du péril, le juif se fait spéculateur, l'islamiste terroriste et suicidé. Ce qu'une puissance a d'être est alors en effet pur phantasme (en version freudienne psychanalytique, le petit est aussi « fort » que son papa, ce qui veut dire « plus fort que lui », la preuve est qu'il le tue), la puissance ne trouve *sa réalité effective* que dans la destruction de toute autre puissance, elle ne trouve et donc ne connaît comme autre que ces autres qu'elle a elle-même fabriqués, et, puisque toute puissance, en tant qu'elle est puissance (et impuissance), est identique à toute autre, la puissance ne s'accomplit elle-même enfin que dans sa propre destruction, son anéantissement pur et simple. Mais qu'est-ce que vous nous racontez ? Je ne raconte rien, je ne rapporte rien. J'essaye de faire voir ce qui se montre sur le mode de se dissimuler. **L'anéantissement pur et simple de la puissance est sa démonstration.** Celle de sa réalité effective. Tant d'illustrations de cela.

## III. Le communisme, donc : ce qui est irréductible à la puissance

Le Manifeste en est une parmi d'autres, et nous verrons que sa démonstration se produit comme une logique du détruire – qui se passe comme une dévastation de la terre. En tant que « franche exposition » (franche présentation), le Manifeste s'oppose à ce qui relève de la légende, il s'oppose au spectre qui est le mode d'existence *des représentants* de la puissance, la façon dont ces représentants figurent en un monde où figurent pareillement les représentants d'une autre puissance – qui est la même puissance dans un

[1] « Macht aus « Wirkung » – gerade nicht aus Möglichkeit ! » (Besinnung, p. 189). Heidegger fait remarquer qu'être libre de la puissance, ce n'est pas être privé de puissance car être privé de puissance, c'est toujours et encore avoir rapport à la puissance que l'on manque. Le « sans » de ce qui est sans-puissance doit « s'entendre à partir du *refus*. *La suite de son essence* ». (« Wie verstanden das -lose ? Aus der *Verweigerung*. *Die Wesensfolge*. », p. 188). Ce refus peut-il être l'acte *premier* d'une politique de l'existence (résistance) ?

autre avatar d'elle-même ; il s'oppose ainsi en récusant la logique de l'efficience spectrale, qui est aussi la logique du fantasme, en lui opposant une logique de l'exposition telle que ce qui est manifesté l'est en tant que décision de la vérité au sens de la vérité qui tranche (qui « ferme la bouche aux ignorants », comme disait Leibniz), qui met fin au défilé des spectres, mais aussi au sens de la vérité qui ouvre et qui révèle. Toujours l'équivoque pèse dans la langue de Marx-Engels, qui veut être langue de la science **et** langue de la pensée. La *logique de la décision* à ce moment (le Manifeste, son préambule), n'est rien qu'autre que la pensée qui tranche avec la logique spectrale des puissances – avec le fait spectral. Or cela est impossible : **le fait spectral est justement que le spectre revienne toujours**, que la chasse au spectre soit sans fin. Quand je crois clouer le bec du fantôme, il l'ouvre encore davantage, son bec fantastique, et multiplie les arguties, les mensonges, les pirouettes. Cependant, la logique de la décision doit être *aussi* la logique de la vérité *dans sa portée de révélation*, de découvrement et d'ouverture (de vérité *phénoménologique*) : quand ce qui est en décision est la vérité, la décision n'est pas une décision arbitraire, de pure violence, elle est appelée par l'Être même.

« Qu'est-ce que s'orienter dans la pensée ? », demandait Kant, dans un court texte admirable. Nous connaissons la réponse. Car la pensée, si elle est une véritable pensée, est déjà *secrètement* orientée : la pensée de Marx connaît la puissance et son caractère irrésistible, en tant que puissance du capital, laquelle crée un « monde » (le monde bourgeois) à sa mesure – et le Manifeste raconte l'histoire de cette « création du monde », qui est celui de la marchandise – cette pensée de Marx, il arrive qu'elle cède à la puissance d'attraction de ce qu'elle raconte, ou *de la puissance qu'elle raconte.* En même temps elle est d'emblée orientée sur **quelque chose qui est irréductible à la logique des puissances, qui est même inintelligible, si l'on se place dans la perspective de la puissance ou du fantasme de la puissance**, qui n'existe donc pas pour elle : il n'y a pas de preuve de cet irréductible, en dehors de la pensée elle-même dans son texte (comme, dans la Critique de Kant, l'expérience est elle-même la preuve des principes de l'entendement qui sont les principes de sa possibilité). **Si cette pensée n'était pas ainsi orientée sur ce qui est irréductible à la logique des puissances, il n'y aurait tout simplement pas de pensée de Marx**. Il n'y aurait pas une pensée du communisme, seulement *une idéologie sociale* parmi d'autres, qui ne sont pas si nombreuses. Cette idéologie recevrait ce nom de communisme par référence à des expériences anciennes, d'autres plus récentes, aux contenus très divers puisés dans la multiplicité des expériences humaines – en particulier des expériences de pensée de la philosophie, exemplairement, pour nous, l'expérience de la pensée platonicienne (qui est, dans *La République*, pour ainsi dire, une expérience du communisme), mais aussi des expériences sociales et artistiques, avec jeux de renvois des unes aux autres – bref dans la richesse humaine. Prise dans la métaphysique des modernes, la pensée de

Marx est certes une pensée (sur le mode critique de la pensée kantienne du « transcendantal ») de la puissance, elle est essentiellement une pensée de la puissance dans la forme économicopolitique de la puissance, dans la forme du capital, elle est nécessairement cette pensée, n'en pourrait être une autre. **Mais elle échappe à la puissance**, à la logique (économique, politique, métaphysique ou idéologique) de cette puissance, *par* **cela même qu'elle est, en tant que pensée**. Pour aller vite, toute pensée est pensée de quelque chose (précisément de cette chose qui veut être pensée, qui est son objet), et donc elle est, chaque fois, **une pensée**, sur le mode de la méditation, celui du poème et celui de l'éthique ou de la morale – le simple courage d'exister – **sans aucun rapport à la puissance** ou à l'ambition qui définit toute puissance : celle d'ignorer toute chose qu'elle n'est pas, ou ne consomme pas dans l'instant. Il n'y a pas de pensée qui soit une pensée de la puissance, et inversement la puissance ne reconnaît aucune place à la pensée. **Il y a la pensée de Marx, dans la mesure même où cette pensée, celle du communisme, est portée par cela qu'aucune puissance ne peut soumettre, l'Être et la vérité de l'Être**.

Parce qu'il n'y a que l'Être dans *sa* vérité qu'aucune puissance (technique, industrielle, intellectuelle, matérielle-sensible) ne puisse se soumettre, toute puissance reconnaît l'Être, mais à sa façon de puissance, en le méconnaissant, en en faisant une puissance encore, un double, une réplique d'elle-même – ce que j'appelle le fétichisme ontologique. L'Être pris pour une puissance, dans l'Occident, c'est l'*ontologie*. Cela doit être *aussi* une *théologie*. Chaque fois qu'une philosophie pense véritablement, quand, à travers une philosophie, l'Être vient au langage, cette philosophie a laissé derrière elle la métaphysique et ses sortilèges, sa prétendue scientificité, ses arrière-mondes, son mensonge moral, son délire théologique. Ce sont des moments merveilleux dans l'histoire de la philosophie, mais aussi dans l'histoire de chacune des grandes philosophies, celles dont Heidegger dit qu'elles sont comme ces montagnes qui jamais ne sont escaladées. Que la puissance méconnaisse l'Être ou l'ignore (comme un père ignore son fils, la nature de ce fils, sa beauté et son génie)[1] est quelque chose de second (donc de secondaire) qui suit de l'Être lui-même, *dans sa façon propre qui est celle de se refuser à la pensée* : l'Être demeure dans la pensée, à titre de *question*, dont le sens est ignoré, alors comprise comme question de l'être de l'étant en général, laissant de côté la question de l'Être lui-même, mais la puissance s'impose comme le réel effectif et sans question. Exactement comme, *dans le parti*, le communisme demeure comme question, même s'il existe comme cette figure politique partidaire, à l'écart de

[1] Ne pas se tromper : le fils n'est pas « la vérité du père » comme dans une interprétation facile de la dialectique hégélienne. *Autant que la fille, le fils est tout autre* que le père ; mais il reçoit du père – s'il peut le recevoir – la merveille que *cet homme ait été* – comme le père reçoit de son fils cette autre merveille : que *cet homme ait à être*. Amour de reconnaissance et d'admiration (quand il y a amour). Retenue et abandon.

toute question ou la réduisant par le biais d'une interprétation dogmatique des vérités communistes. La métaphysique procède en effet en identifiant (fantasmatiquement) l'Être et l'étant, en faisant de l'Être l'essence commune de tout étant et en comprenant le commun comme le général, ce qui rend possible la commensurabilité des étants, les égalise abstraitement. Dans le Capital de Marx, le « fétichisme de la marchandise » signifie qu'une chose n'existe qu'en tant que marchandise, a sa valeur ou son objectivité et son être dans la forme de son immédiate échangeabilité. C'est pourquoi on trouve, dans notre monde bourgeois, du côté des dominants, une *approbation unanime* de ce qu'ils appellent la « vision du monde » marxiste », l'identification de la puissance et du capital – en même temps que la dénégation du marxisme *en tant que pensée* et une franche détestation des communistes. En bref, tout le monde est d'accord pour dire que le ressort de l'histoire est « économique », cela est donné comme une évidence « naturelle » qui ne requiert pas, pour ainsi apparaître en tant qu'évidence, l'effort d'une pensée, n'appelle donc aucune critique philosophique, qui s'impose au contraire « naturellement » comme s'impose naturellement une puissance, comme naturellement les gros poissons mangent les petits. (Spinoza). Or il y a bien une pensée de Marx, qui est une pensée active et pratique de l'Être en tant qu'il fait advenir, dans leur essentielle diversité, les étants, en les rassemblant dans la configuration d'un monde. Cette pensée n'est en aucune manière ce que les bourgeois voudraient que soit la pensée : un miroir où vient se réfléchir le cours des choses dans leur détermination économique et politique.

# Chapitre V La modernité politique

## I. Politique et puissance dans la modernité

La politique moderne – qui commence d'être pensée avec Machiavel[1] – n'a plus rien à voir avec la politique telle que la pensaient les philosophes Grecs, comme *pensée des conditions d'accomplissement de l'être en commun des hommes libres dans l'espace de la cité*. La politique, que Machiavel conçoit avant tout comme un art de conquérir le pouvoir et de se maintenir au pouvoir, n'est plus désormais qu'une expression de surface et limitée de la puissance : l'essentiel est que la politique *ainsi pensée* en tant qu'un *art*, c'est-à-dire *une technique*, ne concerne plus l'humanité dans son essence (sa possibilité), elle ne dit plus rien du monde, son langage est celui des conditions et de l'efficience. Dans le monde historique qui était celui de Marx, qui *semble* être encore le nôtre, bien qu'il ait épuisé ses capacités inventives et de rêve (en tant que ce monde historique), de sorte que nous avons basculé dans un autre monde, sans le savoir expressément, les peuples ont connaissance de la puissance dans l'élément de la politique moderne. La politique, dans son invention grecque, obéit à un *principe de souveraineté naturelle*, en dehors de la considération de la puissance : est libre ce qui, homme ou oiseau, fleuve ou danse, s'accomplit selon sa nature, et la cité est l'espace de l'accomplissement des *hommes*, d'une « vie meilleure » des hommes.[2] La puissance, précisément parce qu'elle est *fantasme*, ne connait que *l'efficience*, sa représentation du politique est alors la *représentation monarchique*. Le principe « subjectif » de souveraineté peut être incarné dans un individu (constitution monarchique) ou transféré à l'ensemble du peuple, constitué comme une *multitude unifiée* par les règles de la constitution républicaine (laquelle est comme un décalque de

[1] Machiavel, Spinoza, puis Rousseau (en passant par Hobbes et les théoriciens du droit naturel, Hegel et, pour une part de lui-même, Marx) : à travers eux, la « politique moderne » ne cesse de commencer d'être pensée, sans jamais pouvoir l'être vraiment. On ne trouve ni Descartes, ni Kant dans cette série des politiques de la tradition des modernes. Kant n'est pas un penseur politique, bien qu'il soit, peut-être pour cela, le plus grand des penseurs modernes de la politique. Remarquons que les deux grands penseurs de l'antiquité grecque sont en même temps les plus grands penseurs de la philosophie et de la politique dans la tradition de l'Occident.

[2] Politique I, 2, 1252b29 : « Formée au début pour satisfaire les besoins vitaux, elle existe pour permettre de vivre mieux ». Le mieux, chez Aristote, veut dire ce qui tend à l'excellence (le meilleur).

la monarchique)[1]. Il y a toutes sortes de puissances (la puissance du buffle, la puissance du théorème ou la puissance poétique, la puissance érotique ou des couleurs, la puissance du diable, sans fin), parce toute chose **se prête au jeu de la puissance, à la mesure de l'indifférence de la puissance à la diversité des choses ou des natures** : la puissance peut *absorber* en elle tout ce qui relève des choses de la nature autant que tout ce qui relève des choses de l'art : la puissance du boxeur est un phénomène de l'art, mais elle est aussi un phénomène de la nature. La puissance se définit au mieux comme « *la capacité d'exercer un effet, assurer des résultats, les calculer et compter sur eux* ».[2] Dans la perspective de la puissance, la politique est une technique qui vise à l'*efficience*, elle est le calcul des conditions de la pleine efficience d'une puissance, elle pense une action en fonction des résultats que l'on peut en attendre. L'idée de la puissance est à ce point enfoncée en nous que l'appréciation d'une action en fonction des *résultats* que l'on peut en attendre, par suite ce qu'on appelle aujourd'hui une « *évaluation* », paraît comme « naturelle », c'est-à-dire « rationnelle ». C'est de cette manière très « nietzschéenne » que les modernes se représentent la pratique !

Si la question originaire de la politique n'est pas celle de la puissance, le ressort de la puissance n'est pas d'ordre politique, il ne concerne en rien les conditions d'*une vie meilleure* : la puissance a sa propre logique qui n'est *aucunement* une logique politique. Ce que, par exemple, on appelle depuis les Grecs *la barbarie*, est un régime manifestement *non politique* du déploiement de la puissance. La puissance se déploie, dans la modernité, **sous les deux figures du déploiement irrésistible de la technique moderne et du déploiement irrésistible du capital** : se déployant en elle-même, la puissance se déploie immédiatement hors d'elle-même, parce qu'elle ne se connaît ou ne s'éprouve elle-même qu'en étendant toujours davantage **son emprise de puissance** sur tout ce qui est, et vient à l'être, qu'elle doit *intégrer* à son calcul de puissance. La figure du déploiement de la technique, prise dans son essence, est celle de l'objectivation, c'est-à-dire maintenant de *la mise à disposition* de tout étant naturel ou humain-historique ; la figure du capital signifie que la puissance dans ce monde se reconnait avant tout dans le miroir de la production des richesses – et non plus dans l'éclair, la foudre ou le tonnerre, ni davantage dans la dévastation des pays et le massacre des populations.[3] Simplement ces phénomènes peuvent être *intégrés*, comme tout

[1] La signification du monarchique est qu'il règle en principe (c'est-à-dire, ici, imaginairement) les deux questions de la *décision* ou de la *souveraineté* (quand et parce qu'elle est le fait d'un unique individu) *et* de l'*efficacité* (pour la même raison).

[2] « Macht – das Vermögen des Wirkens, Sicherstellung und Berechnung und Einrechnung der Erfolge » Besinnung, p. 189. Heidegger précise : « Die Wirkung als Wirkung, ohne unmittelbar zu wirken » / « L'efficience en tant qu'efficience, sans pour autant que l'effet soit nécessairement immédiat » (traduction Alain Boutot, p. 192).

[3] Deux figures de la puissance, même si par un dernier tour de boucle, le capital ne se libère comme puissance *qu'avec l'avènement de la technique moderne dans son essence* (déterminant

autre, dans le calcul de la puissance, en tant que phénomènes de la production ou de l'efficace en général. Toute forme de souveraineté, notamment politique, mais encore artistique ou intellectuelle, doit être dans la dépendance de la puissance : les « maîtres » du monde légitiment leur souveraineté en se soumettant à la puissance dont ils reconnaissent la transcendance – transcendance de la puissance divine dans l'Europe chrétienne, transcendance, aujourd'hui, de la puissance économique.

Nous rappelions à l'instant que le principe *politique* de souveraineté est indépendant de la considération de la puissance. Il est *en ce sens* un *principe de contestation* de la puissance, sur lequel un peuple peut s'appuyer pour lui *résister*. Ce principe politique est lui-même la *traduction politique* de la souveraineté vraie qui est « libre de puissance », ou qui est « sans puissance » (« au-delà de puissance et impuissance »).[1]**Dans notre monde moderne, la souveraineté libre de puissance ne pourrait se dire que de la révolte**.[2] La révolte, dans son mouvement soudain de volte-face imprévisible et indomptable, est toujours *la révolte de l'esprit*, c'est-à-dire révolte de l'Être *dans* les hommes, *quelques-uns* des hommes – dont la conviction, le courage et l'intelligence entraînent *quelques-autres*, **mais jamais les masses**, lesquelles masses ne connaissent, *par définition*, que le tapage, les jouissances bestiales, l'ambiance festive, le calcul sournois et la paresse la plus abjecte, l'opium par le pain et le cirque[3]. La souveraineté d'*institution* (limitée, réglée), monarchique ou républicaine, tient sa légitimité vraie par cela qu'elle retient en elle, d'une manière ou d'une autre, une mémoire de la révolte ou de la

---

a priori le rapport technique à *tout ce qui est*, et donc l'*être* de tout cela) – ce qui s'appelle chez Marx « procès de production du capital » (c'est le sous-titre du livre I : « Das Kapital – Der Produktionsprozess des Kapitals »). Pas ici de précédence, mais deux modalités distinctes du déploiement de la puissance pour la détermination *d'une même époque de l'histoire de l'Être* en tant qu'histoire de son oubli (la métaphysique), puis de l'oubli de son oubli (le nihilisme). La signification du capital en tant que puissance est que toute autre puissance ne s'exerce qu'autorisée, et d'abord admise, par le capital : puissance des armes, du savoir, du sentiment, de la beauté (fabriquée) des filles, etc. Ce ne sont jamais que des investissements du capital ou des *placements* de la puissance (les armes, le savoir, notamment médical, la beauté *fatale* des stars de cinéma). A terme, cependant, *toute puissance est puissance de mort* ; *mais la mort est infigurable*.

[1] « Das Machtlose, jenseits von Macht und Unmacht » Besinnung, p188.

[2] Sur tout cela, lire Bataille, puis, plus près de nous, les beaux livres de Jean-Luc Nancy (son premier livre : La communauté désœuvrée, et ceux qui suivent).

[3] Les masses de la démocratie moderne (de *tous* les pays « démocratiques » !) n'ont, semble-t-il, d'autre préoccupation que celle du confort, de l'agrément et de la vie *sans détermination*, sans *pensée* de la mort (*il ne s'agit plus alors d'une vie meilleure*, rien que de vivre, sans considération du bien vivre – la politique, au sens grec, n'est plus même *concevable*), c'est-à-dire, ne se préoccupent que de leur « sécurité » (presque entièrement imaginaire !). Ainsi préoccupées, *les masses humaines font des multitudes entièrement serviles*, d'autant plus serviles et soumises qu'elles s'imaginent et donc « sont » libres et heureuses : dans tous leurs rêves et toutes leurs actions, les masses sont *entièrement dépendantes* (de la puissance). De là l'invraisemblable investissement d'amour et de haine sur tout ce qui relève des activités, des pratiques et des personnes de police.

volte-face. La souveraineté, nous pouvons l'expérimenter *négativement* par son indépendance à l'endroit du politique (et de l'institution, toute institution), mais cette indépendance *signifie l'extériorité* au jeu de la « puissance-impuissance ». L'expérience de la souveraineté est celle, *sensible*, de la liberté : la fermeté, la tenue en soi-même du libre.[1]

Que la souveraineté politique ne soit qu'une « souveraineté limitée », c'est ce que la théorie marxiste de l'Etat énonce quand elle dit qu'un Etat est toujours un Etat de dictature (de classe), que la politique n'est qu'un instrument de la puissance. La puissance a *néanmoins* besoin du politique et de la politique (c'est-à-dire d'hommes et de femmes qui, *en principe*, ne servent à rien d'autre qu'à veiller au bon fonctionnement de l'institution, qui sont donc des fonctionnaires), parce qu'elle ne peut se présenter nue : elle se révèlerait alors dans son fond d'impuissance. Le fonctionnaire est un rouage de la machine de l'Etat, *mais il est toujours autre chose*, il produit de la richesse, il produit, avant tout, du savoir qui est toujours un savoir pratique, par lequel les individus existent en tant que peuple, dans un monde. La puissance est indifférente au monde, elle ne connait rien de la pratique du monde, de la question de l'*existence* des humanités, mais elle ne pourrait se déployer en tant que puissance si elle n'était soutenue par les fonctionnaires dans lesquels elle ne voit, elle, que des instruments – et qui peuvent en arriver, à force de soumission (ce qu'on appelle alors l'habitude), à se prendre eux-mêmes pour des instruments. La politique n'a pourtant de sens que *pour un monde* ou *pour un peuple dans un monde*. La puissance dénudée est une *puissance terrassée*, elle se présente de deux façons : *sous la figure* hideuse de l'individu qui se terre, *du despote égaré*, qui a perdu ses sujets et ses aises, qui se planque absurdement ; mais aussi sous *la figure des masses égarées*, entièrement sous son emprise, qui sont constituées par le « processus de la décharge » si bien décrit par Elias Canetti, mais dans une perspective anhistorique, comme s'il s'agissait d'une expérience fondamentale, « métaphysique », de l'être, *comme si la masse était un mode de l'existence des hommes, autant que des bêtes, en un monde*.[2] Canetti montre excellemment que l'humanité ne peut être humanité que là où il y a *distance*

[1] Souveraineté de l'esprit dont font l'expérience, dans la pensée du *plaisir* (souveraineté dans la sensation et même dans la défaillance de la jouissance), ou de la noble *indifférence* (l'expérience de la distance comme distance intérieure), les écoles grecques (épicurisme et stoïcisme) dans le moment de la retombée puis de la disparition rapide du monde grec. Leur « sagesse » n'est sans doute qu'une pose (ataraxie ou apathie), une sagesse pour ainsi dire *formelle* – elle ne pouvait être une autre sagesse, au moins *capable* de prendre la pose !

[2] Là où la masse emporte toute chose dans son mouvement, il n'y a plus ni humanité, ni animalité, ni monde. C'est l'univers de la brutalité pure et simple, qui a même perdu le sens de la violence – l'univers de l'inertie ou de l'absence radicale de tout esprit. Où l'on croit que *menacer* l'autre est se garantir de lui, tandis que la *moquerie* la plus ignoble – se moquer de la bosse – passe pour de l'esprit. Dans ce « monde » on a de quoi se moquer pour des siècles, disait Nietzsche. La question de l'être est entièrement étrangère à cet auteur (Elias Canetti) dont les belles descriptions ont une tonalité de « *désenchantement* » (nihilisme *triste ou « passif »*).

entre les hommes, donc différences reconnues, de naissance, de métier ou de fortune à partir desquelles se mettent en place des hiérarchies, donc des *obligations*. Seulement, dans les distances, « l'homme se fige et s'assombrit. Ce sont des fardeaux auxquels il est attelé sans pouvoir bouger de place. Il oublie que c'est lui-même qui s'en est chargé, et il aspire à en être délivré ». Mais il ne peut s'en délivrer seul, c'est tous ensemble que les hommes « peuvent se libérer de leurs charges de distance. Dans la *décharge*, ils rejettent ce qui les sépare et se sentent tous *égaux* ». C'est, explique-t-il, un « *soulagement* immense. C'est pour jouir de cet instant heureux où nul n'est *plus*, nul n'est *meilleur* que l'autre, que les hommes deviennent masse ».[1]Becket, ses mendiants, leurs poubelles.

C'est dans le moment de la décharge – c'est-à-dire de *la perte* ou *de l'abandon* de la distance et du *lieu* de la responsabilité, là où un individu se tient parce qu'il est ainsi *situé*, de telle naissance, avec tel métier, avec ses différences, en tant qu'individu traversé par les différences (de langage, de sexe, d'âge, de tempérament) – que l'homme se fait homme de la masse, déchargé, désormais « *égal* » à tous les autres, *entièrement sous l'emprise de la puissance* et livré aux délires des représentants de cette puissance qui n'est plus contenue, ni par un système de croyances religieuses, ni par un ensemble de croyances politiques – ce qu'on appelait, aux dix-neuvième et au vingtième siècles, des idéologies – avec leurs pratiques, leurs disciplines, leurs règles. Même dans leurs rêves invraisemblables et leurs projets improbables (même quand ces rêves et ces projets se trouvent réalisés comme celui de se promener « dans l'espace », ce tourisme spatial n'étant jamais qu'une variante particulièrement imbécile de la pratique indistincte et nauséeuse du tourisme de masse), même dans ce qu'ils ont réussi à fabriquer ou à « machiner » en conformité avec leurs projets et leurs rêves, les hommes de la puissance sont des *planqués*. Ces planqués, s'ils ne peuvent se garder des autres hommes en les assujettissant, en en faisant leurs créatures, en les *égalisant*, les éliminent purement et simplement. *Tout cela, qui commence, comme à l'essai, dans les entreprises totalitaires du vingtième siècle, est aujourd'hui banalisé*, comme sont banalisées la violence, l'absence de scrupule, la perte du goût avec la perte de la distance et du sentiment de la distance. La grande misère

---

[1] Masse et Puissance, pp. 14 et suivantes. Canetti semble ne rien savoir du *commun* d'Héraclite. « Être meilleur » veut dire « être plus » (« plus fort que toi »). Il ne s'agit pas ici du meilleur au sens aristotélicien de *la vie meilleure ou du préférable*, thème philosophique de la découverte difficile du *propre*, c'est-à-dire du bien pour chacun, de l'approprié, mais du « meilleur que », de la relation méchante de « l'universelle jalousie », comme dit Marx, quand le meilleur est devenu « le supérieur » que l'on envie. Dans le nazisme, le « principe du chef » : « supérieur » n'a de sens qu'à se dire *d'un rang* (classe supérieure, enseignement supérieur, etc.) et non d'un individu : il n'y a littéralement *aucun sens à dire* d'un individu *qu'il est supérieur à l'autre* ! Mais, par bonheur, nous connaissons des hommes qui peuvent être dits *meilleurs* que la plupart ! Et chacun des individus d'humanité connaît ses *meilleurs* moments (ses moments de lumière).

bolchevique, exemplairement, n'est pas seulement dans la fin toujours triste et lamentable des camarades des luttes initiales, elle est dans l'ineptie des politiques réelles et l'extrême brutalité jusqu'à l'atrocité d'à peu près tout le reste qui suit – suivant un programme que résume de *couper les têtes et de le faire savoir.*[1]

En tant que manifeste politique, le Manifeste du parti communiste est au service d'une puissance à laquelle il donne un habit pour qu'elle soit présentable et attractive ; le nom de la puissance est alors le « communisme », mais elle pourrait recevoir d'autres noms, par exemple la « science » et encore la « vérité » telle que se la représentent les hommes employés dans l'organisation de la recherche scientifique, dont le profil d'âme n'est sans doute pas très différent de celui des hommes qu'emploient la grande industrie dans tous les secteurs ou les machines partidaires qui donnent leur emploi aux militants de la « révolution ». Le Manifeste ne peut agir, au service de la puissance à laquelle il adjoint le nom de « communisme », l'abritant de ce nom, lui donnant ainsi une sorte de caution et de parement « historique », qu'en alimentant l'inquiétude, en *désordonnant* l'esprit de l'autre puissance, bourgeoise, de toute autre puissance. En cela, le Manifeste appartient, à titre de production littéraire (littérature de propagande), au combat des puissances et **le communisme pris dans le jeu des puissances n'a plus du tout la signification qui est sa signification d'origine, à savoir d'être une pensée de l'être commun**, lequel être commun des humanités suppose avant tout le respect ou la considération de la distance (le communisme n'est en rien une idéologie égalitariste). Il faut bien comprendre que le combat des puissances n'est pas un combat physique d'abord, mais un combat des esprits et des fantômes, qui mobilise les forces physiques et les forces morales et se les assimile, pour ainsi dire : en *les détruisant.* Le marxisme, mais non pas la pensée de Marx, est *un moment singulier et très court du monde* : le moment de ce *tour de la puissance* qui sait que le politique n'est qu'un habit pour elle, et comprend la politique comme une pratique technique, purement instrumentale, *qui n'a plus à s'occuper de l'existence des hommes et a oublié le monde.*[2] Il est certain que Marx lui-même comprend la politique comme une pratique instrumentale au service des puissances, mais il doit inventer le concept d'une autre politique, qui reste chez lui purement *verbale*,[3] parce que,

[1] Il faut lire les incroyables lettres adressées par Staline aux secrétaires du parti dans les provinces au moment de la grande terreur. Voir le livre de Nicolas Werth : La terreur et le désarroi.

[2] La politique dans le monde de la modernité peut être pensée ainsi. Mais pas du tout la politique dans sa signification originelle : la découverte *de la cité* (polis) chez les Grecs, est une découverte *de la philosophie*. Socrate pensait, justement, être *le seul vrai politique d'Athènes* (« Je pense que je suis le seul à faire de la Politique à Athènes, Gorgias, 521 e). Sur le marxisme, voir notre Introduction à la pensée de Marx, surtout le tome II.

[3] La « dictature du prolétariat », chez Marx, est une invention verbale, poétique, si l'on veut. L'expression est prise *littéralement* par les grands dirigeants prolétariens. Or, cette expression

à ce qu'il imagine être une affaire de *mauvais arrangement* social, il croit pouvoir opposer l'idée d'un bon arrangement au service du « *développement des forces productives* », qui n'est en vérité rien qu'un autre nom pour l'augmentation de la puissance, pour sa dynamique expansive, quand elle est enfin débarrassée des limitations politiques et morales.

Nous pouvons dire cela parce que *nous savons* que les deux figures modernes complémentaires de la puissance n'empruntent plus rien à la politique, laquelle est, dans son institution grecque, inséparable de la philosophie, du travail philosophique de la pensée. Dans un monde qui est encore habité par la politique (à travers ses institutions donnant corps à son activité d'organisation des forces sociales et « culturelles », à travers des individus qui se vouent à l'activité politique), la puissance peut bien se servir de la politique, c'est-à-dire alors de l'Etat, mais elle n'est pas *essentiellement* étatique (et ne l'a jamais été), raison pour laquelle elle se conçoit (ou se rêve) en tant que *puissance mondiale* : même si son territoire réel est restreint, son exercice effectif localisé, sa prétention est d'emblée celle de la domination du monde, d'étendre son emprise à la totalité du monde et des populations du monde, tandis qu'on ne peut concevoir un « Etat mondial », si du moins un Etat, quel qu'en soit la forme, même sous les espèces d'une dictature, doit être politique, au sens grec, disons classique : *un Etat doit avoir un rapport essentiel à son peuple*, lequel peuple, en retour, se reconnaît en principe dans son Etat, suivant l'inspiration grecque citoyenne, encore agissante dans la philosophie hégélienne. La puissance 1) passe par le politique, se sert du politique, mais 2) elle n'est pas essentiellement politique – cette vérité de la modernité se dit rigoureusement dans le langage et avec les concepts du marxisme. Car, suivant le marxisme, 1) l'Etat n'est qu'un instrument au service de la classe dominante ; 2) la révolution communiste, abolissant les classes, a pour effet le dépérissement de l'Etat. On pourrait faire observer que l'Etat dépérit dans « le monde libre », celui de la puissance du capital, tandis que le monde communiste est plutôt celui de déploiement monstrueux de la machine de l'Etat qui se sait désormais au service de la puissance. Mais là n'est pas l'essentiel : les institutions politiques, parce qu'elles soumettent à des règles les rapports de puissance, par la diversité des régimes de gouvernement expressive de la diversité des formations de peuple et de souveraineté, *limitent* la puissance dans son exercice, et permettent ainsi qu'elle se déploie sans aller directement à l'abîme au plus profond duquel l'attire inévitablement son essence de puissance. C'est, à mon avis, l'importance de ce que dit Hanna Arendt, quand elle souligne que l'essence du politique est la considération de la *pluralité humaine*, de la *diversité* des hommes – peuples et individus. Cela veut dire, pour nous : pas de politique sans conscience. Leçon de Kant, de la pensée critique de Kant. Or, dans son

---

de « dictature du prolétariat », *prise littéralement, ne veut rien dire* ! Cette expression dénuée de sens désigne alors la *technique de la terreur*.

déploiement essentiel, la puissance, nous le savons, est absolument indifférent à toute altérité. Elle est inconsciente !

## II. La signification politique transitoire du communisme

La signification du communisme, quand il n'est pas pris pour un avatar de la puissance, n'est que secondairement et négativement une signification politique. Cette signification secondaire et négative est une *signification subversive* au regard des évidences de la politique moderne : les oppositions politiques ou de partis ne peuvent s'éclairer que dans l'horizon de la question communiste. Quel est cet éclairement ? Réponse : dans toutes les oppositions, tous les « antagonismes » de la politique, il s'agit en vérité de ne laisser aucune ouverture à la question du communisme, c'est-à-dire de la suppression de la propriété privée. **Laisser s'ouvrir ou se déplier la question du communisme serait détruire l'espace dans lequel se produisent les oppositions politiques**. Le parti communiste est lui-même, s'il doit être un parti, une réalité sociale et politique du monde moderne – il est en l'occurrence, originairement et de façon principielle, le parti ouvrier – il s'identifie *politiquement* dans son opposition aux autres « partis », dans l'élément de la *représentation,* c'est ainsi qu'il est *reconnu* par eux, qu'il se transforme en une puissance parmi les autres puissances.[1] Il n'est plus à proprement parler le parti communiste, il est devenu un parti « comme les autres », *aucun parti vrai,* puisqu'il joue le jeu de la politique moderne, alors que l'action politique, dans la modernité, n'a plus du tout cette signification politique qu'elle avait à l'origine dans son invention grecque, l'invention de la cité.

Mais pourrait-il être *autrement* un parti ? Un parti dans la politique moderne est un dispositif machinique de la représentation : il est une machine abstraite, et l'acte citoyen suprême dans la disposition parlementaire de la politique est l'acte lui-même abstrait du vote. La procédure de l'élection s'accomplit dans un compte des voix qui se portent sur tel ou tel candidat, la « voix » en question ne *dit* rien, elle est là pour être *comptabilisée* et non pour être *entendue*, elle n'est pas la voix d'un citoyen parce qu'il n'y a plus de cité, elle n'est plus que la voix de l'électeur abstrait, la voix *sondée* de ce qu'on appelle « l'opinion publique » (rationalité ou intelligence artificielle de la démocratie). Si un citoyen parle véritablement, c'est en rapport à une pratique dont il commence par être un apprenti avant d'en être un maître puis de passer

[1] En même temps que le parti communiste perd son originalité, la représentation politique apparait en farce. Naguère les partis représentaient ou étaient supposés représenter des forces sociales ; aujourd'hui, toutes sortes de choses bizarres, sans force authentique, en viennent à être « représentées ». Ce délabrement du politique est manifeste, et les hommes politiques acceptent une existence délabrée qu'ils ne pourraient *assumer* vraiment. Ce n'est qu'un effet du caractère essentiellement dégradé de la politique moderne. La société bourgeoise des classes a fait place à la société prolétarienne des masses.

la main. Le gouvernement de la cité veille à ce que les voix citoyennes soient entendues, à ce que soient respectés les divers savoirs et les différentes façons d'être au monde, correspondantes à ces savoirs. Il veille, autrement dit, à ce que les citoyens soient en mesure d'exercer leur savoir, et *d'en faire un bon usage.* Les savoirs eux-mêmes se développent pratiquement d'abord en relation à une tradition à travers laquelle un pays et son peuple s'identifient ou dans laquelle ils se reconnaissent, dont ils débattent et qu'ils renouvellent ou réactualisent. Quand nous disons qu'il n'y a plus de cité, et donc plus de citoyen, *nous renvoyons simplement à la façon dont les individus et les peuples de l'humanité moderne se représentent eux-mêmes*, dont ils se posent pratiquement la question des conditions d'une vie humaine.

D'une façon générale, le « monde » de la modernité ne connaît que des **abstractions** : l'abstraction *philosophique* de la conscience de soi ou de la personne (Hegel), l'abstraction de la *société* (la première des « *sciences humaines* » est en effet la sociologie), l'abstraction *politique* (parlementaire), l'abstraction *économique* – plus généralement, la représentation abstraite de l'être et de la vérité qui est celle de la *science*. Dans le Capital de Marx, en tant que critique de l'économie politique, l'abstraction se dit du travail (distinction du travail abstrait et du travail concret) et de la valeur (distinction de la valeur d'échange et de la valeur d'usage). **Le monde moderne de l'économie politique est donc un « monde » de l'abstraction et de l'échange abstrait de choses abstraites.**[1] Mais un pareil monde ne peut être aucun monde, ou simplement un monde de la représentation, il ne peut « faire » monde ; en conséquence, dès le milieu du dix-neuvième siècle, il est **un monde qui se défait**, il se défait *en nous*, avec son histoire, ses histoires, sa richesse spectrale et ses richesses spectrales, il est, en bref, un monde d'ores et déjà perdu, et la politique, dans un pareil monde, a perdu son sens, son orientation, comme ont perdu leur sens la poésie ou la philosophie,[2] même si nous n'en savons rien ou *presque* rien. Nous en savons tout de même quelque chose, parce que nous savons ce qu'il en est du désordre fabriqué de l'âme et du corps des humanités dans les individus et les peuples de modernité (corps et âme, mots de la métaphysique pour dire notre façon d'exister, de respirer, d'aimer, de penser), nous savons ce qu'il en est des diverses pathologies sur lesquelles se penchent et que cultivent, avec l'aide de nos chimistes, nos très

---

[1] La première abstraction est *l'abstraction européenne* – l'abstraction de l'homme européen (ou du monde européen) que résument les quatre déterminations rappelées par Marx à la fin du quatrième chapitre du Capital : liberté, égalité, propriété et Bentham (c'est-à-dire l'égoïsme possessif). Voir, dans l'Introduction à la pensée de Marx II (Marxisme, Idéologie et Puissance), le chapitre sur l'idéologie européenne (III, II,1).

[2] Hegel disait : « L'art est du passé ». Mais il se figurait que cet art était passé (donc les religions) en laissant toute la place à la philosophie, comme « système encyclopédique du savoir » ! Il faut dire que l'imagination féconde de cet immense philosophe *correspondait exactement* à ce qui se passait « sous ses yeux », il faut ajouter que cela se passe encore aujourd'hui *sous nos yeux* ! A ceci près que ce n'est certes plus la « philosophie » qui prend la place de l'art ! Correspondance et adéquation ne font pourtant pas la vérité de l'Être.

divers *thérapeutes* (organisant du même coup un univers sinistre de la puissance médicale, avec ses camisoles chimiques), lesquels thérapeutes, depuis un certain temps, ont pris (provisoirement et dans les pays européens pour commencer) la place autrefois réservée aux hommes de religion et à ceux qu'on appelait les hommes sages. **En tant que réalité sociale et politique, le parti communiste appartient à ce monde qui se défait**, cela veut dire en même temps qu'il est en effet admis ou reconnu comme disent Marx et Engels, et qu'il doit l'être, puisqu'il a pris une forme et un habit présentable, tel que celui qui les porte soit admissible dans les salons de la bourgeoisie (Engels). **Mais en tant que parti communiste, ce parti sait que ce monde se défait, il sait qu'il n'est lui-même ce parti que dans la perspective de la défaite inéluctable de ce monde** (le monde bourgeois, celui du capital) : cette défaite se produit comme la décomposition toujours plus rapide et toujours moins aperçue de ses institutions (de l'école, de la justice, de la police, de l'art et de la littérature, de la science, etc.).

C'est pourquoi **sa signification politique est transitoire** : il est encore un « parti comme les autres », mais il porte la question communiste de l'être commun, laquelle, déployée, détruit la scène « politique » dans lequel se produisent les « oppositions de classes » et les « drames » de la politique bourgeoise (autour de questions de succession, d'héritage, finalement de gestion de la propriété privée). **Le parti communiste n'est rien d'autre, en son fond et idéalement, que le porteur de la question, il doit être ce porteur de la question**. Mais qu'il doive l'être signifie immédiatement qu'il ne peut l'être, ou qu'il ne peut l'être *qu'en idée, idéologiquement*. Surtout, parce qu'il porte en lui, comme son énergie propre, le projet de dépassement du politique, il vise directement la *destruction* du champ plus ou moins structuré des oppositions de classe dont il montre qu'elles ne sont jamais que relatives, appuient des revendications sociales particulières, finalement *indifférentes* (les revendications syndicales tournent presque toujours autour de la question du *salaire*, c'est-à-dire désormais du « *pouvoir d'achat* », et ne mettent jamais en question la logique désastreuse du capital, au contraire enfoncent dans la tête des gens cette conviction que leur chance est de se plier à cette logique). **Il laisse grand ouvert l'espace pour l'expansion sans limites de la puissance**, en nourrissant l'illusion qu'il y a ***un traitement*** **métapolitique** *d'une question qui n'est pas une question politique*, au sens moderne, et ne l'a jamais été, qui est *une question non politique d'existence*, a laissé loin derrière elle les questions politiques d'organisation des puissances, qu'elle n'a donc pas eu à « dépasser » : les puissances s'organisent en définissant les conditions de l'appropriation privative des richesses, et en mettant en place les formes nouvelles de cette appropriation privative, les dispositifs techniques qui les mettent en œuvre. Ce que le marxisme doctrinaire appelle le développement des forces productives qui bouleverse les rapports sociaux de la production, n'est en soi rien d'autre que la traduction en langage d'économie (langage de la production qui part de l'équivalence de l'être et du produire) de ce qui définit la puissance comme telle, à savoir sa propre affirmation « qui ne connaît d'autre principe que celui de son augmentation incessante, l'extension de son domaine d'exercice, l'intensification de ses effets ».[1]

Le motif révolutionnaire inhérent au projet communiste dans sa signification politique transitoire, lequel projet porte à sa limite le projet révolutionnaire de la bourgeoisie,[2] peut très bien ne pas apparaître, de même, d'ailleurs, que la bourgeoisie n'a pas le savoir de son propre projet alors même qu'elle l'affirme franchement : il est en effet recouvert par des motifs et des expressions d'intérêts sociaux, voir généralement « humains », (moraux, culturels, psychologiques, artistiques) que *lui-même fait naître en tant que projet de révolution* et qu'il *donne pour des choses humaines*. Ces choses humaines et « trop humaines », comme disait Nietzsche, ont leur fond dans un mélange confus de rage immédiate, de long ressentiment, de volonté indurée de revanche – et d'aspiration juvénile à la puissance (fantasmatique) et à la jouissance (fantasmatique) de la puissance[3], mélange qui donne toute sa densité de fantasme au motif révolutionnaire, bourgeois puis prolétarien : la puissance n'est en effet cette puissance que par l'attraction qu'elle exerce sur les masses humaines, sur les individus atomisés et uniformisés de ces masses, en correspondance directe avec les possibilités techniques données dans un monde de l'objectivation et de la mise à disposition de tout ce qui est, naturel ou humain. **La puissance « en elle-même » n'est rien**, le concept de puissance « en elle-même » n'a aucun sens, la puissance ne peut se comprendre, comme l'enseignait Nietzsche, qu'en tant que *volonté de puissance*, volonté toujours insatisfaite d'un toujours plus de puissance, « volonté » qui écarte d'emblée toute question d'existence, parce qu'une question d'existence fait apparaître aussitôt le vide mortel de la volonté de puissance, qui n'est rien d'autre que la puissance se voulant elle-même comme puissance. Les entreprises de la puissance sont, dans leur détail, des ratages[4] qui peuvent passer pour des réussites, dans leur ensemble ou leur globalité, elles ne produisent jamais que des désastres.

Les questions d'existence *ne peuvent être* des questions politiques ou de politique, elles sont toujours les questions de l'être commun, *de l'être là avec l'autre*, par définition ; elles ne peuvent donc même recevoir – sans perdre

---

[1] Chapitre III, I, 1 Le fantasme et la puissance, p. 95.

[2] Manifeste du parti communiste : « La bourgeoisie a joué dans l'histoire un rôle décisif », p. 54.

[3] La jouissance est jouissance fantasmatique dans la perspective de la puissance (cette jouissance dont Lacan a fait la théorie, à partir des enseignements de la doctrine freudienne des pulsions) – tandis que la jouissance de l'amour est libre de tout fantasme, et n'a aucun rapport ni à la puissance ni à l'impuissance : elle est jouissance *sans* (la puissance).

[4] Les hommes supérieurs de la quatrième partie du Zarathoustra sont de tels « ratés » de la volonté de puissance. Hommes supérieurs, crie Zarathoustra, « éloignez-vous du marché ! « geht weg vom Markt ».

tout leur sens, et devenir des formules creuses, des pseudo-questions – une expression politique, au sens moderne de la politique (« révolutionnaire », bourgeoise ou prolétarienne) qui en fait *des questions de puissance ou d'appropriation privative, des questions de l'ego ou du moi* (« pour moi, pas pour toi », « pour ma famille, pas pour l'étranger », « pour ma ville, et pas pour »…). Au contraire, dès lors qu'elles sont **pratiquement posées – ce qui veut dire dès lors qu'elles sont pensées** – elles délivrent l'expression humaine de sa prise dans la forme politique égoïste[1] de l'expression, telle que celui qui s'exprime le fait toujours, non pas à partir de son être, mais à partir de son appartenance à une « classe » (**qui est toujours la classe dominante**, se fantasmant dominante et possédant les moyens de dominer en effet). Ce sont des questions d'humanités ou de monde. Cela veut dire que **les questions de monde et d'humanité situent celui qui les pose et se les pose avec d'autres hommes dans le monde**, elles sont les questions du Dasein en tant que Miteinandersein[2] (être commun) : comment vivent les gens, suivant leur âge, le pays qu'ils habitent (continental ou insulaire, du nord ou du sud, etc.) ; comment grandissent les enfants, puis ceux qui ne sont plus des enfants, parce qu'ils ont le savoir d'avoir un âge, un sexe, d'être né dans un pays, des mémoires (des « inconscients ») ; comment sont organisés les soins des âges et de ce qu'on appelle la santé ; comment sont libérées les intelligences et les sensibilités ; comment voyagent et se changent les diverses manières de l'existence, suivant les histoires et les provenances ; comment sont pensées les diverses formes d'organisation du travail, *suivant la chose ou les choses travaillées* ; comment sont frayés et affermis les lieux du travail ou de *l'échange* du naturel et de l'humain[3] ; quelles relations entre les villes, leurs

---

[1] Il s'agit ici de l'égoïsme possessif ; il y a bien sûr un autre concept de « l'égoïsme », même chez Nietzsche ; de même, la famille n'est pas en elle-même, métaphysiquement, une structure sociale égoïste, elle ne l'est que prise dans la perspective de la puissance – il y a aussi ce que Levinas, penseur de la judaïté, appelait la « merveille de la famille ». Il n'est en revanche pas possible de penser « nation » en dehors d'une perspective de puissance-impuissance. Pas d'autre mot que celui de *pays* pour dire comment mon pays me tient et me délivre pour un monde – ou par périphrase (le lieu de naissance). La langue allemande dit le pays dans les mots « Land » et « Heimat » (patrie). Hölderlin invente un « nationalisme » poétique qui n'a rien à voir avec le nationalisme politique (qui est *toujours*, tendanciellement, un national-socialisme).

[2] A travers ces questions, qui sont les questions « concrètes » de l'existence, se donne la tonalité fondamentale qui met au diapason le Dasein, tonalité fondamentale sans laquelle tout « n'est qu'un « cliquetis affecté de concepts et de mots creux » : « La tonalité n'est pas quelque chose qui se produit dans l'âme en tant qu'impression vécue, elle est au contraire **le comment de notre Dasein commun** » (« Die Stimmung est nicht ein Seiendes, das in der Seele als Erlebnis vorkommt, **sondern das Wie unseres Miteinander-Daseins** », je souligne, Die Grundbegriffe der Metaphysik, § 17 – Les concepts fondamentaux de la métaphysique).

[3] C'est *l'échange primordial*, celui que Marx caractérise comme « le métabolisme de l'homme avec la nature que règle et contrôle l'homme à travers sa propre action » (« die Arbeit ist…ein Prozess, worin der Mensch seinen Stoffwechsel mit der Natur durch seine eigne Tat vermittelt, regelt und kontrolliert ») (Das Kapital, fünftes Kapitel, p. 192). L'humain, merveille de la Nature « aujourd'hui « éveillée / Et du haut de l'Ether au tréfonds de l'abîme, selon / L'impérissable loi, comme jadis du Chaos sacré jaillie, / L'inspiration se sent vierge refleurir, /

alentours et les campagnes, les fleuves les mers et les pays, les continents, les hommes et les arbres ou les plantes et les animaux ici et là ; comment sont enseignées la philosophie, la peinture, les mathématiques et la musique, etc. ? *Ces questions sont des questions vraies, et pratiques*, dans la mesure où il s'agit, chaque fois, pour ceux qui se les posent et ne pourraient exister et vivre sans se les poser, d'un « Comment être ? » ou d'un « Comment le monde ? ». Question pratique du « Comment exister ? », du « Comment le monde ? » : celle de la possibilité d'une tenue de soi d'une humanité dans l'ouverture d'un monde. [1]

Précisément cette question ne peut jamais être posée dans l'espace sans lieu de la modernité, elle est toujours renvoyée, traitée comme question « philosophique » ou « abstraite », ou même « idéologique », on écarte violemment la question, comme on tue les hommes. La seule *expérience* de l'humanité moderne est d'un côté celle du monde qui se défait, d'un autre côté celle du déploiement sans limites de la puissance. Les questions d'existence ne sont jamais **véritablement portées**, quoiqu'il en soit du courage des individus, de chacun de ces individus, là où ils sont et sont à l'œuvre-ouvrage de l'existence, elles demeurent des *questions verbales* et sont réputées telles – c'est-à-dire **interdites**, dans la mesure où tout cela qu'elles indiquent est entièrement indifférent à la puissance dans son déploiement, c'est même une autre définition de la puissance (qui permet de la reconnaître) que son entière et complète indifférence aux questions vraies, ou, pour dire les choses à la façon de Marx, aux *questions naturelles*. Dans la perspective de la puissance, qui ne pourrait tolérer l'existence même de ceux qui les portent, rien n'est naturel, **naturel doit s'écrire entre guillemets** (« naturel », pour ainsi dire), **tout est artifice, la nature même est artificielle**, par exemple, il n'y a pas de nature féminine, donc pas de nature masculine, il n'y a pas d'enfance, il n'y a pas d'âge, il n'y a pas la mort. Autrement dit encore, avec les mots de Heidegger, la puissance ne connaît rien du jeu de l'Être, celui de la différence et *des différences* – différences de la langue et du langage, du sexe et de l'âge, des pays et des couleurs, celles, finalement, qui viennent aux humanités, par cela qu'elles ont à se connaitre elles-mêmes à partir de leur être-mortel. Mais le communisme est, de toutes les manières, un éveil nouveau à « la Nature, sa puissance et sa divine beauté » (« Die mächtige, die göttlichschöne Natur »).[2] En ce sens, il faudrait parler, plutôt que d'une politique communiste, d'une archipolitique de communisme dont la signification est transitoire.

---

créatrice de toutes choses » (Hölderlin, Comme au jour de repos, troisième strophe, Pléiade, p. 834)

[1] La question est « tirée, de façon chaque fois nouvelle, de la tonalité de fond » Beiträge, 6, p. 21. Pour les Grecs, cette tonalité était étonnement, pour nous, aujourd'hui, elle est un pressentir (Er-ahnen) dans l'effroi (Erschrecken).

[2] Hölderlin Comme au jour de repos ... Deuxième strophe.

## III. L'impossible dépassement de la politique

« *Le communisme, c'est l'électricité plus les soviets* ». Dans Lénine, on trouve cette formule, qui résume parfaitement le communisme emporté par l'*attraction de la puissance* – c'est le langage du communisme d'Etat dans lequel, en lieu et place du Capital « puissance sociale » (Marx), nous trouvons l'organisation de la masse du « peuple » sous dictature du prolétariat dans la forme des « *soviets* » (les « *conseils ouvriers* »), c'est-à-dire la suppression du politique et des formes du politique, dans une forme d'organisation de la société qui la soumet entièrement aux exigences du déploiement de la puissance : les « conseils ouvriers » ne sont jamais ce que les rêveurs socialistes imaginaient, et qui est simplement *impossible* – à savoir que les ouvriers, au lieu même de leur travail d'ouvriers, deviennent les maîtres, que les « hommes du travail » deviennent les chefs – ils sont de fait les *organes du contrôle et de la surveillance, par le parti, du peuple ouvrier.*[1]Car une telle organisation n'a jamais été spontanément pensée par les ouvriers, cette pensée organisatrice est l'œuvre de gens désocialisés et sans mémoire, *qui n'ont dans la tête plus rien d'autre que des idées de puissance.*

Qu'est-ce que cela signifie ? Nous le savons déjà : dans sa pure abstraction de puissance, la puissance n'a plus besoin des croyances de la religion, ni même des idéologies de la modernité, elle n'est plus la puissance d'un Dieu transcendant ou la puissance de l'esprit, voire de la raison (mais le « rationalisme » est une des « idéologies » de la modernité), **elle est puissance effective à travers la mise en place d'un dispositif d'objectivation et de mise à disposition de tout ce qui est**. D'une part, la puissance n'a plus besoin de la politique et des partis traditionnels de cette politique, dont elle montre qu'ils sont là pour la représentation, pour la « comédie du pouvoir », alors que *les choses « qui importent » échappent désormais entièrement à l'initiative des hommes* ; d'autre part elle *décharge* ainsi les humanités de la *responsabilité* essentielle – l'audace de se risquer dans la pensée – et satisfait en eux *le plaisir d'être ainsi déchargés (de leur être)* en **leur procurant la jouissance de se sentir comme des rouages de la machine**, certes insignifiants, mais jouissant justement de cette insignifiance même.

Or ce communisme est impossible : car le communisme en tant que pensée *du commun de l'être* et de *la pratique* de ce commun, ne peut avoir aucun rapport avec le communisme en tant que cette pensée déroutée, que *fascine* la puissance, *à partir d'une situation dans laquelle se trouvent les humanités abandonnées de l'Être*. Quand les individus ou les peuples sont à l'œuvre commune du questionnement d'un monde, qu'ils assument, dans la peine, sans doute, mais surtout avec tout *le bonheur* qui vient les *surprendre* là,

---

[1] Les maoïstes français de l'éphémère UCFML (l'Union des communistes français marxiste-léniniste) appelaient cela les « *noyaux communistes* ».

quelquefois les éblouir, **ils n'ont aucun rapport à des questions de puissance,** de dominance et de prédominance. Ils n'en ont pas même l'idée.[1]

On connaît la suite de cet impossible : l'absurdité d'un communisme de la puissance est une absurdité initiale qu'aucun artifice ne pourra masquer aux yeux des hommes, pourvu seulement qu'ils aient le courage de voir *ce qu'ils voient comme ils le voient.* Il y a donc, chez **tous** les hommes, même brouillé, le refus de cette absurdité. Pour nous, ce refus passe par la question suivante : y a-t-il une façon de sortir de ce qu'on doit appeler maintenant *la double aporie* de la politique marxiste (d'être une politique, d'être la suppression politique du politique) ?

Le « dépassement » communiste des formes de la politique doit *en principe* délivrer les hommes du régime de la propriété privée dont le communisme est la suppression (*Aufhebung*) : à cela se résume la *théorie marxiste du communisme ou* sa *représentation idéologique*. Mais, de même que supprimer le régime de la propriété privée ne signifie pas de revenir en-deçà de ce régime, par une suppression pure et simple de la « propriété » c'est-à-dire *du procès d'appropriation par les hommes de leur nature et de la nature en général*, de même le dépassement de la politique ne peut consister à revenir à une sorte *d'état pré-politique*, où les relations entre les hommes ne passeraient pas par *le respect des limites* qui maintiennent et garantissent *la distance* sans laquelle ne peuvent se constituer *ni une individualité* humaine, *ni un peuple*, ne peut donc signifier le champ libre laissé au *déploiement sans limites* (écrasant) de la puissance. Il n'y a rien *avant* le procès de l'appropriation, comme il n'y a rien, *pour nous*, *avant* le politique (l'état pré-politique, disons ce que les philosophies du dix-huitième siècle appelaient « l'état de nature »), c'est ce que ne cesse de dire Marx, après Rousseau – l'un et l'autre éloignés décidément de l'idéologie des Lumières, en tout cas résistant avec la plus grande vigueur à l'emprise de cette idéologie sur leur propre pensée (et leur langage).

*L'idée même du dépassement est une idée qui appartient à la modernité bourgeoise.* L'idéologie philosophique post-hégélienne se construit autour de l'idée d'un dépassement de la métaphysique et du système philosophique. En politique, elle est l'idée d'un dépassement du politique, c'est-à-dire des formes de la politique comme *activité spéciale* relative à la prise du pouvoir de l'Etat, définie abstraitement comme *technique politique*. Bien loin que de délivrer les hommes de la puissance, le dépassement et la destruction des

[1] Comme les jeunes gens (dans le temps émerveillé de leur adolescence) n'ont à peu près aucune idée des obsessions du « pouvoir », de la « possession » et de la réputation, qui rétrécissent, recouvrent pesamment, et, finalement, étouffent complètement leurs parents. Et pourtant, ces idées leurs sont transmises (hideux héritage !) et *très vite* noient le feu de l'esprit d'adolescence, empêchent du même coup ces presqu'enfants de *grandir*. : ils sont gâteux à dix-huit ans ! Mais il y a les exceptions, leur bonheur ! C'est pourquoi, comme l'éprouvait et le dit maintes fois Platon (avec tant d'autres), les philosophes sont amoureux de la belle et furtive jeunesse, c'est pourquoi aussi ils sont tant aimés d'elle.

formes de la politique est, dans le moment de la modernité européenne, puis mondiale, *cela même qui est exigé par le déploiement illimité de la puissance.* Ce que l'on a désigné comme le « totalitarisme » n'est pas tant la fin du politique et de l'ambition politique que la *défaite finale* de la politique, *au sens moderne*, cette politique qui n'apparaît plus, aux yeux de tous, que comme une comédie sinistre ou une bouffonnerie *sans aucun rapport* avec la vie des individus et des peuples. Le communisme qui voulait être le régime de l'accomplissement des individus et des peuples **se retourne** en un régime de l'écrasement de l'individu et des peuples.

Ce que nous appelons, ici, le retournement, n'est aucunement un mystère : le retournement est au contraire ce que chacun de nous peut savoir, au tournant du vingtième et du vingt-et-unième siècle, il renvoie directement à la prise de la pensée de Marx dans la métaphysique moderne-cartésienne de la subjectivité, dont résulte *directement* le marxisme comme idéologie philosophique contemporaine de la mise en place des puissances « communistes ». Cette prise de la pensée de Marx dans la modernité n'est pas quelle chose que nous aurions à déplorer : elle est au contraire *un fait de l'histoire de l'Être* – ce dont témoigne que, *pour l'essentiel*, Marx s'en est libéré. Elle n'en est pas moins l'impensé de cette pensée, qu'il nous revient de penser : le legs de Marx, ce n'est certes pas une doctrine marxiste, c'est encore moins une science, ce n'est pas non plus une morale ou une éthique nouvelle, parce que *de pareilles « nouveautés » n'existent pas, sauf dans le langage des marchands*[1] – **le legs de Marx est cet impensé.**[2]Le retournement n'est pas un jeu dialectique sur les notions de la politique et de la puissance. Car il ne s'agit pas d'un jeu, mais d'un questionnement décisif au cœur de la modernité européenne. Dans la tradition marxiste, ce questionnement s'est articulé, comme on sait, autour de la notion de « *dictature du prolétariat* » et de la

[1] Langage que parlent volontiers les « philosophes », qu'ils soient par ailleurs « marxistes », « dé-constructeurs », « humanistes » ou autre chose. Sans même y penser !

[2] Dans la psychanalyse, ce qui pèse sur l'enfant, c'est la faute du père (lecture freudienne, puis lacanienne, de Shakespeare). On ne comprendra surtout pas cette « faute » de père en un sens moral (une quelconque légèreté ou une dépravation de ce père qui aurait manqué à son « devoir »), c'est une *dette* qui se transmet de générations en générations. « *Tu emplis de hideur la nuit et agites en nous, dupes de la nature, d'anxieuses questions sur un monde interdit à nos âmes* » dit Hamlet s'adressant au spectre « cadavre bardé de fer », qui fait son retour « sous les rayons douteux de la lune » (Acte I, scène IV). Le legs est celui de la finitude, le « moraliser » (imputer quelque « faute » morale au père) serait *vulgaire* et *outrancier*, pour tout dire bourgeois : Hamlet, qui n'est pas un bourgeois mais un prince, exige des comédiens de la pantomime (que Hamlet, s'adressant à Ophélie, appelle le « micmac » de la pantomime) mesure et décence : « *L'outrance ou la défaillance peut bien provoquer le rire des gens incultes, mais ne saurait qu'affliger les gens de goût ; or l'opinion d'un seul de ceux-ci doit, en votre estime, l'emporter sur celle d'une pleine fournée d'ignorants* » (Acte III, scène II). Nous sommes nous-mêmes, ou ceux que nous fréquentons, *depuis très longtemps*, dans l'outrance et la défaillance – surtout dans l'ignorance, dans laquelle nous nous réjouissons des outrances et défaillances, et nous moquons sans vergogne aucune nos propres travers (nous avons de quoi de nous railler nous-mêmes sans fin, dit Zarathoustra, dans un moment très spinoziste).

notion parallèle du « *dépérissement de l'Etat* » : ces deux notions vont dans la même direction et ne se rejoignent jamais. Car la première, dans la forme insensée de son expression, regarde vers *les formes anciennes de l'organisation* politique (la dictature comme régime d'*exception*), tandis que la seconde désigne, elle, directement et très clairement, *la perte de contenu et de sens* de ce qu'on appelait la politique (comme un art de gouverner les hommes libres).

Mais il faut les penser *conjointement*, elles concentrent alors ce qui nous est apparu comme la double aporie de la politique marxiste – en tant que « politique marxiste », et en tant que « suppression de la politique » : 1) la « politique marxiste » est la politique comme *instrument*, c'est-à-dire qu'il n'y a plus d'autonomie de l'action politique – ce qu'on appelle « politique » (dans le moment bourgeois puis dans le moment prolétarien) est entièrement dépendant du déploiement de la puissance (dans la doctrine marxiste, le « développement des forces productives ») ; 2) la « suppression de la politique » se passe comme dépérissement de l'Etat, *sans passer nécessairement par la dictature du prolétariat* qui ne signifie rien d'autre que *la suppression de la politique mise en œuvre par le parti du prolétariat* (bolchévique) : en effet le « prolétariat » dont il est maintenant question n'a plus aucune signification sociale ou humaine, loin d'être une catégorie politique, **il n'est plus alors qu'un signifiant de la puissance**[1]. Ce qui est impossible en tant que politique s'accomplit pourtant bien réellement comme défaite du politique, **la dictature du prolétariat s'accomplit en tant que le dépérissement de l'Etat, qui la rend inutile**. Ce qui se passait dans les régimes totalitaires révolutionnaires du vingtième siècle (le communisme bolchévique et sa réplique national-socialiste) se passe aussi bien comme *brutalité sociale*, pré-politique du « libéralisme démocratique », comme la monstruosité d'un retour, d'ailleurs impossible, à l'en-deçà du politique, caractérisant nos sociétés : celles de l'extension de la condition prolétarienne à toutes les humanités et tous les individus de ces humanités. Donc de l'abolition du politique dans son sens originaire grec, de l'odieux et terrifiant spectacle de la décharge des masses humaines, et, finalement, de la perte du monde dans l'abîme de la mondialité marchande.

[1] Le mot « prolétariat » retourne du même coup à son sens originaire, quand il désignait « les couches les plus basses de la société » et l'en-deçà du politique.

# Chapitre VI La question du parti et les communistes

« Il est grand temps que les communistes opposent à la légende du spectre un manifeste du parti (p. 49) ».

## I. Le problème ontologique singulier du parti communiste

Un homme du parti, ce qu'il doit faire, c'est liquider le retour légendaire des spectres, « opposer aux *légendes* du spectre un *manifeste* du parti ». Quand les spectres font leur retour « dans l'histoire », de toutes sortes de manières, l'homme du parti n'en veut rien savoir et *fait comme s'il n'en savait rien* : ce qu'on appelle le *positivisme* de la modernité (désigné comme tel dans l'idéologie philosophique de ce temps, chez Auguste Comte). Pourtant c'est l'essence du spectre de faire ainsi retour ou de revenir, suivant la logique spectrale (le spectre est le « revenant ») et l'on pourrait dire, en ce sens, que *le spectre communiste* ou son retour est la condition de possibilité de cette histoire (européenne), *toutes les autres* ont pareillement leur spectre. Le spectre, les spectres : ce ne sont, pour l'homme du parti (qui, en tant que tel, n'est de nulle part, bien qu'il doive, dans le cours de son existence, « réaliser » de temps à autre, qu'il ne peut être cela : *un être venant de nulle part*), que des « esprits », comme on en trouve dans ces régions des Carpathes, quand, « passé le pont, les fantômes viennent à notre rencontre ». Si, d'un côté, le spectre qui revient n'est rien d'autre que fiction (mensonge) de littérature, d'un autre côté, l'homme positif lui-même, n'*est* pas, *il se débat dans le non-être* – débat réel ou imaginaire, fiction littéraire ou mauvais rêve de névrose, comme on voudra – puisqu'être signifie toujours **être quelque part et de quelque part**. Hanna Arendt appelait ce débat dans le non-être : la *désolation*. Voici donc toute la « morale » (ou la règle) de l'homme du parti : on ne se bat pas contre des fantômes, ou alors on doit très vite en venir à reconnaître que l'on se bat ainsi contre soi-même, celui qui se bat contre les fantômes en général se bat contre *ses propres* fantômes, il a peur de sa *propre* puissance c'est-à-dire, finalement, de sa propre impuissance, *à moins que l'inverse* : celui, en tout cas, qui a peur de sa propre puissance a déjà à peu près tout perdu de son assurance, il se trouve, même avec le gain d'un peu de temporaire lucidité, dans l'impuissance : « je n'étais qu'un masque, un diable de papier comme un tigre impérialiste ».[1] Rage et désespoir.

L'homme du parti, qui tient ses comptes, sait bien qu'il n'est rien d'autre, en fin de compte, qu'un représentant de la puissance, il doit s'identifier à cette puissance, comme s'identifie à son établissement le garçon de salle (« nous avons aujourd'hui le pot-au-feu maison »), aussi bien qu'au quai des Orfèvres le commissaire (il appelle le quai la « maison », les inspecteurs sont ses enfants). Mais le restaurant du garçon de salle, et le quai de Maigret sont des lieux d'existence, qu'habitent avec les hommes les fantômes, ils sont pleins d'histoire, de rêve, d'intelligence et de mémoire, tandis que la puissance est de pure fiction, surtout elle ne recueille aucune mémoire, aucune intelligence, aucun rêve, elle est fantasme. Le seul problème, le problème initial de l'homme du parti est de voir comment il parviendra à réduire, jusqu'à l'abattre, toute puissance qui s'opposerait à sa propre puissance, laquelle est celle de son parti : car l'homme *du* parti (fabriqué par le parti) est une « chose de la puissance ». Dans sa tête, le problème qu'il rencontre est un problème « technique » qui doit trouver sa résolution sur le plan de la technique (d'un calcul des possibilités de réduire l'autre). Cependant il apparaît très vite que ce problème technique a des prolongements « psychologiques » importants – par le biais *d'une conscience de faute* : on n'abat pas un autre, dont on ne sait rien, impunément, surtout un autre « puissant » – on passe donc du « technique » au psychologique, puis du psychologique à l'ontologique, **le problème initial n'est plus du tout un problème technique, il est devenu un problème de l'Être.** Sous le technique le psychologique, sous le « psychologique » l'ontologique : dans tout ce qui relève des pathologies que l'on dit « mentales », névroses, psychoses et dépression, ou simplement méchanceté, lâches vulgarités, peurs abjectes et insensées, *détresse de l'absence de but*, pour les individus et les peuples de l'humanité, soumis à la puissance et au régime de la puissance, s*e joue la question de l'être*, *du comment être* ou *comment exister* : car nous vivons dans le quasi-monde de la puissance dont le fond est impuissance. A supposer qu'une puissance en arrive à abatte en effet toute puissance adverse, elle se trouve elle-même réduite à l'impuissance, parce qu'elle ne peut elle-même « être » que dans la destruction de ce qui n'est pas elle (**et dont elle ne sait rien**) : elle n'*est* jamais, elle « n'est » que *dans le mouvement de détruire* ou en tant que *fantasme de puissance* – si jamais elle n'a pas d'ennemi, ce dont elle se plaint amèrement, elle en invente un, plus ou moins convaincant. En langage marxiste, la puissance ne connaît ni la nature ni l'humanité, ce sont, pour elle, des *choses indifférentes* qui lui sont rapportées dans l'ennui : ce qu'il faut appeler **le**

[1] Les Chinois de Mao avaient tout à fait raison de traiter l'impérialisme américain de « tigre de papier » : ce tigre s'épuisait vainement dans la guerre atroce qu'il livrait contre le petit peuple vietnamien, guerre qui ne signifiait pour l'Américain rien d'autre que poudre aux yeux dans le jeu de miroir de la rivalité des puissances.

**délire paranoïaque de la puissance**, ou son égoïsme hypertrophique, l'égoïsme de celui qui pose tout comme néant et veut lui-même être.[1]

Aucun mystère à cela : le moment de la modernité européenne est le moment du nihilisme, de telle sorte que l'expérience des humanités modernes est celle de l'étant abandonné de l'Être, quand les hommes n'ont plus affaire qu'à de l'étant, dans la figure de l'objet ou du disponible, de l'étant-à-disposition : ils sont, dit Heidegger, « obnubilés par l'étant ». La réalité de ce monde *s'impose* comme réalité omniprésente de la technique, qui demeure impensée comme telle (comme réalité *omniprésente*), c'est donc bien le problème de l'être qui est *pressenti* dans le langage de la psychologie, quand la question de l'être (de qui je suis et de ce que je suis, de quel monde et de comment ce monde) est rabattue sur celle de la puissance et de l'impuissance, qu'elle se transforme en la question névrotique : qu'est-ce qui te tourmente et t'inquiète ? Quel tourment te travaille ainsi, dont tu ne peux te délivrer ? Quel spectre qui revient ?

On peut encore présenter les choses comme suit : ce que nous disions du non-rapport des puissances qui n'ont pas d'autre, doit se dire de l'homme du parti. L'homme du parti s'identifie à la puissance dont il est le « représentant », que l'autre puissance inquiète. Or si l'autre puissance inquiète l'homme du parti, ce n'est pas en raison de son être-autre, c'est au contraire en raison de son être-identique ou de sa non-différence, parce qu'elle renvoie la puissance à sa propre impuissance foncière, qu'elle doit toujours affronter, parce qu'une puissance ne peut et ne doit s'affirmer en tant que puissance que pour contrer cette foncière sienne impuissance que lui, le *représentant* de la puissance (le parti ou le prince) finira toujours par rencontrer, et, à peu près dans tous les cas, il rencontre en effet l'impuissance de la puissance qu'il représente, il la rencontre comme sa *propre* impuissance, quand il se trouve justement et manifestement au sommet de sa puissance et de sa gloire.[2]

---

[1] « Si tu penses l'homme et la nature comme n'existant pas, alors pense-toi toi-même comme n'existant pas puisqu'aussi bien tu es aussi nature et homme. Ne pense pas, ne me questionne pas, puisque, dès que tu penses et questionnes, ta façon de faire abstraction de l'homme et de la nature n'a pas de sens. **Ou bien es-tu un tel égoïste, que tu poses tout comme néant et que tu veuilles toi-même être ?** » (« **Oder bist du ein solcher Egoist, dass du alles als Nichts sezt und selbst sein willst ?** » ÖPM, p. 128 et traduction française, p. 155).

[2] Le sujet social-politique, dans l'insolence de son être de société, pris dans les rets de la puissance et des fantasmes qu'elle génère, *oublie* l'être et la vérité, comme, exemplairement, Marcel dans ses errances frivoles oublie sa grand-mère – la tendresse de l'amour ; il oublie au point qu'il n'imagine même pas la souffrance de cet amour, on pourrait dire qu'il a mis cet être, cet être sensible, *en quarantaine* ; c'est *quand il ne pense plus du tout à sa grand-mère* que, par un geste qui suscite en lui la réminiscence sensible, un « *souvenir involontaire* » (et non une remémoration intellectuelle, non pas une mémoire du calcul et d'abord du compte), elle revient à lui, et qu'il réalise douloureusement sa mort (qui, pour lui, *n'était pas arrivée*, *ou ne lui était pas arrivée*). C'est le thème fondamental, dans la Recherche, des « intermittences du cœur ». Sodome et Gomorrhe, II, I, pp. 148-160 (parmi les pages les plus émouvantes, mais aussi les plus lucides, de la Recherche. Pléiade, 1988 (Recherche, tome III).

Mais ce que nous disons n'est-il pas une généralité qui vaut pour tous les partis et, finalement, sans doute, pour toute initiative et toute action humaine ? C'est tout le contraire : cette situation n'est pas celle des partis bourgeois, *qui ont d'emblée renoncé à la puissance, c'est-à-dire à être de vrais partis*, parce qu'ils savent très bien – et ce savoir est en quelque manière leur définition, ils l'ont encore par certains de leurs meilleurs représentants[1] – qu'ils sont au service de la véritable puissance dans sa figure moderne (puissance du capital, jointe à la puissance de la technique, qui se transforme ainsi en puissance technique et capitaliste du *bureau*), qui n'est en tout cas plus du tout la figure politique de la puissance. **Elle est donc la situation du seul parti communiste**, qui, précisément, se définit par le fait de mettre en question et de contester la puissance et l'emprise totalitaire de la puissance dans le monde qui est le sien, c'est-à-dire qu'il conteste la puissance quand elle a pris la figure du capital. D'où, soit dit en passant, la séduction qu'exerce ce parti, avec les contradictions qu'il doit assumer, sur les jeunes gens de ce temps. Quand je dis : « soit dit en passant », je dis, sur le mode de l'excuse, que *cette séduction*, c'est *notre histoire*, je ne dis pas « mon » histoire, mais celle de tous ceux qui *jusqu'à la fin du vingtième siècle*, pourvu que le temps de leur jeunesse ait été celui-là, ont été séduits par le parti ou l'idée du parti (*agir sur* l'histoire, *passer de l'utopie à l'action réelle*, etc.). Ces jeunes gens, par bonheur, ne s'intéressent pas aux choses de l'argent, ils ne sont pas ou pas encore et ne seront *jamais* vraiment les cupides détestables que sont hélas devenus le plus souvent leurs parents, que ces parents appartiennent au peuple des villes et des campagnes ou à la bourgeoisie de nulle part et partout ; ils *rêvent de gloire*, comme tous les jeunes gens, et pas seulement Julien ou Fabrice ou Lucien, mais rêvant de gloire, ils sont pris dans le vertige de la puissance[2], devront donc, pour nombre d'entre eux, finir presque engloutis par le torrent des impulsions cupides – à moins qu'en *momies* (ce n'est pas un moins répugnant destin) : ils *s'enterrent* par et dans la « carrière » d'intellectuel, de bureaucrate, d'artiste, d'homme de Journal ou de curé, le mariage, la débauche, l'hédonisme, le gâtisme, etc.

---

[1] Exemplairement, en France et du côté « gauche », le président Mitterrand. On trouve des hommes également considérables de ce point de vue, du côté droit. La plupart se vautrent, hélas, dans la pure et simple vulgarité.

[2] Les héros de Stendhal *résistent* à ce flux torrentiel des basses impulsions par leur goût natif de la liberté, leur indépendance farouche et victorieuse – pour tout dire *leur cœur aristocrate*. Tous ses romans sont le récit de leur victoire et du bonheur léger, presque transparent, de cette victoire remportée sur la puissance, cette victoire des *valeureux*. C'est la grande différence avec les héros balzaciens, certes séduisants, mais qui cèdent à la pression de la puissance et des fantasmes qu'elle fait naître en eux (Lucien, en particulier, mais tous les autres, surtout les héros masculins). La fiction petite bourgeoise et prolétarienne qui la reproduit, a suivi, dans notre pays, plutôt l'inspiration balzacienne, ses héros sont ceux qui ont un cœur, bien sûr, mais *qui cèdent*, jusqu'à perdre ce cœur (et leur courage). *De ce point de vue*, il faut préférer le romanesque stendhalien au réalisme balzacien.

## II. Le parti autre. La révolution comme révolution de monde

1. *La modalité aporétique de l'existence.* Comment de cette situation inextricable (de l'impossibilité d'une politique communiste, alors que la politique communiste devrait se produire comme le lieu de la délivrance des choses laides et en elles-mêmes impossibles – la propriété privée, l'égoïsme, la destruction de la diversité des choses et du monde, celle même de la politique), *Marx et Engels vont-ils se sortir* ? Car ils ne sont pas des bourgeois qui *cultivent avec esprit* l'aporie, les tours subtils de l'aporie, et le désespoir existentiel. Pas du tout, ou si peu. *Ils sont* (*ils veulent être*) *des communistes* : ils s'en sortent par une simple affirmation, qui est aussi l'expression d'une conviction délirante, c'est-à-dire, en l'occurrence, un énoncé affirmatif du genre paradoxal, qui enferme une déduction du possible à partir de l'impossible, par une surenchère de rage affirmative : il est entendu qu'une politique communiste est une impossibilité[1], *si le parti communiste est un parti du même genre que les autres*, mais justement, le parti communiste n'est pas un parti comme les autres – il ne l'est pas dans la situation présente, la nôtre. *C'est l'essentiel de l'argumentation de Marx et Engels dans toutes les parties du manifeste* **:** la politique communiste redevient possible, à partir de l'épreuve de son impossibilité, c'est-à-dire au moins comme question de sa possibilité.[2]

C'est comme l'enfant, son savoir d'enfance : je suis bien moi-même, mais je n'ai aucun moyen d'affirmer ce que je suis ou qui je suis, je l'affirme donc *sensiblement* par *une façon d'être* négative : « *pas comme vous* ! ». D'où suit cette caractérisation du parti (communiste) : ce parti n'est pas comme les autres, parce qu'il *est* autre. Ce qui est en soi-même et *se sent* différent n'éprouve pas le besoin de montrer (de manifester) sa différence ou qu'il est autre : la politique communiste n'est pas *comme* les *autres*, parce qu'elle *est* autre. Donc le parti est lui-même autre.

Seulement, il est autre en quoi, il est autre comment ? Est-il autre parce que sa cause est celle du peuple, ou parce qu'il représente les intérêts des défavorisés, donc de la majorité du peuple ? Mais **tous les partis prétendent à la même chose** : que leur cause est celle du peuple, même les pires partis bourgeois ou monarchiques – et c'est parce qu'ils prétendent ainsi, que les

---

[1] Une double impossibilité, disions-nous : 1) le communisme n'a rien à voir avec le jeu de la puissance et de l'impuissance, il croit pourtant pouvoir jouer le jeu de la politique, et 2) tout en *méprisant* la puissance et la politique, il prétend supprimer *politiquement* la politique (voir plus haut). L'altérité du parti communiste lève la double impossibilité.

[2] Voir (Le spectre et la puissance II, I, 1) ce que je dis de la politique autonymique en reprenant une formulation de Barthes, pensant la littérature moderne, de ce qu'il appelle « *l'astuce autonymique* ».

peuples les croient – être, ici, veut dire prétendre[1]. Est-il autre par sa façon d'agir, par son organisation ? On ne voit pas ici un principe réel de d'altérité. Il agit et s'organise en vue du maximum d'efficacité dans l'action, il pense l'action à partir du seul principe de son efficacité maximale, sa logique est donc celle d'une puissance, comme tous les autres partis.

Il n'y a donc qu'une seule réponse possible : le parti communiste est essentiellement autre. **Il diffère essentiellement**. Le parti communiste n'est certes pas le parti de la différence (expression dépourvue de sens), il est le *parti différent*.[2] Ou bien : le parti des communistes est différent parce que les communistes « *exposent ouvertement et au monde entier leurs conceptions, leurs objectifs et leurs tendances* ». C'est précisément en exposant ouvertement leurs conceptions, objectifs et tendances qu'ils « opposent à la légende du spectre du communisme un manifeste du parti » (p. 49). Les partis, en général, (les partis bourgeois), justifient leur politique en référence soit à des figures de légende (comme la droite française se réfère à De Gaulle), soit à des idéologies (l'Europe, la Nation, la France, etc.). Brouillard toxique, noires fumées, étendards dans la poussière. Le parti communiste doit, lui, se débrouiller avec sa double aporie : d'avoir comme but politique l'abolition de la politique, d'avoir pour visée le communisme, c'est-à-dire un accomplissement de l'humanité, *en tout cas*, un rapport à soi *ferme* et *constant* de l'humanité, dans ses individus et dans ses peuples, visée qui laisse *derrière elle* toute problématique de puissance, alors que l'abolition de la politique, dans *sa formalité politique*, ouvre le champ à *l'expansion sans limites* de la puissance.

On peut dire autrement : ce parti est ou voudrait être le parti de la vérité, **mais cela ne veut rien dire** : la vérité et la puissance sont incompatibles, ce parti donc ne peut être ce qu'il voudrait être ou bien **il l'est en ne pouvant l'être** : c'est ainsi qu'il est autre !

Aucune des apories qui se nouent dans la notion même d'une politique communiste n'est dénouée, ni ne pourrait jamais l'être, ces apories sont la façon dont se donne ce qu'on doit appeler la politique communiste, elles sont essentielles et c'est pourquoi elles sont le plus souvent inaperçues.[3]

---

[1] Cette prétention, qui peut être une *sincérité*, est un **mensonge**, à soi-même avant tout, mais donc aux autres. *Tendance générale dans les hommes à suivre les imposteurs*, *ceux qui prétendent* (simplement : les prétentieux). On écarte d'emblée ceux qui parlent vrai – ils ne sont pas pris en compte (on les traite de prétentieux !).

[2] On devrait ajouter : différant – parce que différent, en *étant* différent. Ainsi faudrait-il écrire « ess*a*nce » pour essence (chez Heidegger : « Wesung »). Précision qui renvoie à Jacques Derrida et nous invite à un examen de la « différance » du communisme. Ce que nous faisons ici et l'ensemble de notre travail en dit quelque chose.

[3] L'homme du parti résout les questions *par la science*, en attendant que les résolve *plus sérieusement* la révolution : en effet, cet homme *du* parti appartient à la modernité technique et scientifique, il est un homme fabriqué par la « machine de la puissance » (la « Machenschaft »).

Qu'il ne se pose pas plus de question sur ce qu'il est et qui il est, dans le parti ou ailleurs, que ne s'en pose le bourgeois dans sa vie étriquée et nauséeuse de bourgeois, est un *effet de*

2. *Le devenir politique du peuple ouvrier* – C'est le nœud de la question. Un lecteur d'aujourd'hui, qui est « tout neuf », avec même son idée vague de l'histoire de l'Europe et du monde, serait en droit de nous poser la question suivante : ces apories, n'est-ce pas *vous* qui les distinguez, instruits comme vous êtes par l'histoire de la lutte des classes dans les temps de la révolution, à l'intérieur du parti autant que dans son rapport aux forces politiques adverses, en particulier par le désastre complet en quoi a consisté l'aventure bolchevique, redoublée par le désastre non moins complet de l'aventure national-socialiste qui apparaît comme une réplique pathologique de la première ? En effet, nous sommes instruits *par l'histoire*, puisque nous sommes *de cette histoire*, cela veut dire que **nous** *sommes nous-mêmes dans l'aporie*. **Mais, en même temps, nous sommes passés à autre chose**. Il reste que Marx et Engels savaient bien qu'ils étaient eux-mêmes dans l'aporie et, cependant, se délivraient de l'aporie en la pensant. C'est pourquoi ils sont justement Marx et Engels. Ils pensent la double aporie, (sans certainement en apprécier la signification réelle ou historique) par le fait même qu'ils ne cessent de distinguer le parti communiste de tous les autres partis (le chapitre 2 du Manifeste est consacré à cette distinction). Ils donnent ainsi sa pleine signification à la notion de parti comme être à part, séparé, ou « vilain petit canard »). Cette **séparation** est même certainement la condition de la constitution ou de la « formation du prolétariat en classe », et elle doit être *une séparation tranchée*, même si elle n'a pas pour elle la garantie *de l'effectivité* (quand le parti dit ce qu'il *est*, il *n'existe* pas encore dans les faits ou positivement), même si Marx et Engels reconnaissent que l'objectif « *immédiat* » du parti communiste (qui est précisément de *politiser* le peuple ouvrier, d'en faire une *classe* ouvrière) est *le même* que celui de tous les autres partis prolétariens. Mais ils ne concèdent[1] cette réalité politique (l'objectif immédiat ne diffère pas) qu'*après* avoir marqué la distinction essentielle de ce parti et des autres, sur le plan pratique et sur le plan théorique ; d'autre part, il ne s'agit que de l'objectif *immédiat* – et l'essentiel de la question qui est celle du sens historique de l'action politique est l'objectif « médiat » ou

---

*machine* ; sa vie, très généralement, n'est pas moins étriquée et nauséeuse que la vie du bourgeois, propriétaire foncier ou capitaliste entrepreneur : il est le « salaud » sartrien, version prolétarienne, ou « de gauche ». Du même coup, ces questions inaperçues travaillent au plus profond de l'être de cet homme du parti (psychoses, maladies graves ou graves désordres de la vie sociale et affective, etc.).

[1] C'est, à mon avis, une concession de sens ou de bon sens *étroitement politique*, ou politique bourgeois parlementaire (le compte des voix, puis le calcul des alliances), à savoir qu'il ne convient pas de se lancer isolément dans la bataille politique, qu'il est bon que l'ensemble des forces politiques « représentant » la population ouvrière soit fraternellement unies, peut-être dans la perspective d'un *programme commun*. Mais cette politique à la bourgeoise va à l'encontre de la pensée communiste prolétarienne qui est une pensée de la rupture révolutionnaire et vise à une « réorganisation globale de la société » (voir la préface de Engels, de 1890, pp. 105-109). Et comme elle est, *fondamentalement*, une politique à contre-sens, elle ne marche *effectivement* jamais !

*l'objectif de fond*, la raison pour laquelle il doit y avoir un parti communiste, en bref : *ce que peut signifier en vérité la politisation du peuple ouvrier*. Il ne s'agit pas simplement qu'une partie de la population ait ses représentants à l'assemblée comme les autres parties qui ont leur « parti » (bien que cela ait évidemment une grande importance *immédiate*). **Car la politisation du peuple ouvrier doit signifier une rupture radicale** avec la politique bourgeoise, c'est-à-dire de représentation, et non pas l'intégration à cette politique de la partie ouvrière du peuple.

3. *Les points de la distinction*. Ils sont marqués au début du chapitre 2. Quatre points : 1) « Les communistes *ne* sont *pas* un parti *particulier* parmi les autres partis ouvriers » (« leurs intérêts ne sont pas distincts des intérêts du prolétariat tout entier ») ; 2) les communistes *ne* posent *pas de principes particuliers*, d'après lesquels ils voudraient modeler le mouvement prolétarien » ; 3) dans les diverses luttes nationales des prolétaires, « ils font valoir les *intérêts communs* à l'ensemble du prolétariat et *indépendants de la nationalité* » ; d'autre part, « dans les divers stades de développement que traverse la lutte entre prolétariat et bourgeoisie, ils représentent constamment l'intérêt du mouvement *général* » ; 4) a) « pratiquement, ils sont la fraction *la plus décidée, la plus mobilisatrice*, des partis ouvriers de tous les pays ; b) « théoriquement, ils ont sur le reste de la masse du prolétariat l'avantage d'une vision claire des conditions de la marche et des résultats *généraux* du *mouvement* prolétarien » (pp. 69-70). Ces quatre points soulèvent une foule de questions ; l'ensemble travaille sur la *distinction prise comme allant de soi*, du particulier et du général ou de l'universel, lequel se dit finalement du mouvement caractérisé comme « prolétarien » ; bien entendu, *toute* action réelle, effective est « *particulière* », justement, et le « mouvement prolétarien » est un pur fantasme. Ou bien, les politiques bourgeoises sont des politiques parce qu'elles agissent à partir de la défense d'intérêts bourgeois (particuliers) sans se demander si ces intérêts sont particuliers ou universels, de *façon tout à fait fondée*, **parce qu'il n'y a pas d'intérêt universel**, l'idée d'intérêt universel est fausse, elle est sue comme fausse, elle est donc un mensonge, elle est donc une imposture qui est l'imposture de la politique en général (celle de tout à l'heure, de la prétention à porter la cause du peuple).

Je m'en tiens, dans le cadre de cette lecture, à deux remarques portant sur le premier et le quatrième points : le deuxième point n'est qu'un complément du premier, il récuse les formes utopiques et idéologiques de la politique ouvrière ; le troisième précise que les communistes visent toujours l'intérêt du « mouvement général » ou les intérêts « communs à l'ensemble du prolétariat », ce sont là des banalités, par lesquelles toute politique qu'elle soit bourgeoise ou prolétarienne se justifie : toute politique est particulière et prétend au général ou, avec les bourgeois et leur rationalisme des « Lumières », à l'universel (l'internationalisme communiste relève lui-même de cet universel[1]). Dans ces quatre points, Marx et Engels tracent *l'épure du parti*, ils dégagent l'essence du parti en tant que *pure expression du prolétariat*, en tant que ce prolétariat réduit à son essence théorique et pratique pure : être l'intelligence clarifiée, pratique et théorique du « mouvement ouvrier-prolétaire », puis « prolétaire-mondial » (peu importe que de telles choses aient ou non une référence empirique).

Première remarque : suivant la façon dont sont présentées les choses, au premier point, *les communistes sont le parti* ou *le parti, ce sont les communistes* : cela me semble très important parce que c'est *l'affirmation d'une extériorité radicale du communiste et du prolétariat* qui recouvre ici l'ensemble du peuple ouvrier : le parti, ce n'est pas une institution, un appareil, une organisation – ou ce n'est que secondairement tout cela – **le parti, ce sont les communistes.**[2] Sans cette extériorité radicale, il n'y a pas de politique prolétarienne, ou de « classe » prolétarienne, il n'y a plus qu'une classe ouvrière à côté des autres classes de la société ; et donc, sans cette extériorité, il n'y a pas de « révolution » ; cette extériorité radicale ne peut être seulement *un fait organisationnel*, elle ne peut seulement avoir un fondement *social* (au sens où les ouvriers sont une classe sociale), elle a une signification *existentielle*, ou, si l'on veut philosophique, c'est-à-dire qu'elle concerne *l'ensemble des questions de l'existence*, dans la perspective de la révolution communiste. L'extériorité radicale (existentielle) signifie donc que **la révolution communiste n'a pas la signification d'être seulement une révolution sociale, elle est une révolution de monde**.

Deuxième remarque : le quatrième point concerne le rapport du parti « au reste de la masse du prolétariat » ; ce rapport est *pratiquement* un rapport de **rupture** (le parti est une *fraction* de la masse totale du prolétariat), cette *rupture* est *théoriquement* fondée sur une vision claire « des conditions ... du mouvement prolétarien ». Bien entendu, nous ne pouvons plus comprendre ou espérer comprendre ce que nous disent Marx et Engels, quand ils parlent du « mouvement prolétarien », l'expression avait un sens pour eux et, généralement, pour tous les socialistes de leur temps, elle a donc un sens idéologique et cela suffit. La seule chose que l'on puisse dire est celle-ci : le parti est *essentiellement extérieur* au « mouvement » comme il l'est à la « masse », il ne peut avoir qu'une relation d'hétérogénéité à ce mouvement (qu'il soit « culturel », social, artistique) : cela signifie concrètement qu'il ne

---

[1] De plus cet « universalisme » est encore très étroit, puisqu'il écarte d'emblée tous les peuples qui ne se sont pas constitués en nations. L'étroitesse en question est une étroitesse typiquement bourgeoise !

[2] Cela est bien vu par Malraux dans ses grands romans du communisme. Les communistes mettent en jeu *leur entière existence*. Mais, dans l'organisation fantasmatique du « militant », de ce que j'appelle l'homme du parti (fabriqué par le parti, approprié aux taches du parti et à ses fantasmes), il est constant que l'aspect de l'organisation et de l'institution prime : on rêve d'appartenir au parti, d'en être le militant, le cadre, le trésorier, le secrétaire, le secrétaire général !

peut « comprendre » ce mouvement, ni davantage « agir » sur lui, qu'il manque toujours *le temps* du mouvement, et, loin de l'entonner, ne parvient pas à en suivre le rythme, à *entrer dans la danse,* il intervient toujours ou *trop tôt* ou *trop tard*, etc.[1]Le parti est *déphasé*. Finalement, ce qui se montre ici est que dans la façon dont la politique communiste elle-même se conçoit, elle anticipe son échec (elle ne parviendra jamais à « se fondre avec le mouvement réel ») et conçoit cet échec même comme quelque chose d'inévitable, **parce que l'extériorité doit être maintenue,** sans quoi l'idée même d'une politique communiste, c'est-à-dire ouvrière, s'effondre. L'*écart* du parti par rapport à tout ce qui résulte de ses actions « théoriques » et « pratiques » est ce qui le constitue comme le parti communiste autre que tous les autres et ainsi seulement proprement lui-même. On peut dire autrement que le parti communiste, en tant que tel, n'est jamais un parti politique au sens commun d'un parti qui défend des intérêts, ce qu'il propose n'est donc justifié (brouillé) par aucune idéologie, il est un **parti pur**.

## III. Le parti pur

Bien sûr, il n'y a aucune « essence » de la pureté, comme de l'authenticité ou du propre. On peut dire que ce que l'on vise à travers ces notions du « pur », de « l'authentique », du « propre », ce n'est rien d'autre que *l'existence en tant qu'elle est l'essence* et non pas l'essence (comme idée ou modèle) opposée à l'existence (en tant que « fait »), ou inversement l'existence opposée à « l'essence ».[2] Dans le langage du jeune Marx, le communisme se définit précisément par « la vraie résolution du litige de l'essence et de l'existence »[3]. Si le parti des communistes est et doit être parti pur, il ne l'est pas en « tombant du ciel », il l'est par *un travail difficile d'épuration* (je dis bien un travail, et

[1] Remarquer, ici, que c'est ce qui se passe dans la vie des hommes : ça vient toujours ou trop tôt ou trop tard. Quand ça vient juste à temps, *c'est l'instant* de l'événement, mais dès que l'instant a *marqué*, il est passé de telle façon que, toujours de nouveau, il est, pour nous, soit trop tard (on l'a raté), soit trop tôt (il y a bien événement, on pressent quelque chose, mais ce n'est pas encore ce qui se passe là). Il reste que l'événement a marqué, ou la *marque de l'événement* (qui devient *l'événement de la marque*). Il y a bien un événement, c'est-à-dire un moment du propre, du proprement, c'est bien cela, ce n'est pas autre chose, qui se produit comme une certaine clarté sur toute une situation, qui fait lieu, donne lieu. L'événement donne lieu à sa répétition (voir notre premier chapitre), il est lui-même événement de la répétition.

[2] Pour porter au langage cette pensée existentiale de l'essence, du point de vue de l'histoire de l'Être, Heidegger doit forger le néologisme « Wesung ». Les transpositions françaises, pour ce terme, plus ou moins fantaisistes, ont surtout ce défaut qu'elles font comme si la pensée de Heidegger *ne* rencontrait *pas* là une difficulté de son langage, comme si donc Heidegger n'était pas un penseur à l'ouvrage, mais une sorte de druide ! Deleuze a pu s'en gausser (il parlait du « druide de Messkirch » : le Heidegger drapé des « Heideggeriens »).

[3] « die wahre Auflösung des Streits zwischen Existenz und Wesen », ÖPM, p. 116. Dans Heidegger, le § 9 : « L'essence du Dasein tient dans son existence » (« Das « Wesen » des Daseins liegt in seiner Existenz », Sein und Zeit, p. 42 – le mot de l'essence (das Wesen) doit être détaché par les guillemets).

non pas un « processus », notion de machine qui ne convient pas ici) : nouvelle modalité du pli de la contradiction ou de l'aporie, suivant cette notion existentielle (ou existentiale) de la pureté. C'est, en quelque manière, la « contradiction » à sa source, l'intrication du pur et de l'impur (cela ne signifie *pas* un impossible mélange, qui donnerait quelque chose comme le « trouble »). *Car l'existence est déjà là, le seul impératif* (celui de la purification) *est de rejoindre, en l'assumant, ce déjà-là de l'existence.* Et assumer, cela signifie toujours transformer ce que l'on assume. Aucun trouble ici, social ou mental ou autre. Le parti n'est pas pur ou impur, il est pur *et* impur, il doit assumer cela. Il est pur *et* impur, logiquement et réellement, puisque la pureté du parti est gagnée par un travail d'épuration, sur l'autre et sur soi ou sur soi comme un autre, qui n'est jamais achevé, ou plus exactement, qui doit toujours être recommencé. A un moment, le travail du musicien, un travail d'*interprétation*, parvient à l'expression la plus pure de sa musicalité, mais alors il doit tout reprendre, tout recommencer, cela nous est rendu particulièrement sensible par les diverses interprétations d'un même morceau (par exemple une sonate de Beethoven jouée par Rudolph Serkin, est aussi différente de la même sonate jouée par Maurizio Pollini, qu'une sonate de Beethoven est différente d'une sonate de Schubert).

Le parti ne peut jamais laisser derrière lui le travail de l'épuration, mais il se *représente* ou a conscience de lui-même dans *l'idéalité du parti pur*, du « vrai » parti communiste. **C'est ici que se produit le retournement que nous disions**. Car en tant que parti idéalement pur, ou « vrai » parti, le parti communiste ne fait jamais que servir la puissance. Comment cela ? Plus rien d'autre désormais ne le concerne que le développement de cette puissance, en quoi il dépasse les mobiles intéressés (particuliers ou de classe, dans le langage marxiste) qui entravent le développement de la puissance : tous les autres partis ne servent la puissance qu'en servant des intérêts particuliers, ils sont pour ainsi dire *naturellement*, des partis impurs,[1] dont la vision « gauchie » ne peut être une « vision claire des conditions de la marche et des résultats généraux du *mouvement prolétarien* » (p. 70, je souligne). Le mouvement peut être dit « prolétarien », parce que, de toute façon, comme nous l'avons déjà vu, il ne correspond à rien qui soit repérable sur le plan des réalités sociales, culturelles, industrielles, où l'on trouve de *multiples mouvements* qui ont chacun leur rythme, leur énergie, quoiqu'ils soient toujours intelligibles à partir du ressort de la société du capital, à savoir à partir de la concurrence (des « egos », des intérêts, des forces engagées), mais jamais un mouvement d'ensemble, nommé prolétarien, qui n'existe que dans la tête de Marx et d'Engels puis de tous les marxistes et de tous les idéologues en général : *car le mouvement d'ensemble se dit de la puissance*, de la « force qui va » hugolienne, c'est **dans son essence que la puissance est en mouvement**

[1] Définition de la « politique » bourgeoise (même du côté ouvrier) : la politique est l'impureté de la politique (des motifs, des moyens, des relations, etc.).

**perpétuel, en « révolution ininterrompue ».**[1] Le parti des communistes, qui est essentiellement autre, et se définit de différer, qui est en cela un parti pur, ne peut être ce parti pur que comme pure expression de la puissance, il se voit donc lui-même *essentiellement* inquiété ou hanté par le spectre de la pure puissance, désencombrée du poids des intérêts particuliers, qui est alors véritablement le spectre communiste : **le spectre communiste hante les puissances européennes parce qu'il hante les communistes eux-mêmes.** Les autres partis s'inquiètent éventuellement du communisme, (mais pas sérieusement, *ils n'y croient pas*), à partir de tel mouvement de révolte ou d'émeutes ou de turbulences « anarchistes », parce que tout cela fait désordre ; au dix-neuvième siècle, les puissances réactionnaires du continent et de l'Angleterre s'inquiètent d'une résurgence du bonapartisme qui a quelque rapport avec l'idéologie ou la « réalité » communiste (les communistes eux-mêmes), rapport tout de même lointain. Rien de grave néanmoins : on écarte les communistes, leurs désordres, comme les sergents écartent les gueux quand le roi ou quelqu'un de la cour visite la ville. Affaire de police, il ne peut s'agir là que de *troubles sociaux* (pathologiques) et non pas d'*événements politiques*, comme quand, beaucoup plus tard, un ministre de l'Intérieur français, dans un moment d'inspiration très « gaullien », proposait au despote tunisien, particulièrement infâme, le soutien de sa police techniquement affutée, en capacité de dissiper les turbulences – mais le despote était débordé, il ne pouvait rien (faire) face à la *protestation résolue* de son peuple. Les partis politiques traditionnels ont un rapport limité à la puissance limitée, impure. Dans ce cadre restreint, ils ont toute leur efficacité et leur justification. Mais ils n'ont à la puissance dans sa forme de manifestation moderne (la puissance technique, celle du nombre, du numérique et des masses humaines, les masses du temps du numérique) qu'une relation très vague, lointaine, assez littéraire, ils n'y croient que comme à un monstre de légende. *Les bourgeois ne savent rien de l'Être, ils ne savent donc rien de la puissance et de l'emprise sur eux de la puissance* ; tout ce qui relève de la puissance passe aussitôt au registre, non pas du fantasme, mais du légendaire. Les bourgeois ont *entendu dire* quelque chose du monstre, par leurs journalistes ou leurs écrivains, surtout par leurs hommes de science et leurs penseurs. Le monstre est celui du communisme autant que celui de la technique, le peuple lui-même se produit en tant que monstre technique et politique. C'est pourquoi les bourgeois sont toujours en retard et jamais ils ne rattraperont un pareil retard : ils n'ont plus qu'à disparaître, à se faire avaler par le monstre de légende ! Mais *ils ont déjà disparu*, ils ne sont plus que des ruines de bourgeois. Il reste que ces ruines de bourgeois occupent, il faut bien le dire, toute la place (publique) !

Au contraire le parti pur sait ce qu'il en est de la puissance et de l'illimitation de la puissance : il sait qu'au lieu de la « pureté », attend la puissance, il sait que la puissance lui donne rendez-vous, pour cet instant qui

[1] Hanna Arendt a souligné avec force ce point dans son livre sur le Totalitarisme.

sera celui, pour le parti, de déposer sa propre puissance et les « idéaux » qui l'accompagnent ; il le sait comme, d'une autre manière, commence de le savoir le capital, lequel satisfait son appétit féroce par sa consommation effrénée des choses naturelles et des masses humaines, de leur ventre et par leur ventre, par leur fameux « matérialisme ». Les masses humaines, ce sont les hommes déchargés, délivrés de leur propre possibilité d'être (esprit), laquelle, dans ces conditions, leur est en effet une impossible charge ; ce sont les peuples égarés. **Peuples oubliés, perdus de vue. Tout peuple est en lui-même spirituel, un peuple est ce peuple avec ses dieux, même si ces dieux se sont enfuis.**[1] Voici donc le drame de la politique communiste, le drame des communistes, sur fond de peuple égaré, perdu : le spectre de la pure puissance que loge le projet communiste ne cesse de hanter ce parti, *il est la hantise de la pureté idéale du parti communiste,* s'il existe, dont la politique a pour contenu la disparition de la politique et donc du *souci politique de l'être (en) commun* – il est le spectre de l'absolue impuissance qui est au fond de la puissance et se découvre quand la puissance est nue. *La puissance politique n'est elle-même dans son effectivité qu'en tant que puissance impure*. La puissance, telle qu'elle est effective dans le monde des hommes, est puissance impure. C'est cela que Sartre, obscurément, dramatisait dans son théâtre, et non pas d'étroites questions de vanité petite bourgeoise, particulièrement dans Les mains sales : il n'y a que les intérêts particuliers, et même les intérêts *les plus bas* (enfermés dans leur particularité), qui puissent *mettre en branle* la puissance politique, exciter son intelligence et sa volonté – elle n'a, dans son essence de machine, aucune aptitude à s'émouvoir elle-même.

Une autre manière de dire est celle-ci : un spectre ne hante-il pas la « franche exposition » qui est le propos exprès du Manifeste : en finir avec les présentations spectrales du communisme, proposer une démonstration en bonne et due forme du parti, qui s'adresse à tous les hommes de bonne volonté et, parmi ces hommes, d'abord, aux ouvriers. Le Manifeste propose en effet une *démonstration* de la puissance prolétarienne qui est supposée être celle du parti, quoiqu'il propose *en même temps* un *récit dramatique* de pure fiction qui s'apparente aux histoires de fantômes qu'appréciait le public bourgeois et populaire de ce temps-là (et d'ailleurs celui de notre temps aussi bien).

Quand on est pris dans la logique des puissances, celle de tous les manifestes, éminemment celle du Manifeste du parti communiste, on n'en a jamais fini avec les spectres. La façon marxienne de savoir qu'on n'en a jamais fini avec les spectres, c'est d'être emporté dans un travail immense, dont il

[1] La société des masses ne connait pas les peuples, rien que leur folklore (de même qu'elle ne connaît pas les individus). Un peuple ne peut exister qu'à travers quelques-uns, il n'existe jamais dans la forme des masses : les masses populaires, ce n'est pas le peuple, mais l'*égarement* du peuple (sous l'effet de drogues, de stupéfiants divers – le « marxisme » lui-même peut servir de stupéfiant).

sait qu'il ne sera jamais achevé, qui est, comme dit Marx, dans sa préface de 1867 au Capital, **le travail de la vérité**. « Tout jugement inspiré par la critique scientifique sera pour moi le bienvenu », écrit-il. C'est le travail de la vérité – et non pas une politique, même « communiste » – qui vient à bout de la propriété privée ou du capital comme forme accomplie de la propriété ; c'est aussi le travail de la vérité qui délivre la pensée de sa prise dans la métaphysique et sa conception aberrante de l'Être comme généralité indifférente. Cela (se délivrer de la propriété privée, autant que de la métaphysique) non pas pour un lendemain des journées révolutionnaires qui chanterait le radieux avenir sous un régime socialiste, mais **tout de suite**, dès la mise en œuvre de ce travail et partout où les hommes font société – chacun seul face à lui-même et/ou avec autrui, en société toujours.

Marx retrouve les belles images shakespeariennes[1] pour dire ce difficile travail de la vérité (difficile travail de la vérité parce que travail du deuil, ses *intermittences*, sa *durée*), l'image notamment de la vieille taupe, qu'il convient de saluer : « Bien creusé, vieille taupe ! ». Sa façon de savoir, ce qu'on pourrait appeler la *conscience* de Marx ou sa *preuve*, c'est son texte, l'écriture de ce texte, dès les premiers travaux des années 40 jusqu'au grand œuvre, le Capital, dont le premier livre est publié en 1867. Que dit Marx à ses lecteurs, le 25 juillet de cette année-là ? « Face aux préjugés de l'opinion publique, à laquelle je n'ai jamais fait aucune concession, j'ai fait mienne la devise du grand Florentin : *Segui il tuo corso, et lascia dir le genti* ! » (p.8 – Préface à la première édition allemande. La citation est tirée de la Divine Comédie, Le Purgatoire, cinquième chant : *Va ton chemin et laisse dire les gens !*).

C'est magnifique, parce que c'est vrai : jamais Marx n'a fait aucune concession aux préjugés de l'opinion publique comme on l'appelle. Il est allé son chemin et a laissé dire les gens.

[1] Dans Shakespeare, *la vieille taupe est le spectre lui-même* : « *Le spectre, de sous terre* – Jurez ! *Hamlet* – Bien dit, vieille taupe. Chemines-tu sous terre si vite ? Valeureux pionnier. Encore une fois, écartons-nous, Messieurs. *Horatio* – Jour et nuit ! Quelle merveille étrange ! *Hamlet* – Or, à tout étranger, bon accueil ! Il y a plus de choses au ciel et sur la terre, Horatio, que n'en rêve ta philosophie. » (La tragique histoire d'Hamlet, prince de Danemark, Acte I, scène V). On opposera à la figure d'Hamlet, celle de César, lequel, dans son impériale arrogance, ne sait pas entendre la parole des devins : « *Le devin* – Prends garde aux Ides de Mars. *César – C'est un rêveur. Laissons-le. Passons* (Ils sortent tous, sauf Brutus et Cassius) ». (Jules César, Acte I, scène II)

# Chapitre VII La question du Manifeste

« L'histoire de toute société jusqu'à nos jours est l'histoire de la lutte des classes » (p. 51)

## I. La thèse de l'histoire en tant qu'histoire de la lutte des classes

Nous nous intéressons d'abord au début du Manifeste, de sa première partie. Ce début peut être considéré comme un exorde, suivant une exigence rhétorique, puisque le Manifeste obéit, en tant que manifeste, à une rhétorique qui est une rhétorique de l'intimidation et de l'encouragement, avec cette précision que le déterminant est ici, bien évidemment, l'intimidation : c'est en *intimidant* l'adversaire que *l'on rassemble autour de soi* ses partisans, ce qui revient à dire *qu'on les encourage*, même si, par ailleurs, l'encouragement passe par toutes sortes de répétitions, d'ascèses ou d'entrainements physiques, intellectuels et moraux, qui font ensemble ce que l'on pourrait appeler la *préparation du courage*.[1]

Outre sa fonction proprement rhétorique, la *première phrase*, notre exergue, commande les trois importants alinéas qui la suivent (pp. 51-52). Elle doit être considérée comme une *proposition* (un énoncé logique ou l'énoncé d'une logique), que l'on prendra simplement et *provisoirement* pour une proposition première, la thèse initiale d'un discours de démonstration, qui pourrait encore être dite, en empruntant au langage des mathématiques, l'axiome du marxisme. C'est en tout cas ainsi qu'elle est reçue dans le marxisme (l'idéologie marxiste), mais non pas dans la pensée de Marx, parce qu'une pensée n'est pas *du tout*, n'est donc *jamais* une construction bâtie sur des propositions premières (définitions, axiomes et postulats, comme dans l'Ethique de Spinoza)[2] : la pensée de Marx n'est pas une théorie, mais une pensée philosophique, c'est-à-dire toujours une *phénoménologie*, qui *laisse derrière elle* toutes les théories imaginables bâties sur telle ou telle « proposition première », pour laisser la parole aux choses mêmes, aux phénomènes que recouvrent les discours théoriques.

---

[1] A propos de ces répétitions, en tant qu'ascèses (exercices du courage), il faut lire le beau roman américain de Stephen Crane (The red badge of courage).

[2] La forme mathématique de l'exposition, dans l'Ethique de Spinoza, est d'abord une sorte de rhétorique, *une façon pour cette pensée* de *se protéger* en *s'exposant démonstrativement*. Il faut donc lire le livre de Spinoza deux fois : suivant son cours géométrique (*more geometrico*), suivant celui des scolies. Là-dessus, voir Deleuze, l'appendice de son livre sur Spinoza.

Nous prendrons donc, provisoirement, cette première phrase comme une thèse, sous la forme d'une définition – même si nous savons qu'elle a, dans le début de cette première partie et pour l'ensemble du Manifeste, une portée essentiellement rhétorique. Elle est, en tout cas, bien connue, elle a peut-être gardé un peu de son pouvoir d'intimidation et d'encouragement qui rassemble, annonçant l'exhortation finale[1], l'appel aux « prolétaires de tous les pays », elle est sans doute connue même de ceux qui n'ont à ces questions qu'une relation très lâche, nous la soulignons :

*« L'histoire de toute société jusqu'à nos jours est l'histoire de la lutte des classes »*

La phrase sonne comme un coup d'envoi du jeu révolutionnaire marxiste : si l'histoire n'est pas histoire de la lutte de classes, le Manifeste est un morceau de littérature incongru ou fantastique (ce qu'il est certainement aussi). Mais elle est *aussi* une thèse dont l'*explicitation* constituera même l'essentiel du Manifeste, en particulier de sa première partie qui est à la fois le *développement* de la thèse et l'*analyse* de ce qu'elle pose (ou dit), de son sens. Le Manifeste, autrement dit, est un texte qui appartient à la littérature de propagande **et en même temps** un texte analytique ou de pensée.

Le sens de cette première phrase est précisé par les quatre alinéas suivants qui présentent une sorte de vue préalable schématique de l'histoire, du point de vue de la lutte des classes : je dis « préalable et schématique » parce que cette vue ne trouvera *toute l'acuité de son sens* que lorsque sera enfin déterminé ce qu'il faut entendre par « bourgeois et prolétaires », ce qui est l'*objet* de la première partie du Manifeste et lui donne son titre. Suivant cette vue, l'histoire de toute société est celle de *la lutte des classes*. L'expression « lutte des classes » libère le sens des notions de « bourgeois » et de « prolétaires », termes qui, en dehors de la perspective de la lutte des classes, n'ont qu'une signification très vague, mouvante (ou « branlante », dans le beau langage de Montaigne). Il faudra préciser l'expression et lui donner une *fermeté* qu'elle n'a pas à première vue. Si possible.[2]

La lutte des classes est donc : 1) présentée comme une lutte *sans répit* (entre homme libre et esclave, patricien et plébéien, seigneur et serf, maître et compagnon) ; 2) « *tantôt cachée, tantôt ouverte* » et ; 3) qui est *à chaque fois terminée* « par une transformation révolutionnaire de la société tout entière ou par l'anéantissement des deux classes en lutte ». La « société bourgeoise moderne » (p. 52), cette société qui constitue l'objet, à la fois théorique et pratique, de Marx et de Engels, est « elle-même *issue de l'effondrement de la société féodale* », elle « n'a pas dépassé l'opposition de classe », mais 4) *se*

[1] Dans la mesure où elle est cette annonce ou la prépare, la thèse n'est *plus* une thèse, une simple position de pensée (en tant que pensée *représentative*), elle a directement une portée pratique et politique : il s'agit de *faire* le prolétariat, de transformer une « réalité » sociale en réalité politique).

[2] On lira notre *Note sur le langage des classes et la pensée de bureau*, au chapitre VII de la deuxième partie de cet ouvrage (Tome II, La démonstration du Manifeste).

*distingue* par le fait qu'elle a « *simplifié* l'opposition des classes » (p. 52). En cela consiste précisément ce que Marx et Engels appellent « *le rôle révolutionnaire de la bourgeoisie* » (p. 54).

Le quatrième point est le point d'un *tournant*, il nous fera passer de la thèse à la question qui la sous-tend (et lui donne alors, peut-être, sa fermeté).

Ce passage, s'il produit l'apparence d'être « clair comme le jour », n'est rien moins qu'évident : il en va des affirmations ou des précisions qui caractérisent la « lutte des classes » comme de *toutes les idées modernes*, selon Nietzsche (du reste, l'idée de « lutte des classes » dans sa signification historique, avant d'être marxiste, est une idée moderne, et même, peut-être, l'idée moderne par excellence) : la clarté de leur éclat ne fait que dissimuler l'obscurité de leur fond. Sans doute est-il arrivé (heureusement arrivé) que le ressassement pénible de ces « *évidences* » marxistes *ou* modernes et libérales – l'évidence de la lutte des classes, celle de rôle révolutionnaire de la bourgeoisie, celle aussi du progrès – ait terni considérablement leur éclat. Elles n'en sont pas moins demeurées des « évidences », dont simplement l'éclat a terni (des évidences opaques !) : l'atmosphère ou ce qu'on pourrait appeler l'*ambiance* des pays de l'Europe, d'abord, puis de l'ensemble de monde, n'est plus du tout l'enthousiasme des Lumières, les emportements du dix-neuvième industriel, mais le train morose, plus ou moins accablé, de la modernité technique et scientifique, avec cependant ses industries toujours, et encore le « rôle révolutionnaire de la bourgeoisie » : cela veut dire avec ses maladies, ses profondes détresses, ses moments brefs de *sensations* extraordinaires (comme quand « un homme marche sur la lune » ou quand un touriste quelconque et morne, mais un « riche » à milliards, s'envoie en l'air dans l'espace), qui ne peuvent *compenser* sa grande détresse, ni faire oublier l'augmentation incroyable de ses dispositifs narcotiques (les drogues, les spectacles abêtissants, etc.). Notre tâche, nous qui sommes, comme tout le monde, emportés par *ce destin des modernes*,[1] dans tous les aspects de sa *frappe*, est assurément de creuser dans l'obscur demeuré obscur, que signale tout de même à tout un chacun le cerne de l'éclat fatigué : nos expositions « universelles » n'étonnent plus personne et nos littératures (romans, films et autres) sont très généralement sinistres :[2]quant à l'enthousiasme, nous ne le connaissons plus, il nous parait un enthousiasme feint, c'est-à-dire un triste mensonge, un mensonge lui-même fatigué. Revenons d'abord sur les trois premiers points.

---

[1] Ce « destin » n'est pas un destin pour nous, mais pour les modernes eux-mêmes, et les meilleurs d'entre eux. Quand ils croient pouvoir y échapper, leurs espérances sont toujours feintes, ce n'est pas une croyance, mais un vouloir croire, c'est-à-dire, une *mauvaise foi*, suivant le mot d'un de leurs représentants les plus représentatifs.

[2] Sur ce côté sinistre, tempéré heureusement par une vitalité populaire bouleversante, il faut relire les deux cents dernières pages de Mort à Crédit de Céline (l'épisode Courtial). C'est la préhistoire du « Voyage ».

## 1. Sans répit (sans délai, sans repos, sans interruption)

Ils ne sentent pas ce qu'il y a de mort dans tout départ, de mystère dans toute arrivée, d'horrible dans toute nouveauté. Pessoa.

La lutte des classes dont l'histoire est l'histoire – que l'histoire raconte et qui est le ressort de cette histoire – est *sans répit* : il y a, ici, l'idée d'une lutte qui ne connaît pas d'arrêt, pas de pause, comme un semaine sans dimanche, et donc, s'il y a histoire, c'est au prix *d'une tension extrême* des forces engagées dans cette lutte, une lutte qui doit être proprement épuisante, puisqu'elle ne connait pas de repos, puisque ne sont pas ménagés aux combattants des moments de vacance, de relâche, pourtant essentiels à la réparation des forces, qui sont les moments essentiels de ce repos (non pas seulement les moments du sommeil – quel meilleur repos que de plonger dans la lecture comme une mer d'un beau et grand livre comme, par exemple, Guerre et Paix de Tolstoï ou la grande fresque balzacienne (Illusions perdues et Splendeurs et misères des courtisanes) – sans lesquels est impossible le recueillement et la distance qui vont ensemble et permettent à la fois l'égard, l'attention aux choses et aux êtres, la douceur et la fermeté dans la relation de simple compagnie et la liberté de la pensée : en effet, je ne pourrais vraiment regarder et penser que si je ne suis pas pris entièrement dans une lutte, c'est-à-dire *dans une situation telle que je ne peux regarder ailleurs et autrement* (que dans l'étroite et dure perspective de la lutte qui dresse l'alternative vaincre ou être vaincu, battre ou être battu, et, très vite : tuer ou être tué, manger ou être mangé). Il n'y a de regard, c'est-à-dire de *libre regard*, et de pensée possible que si nous est accordée la possibilité de regarder *ailleurs autre chose*, et de penser *ailleurs autre chose*.[1]Le temps du repos, de la détente, qui permet aussi le sommeil (le temps de la réparation des forces), ce n'est pas du temps libre, au sens « économique » ou « sociologique », qui est en vérité un non-sens, c'est le temps du recueillement en soi-même qui, à l'inverse, libère le temps vrai, c'est-à-dire tout simplement la dimension du temps ou de la profondeur étagée du temps et des temps.[2] Tandis que l'absence

---

[1] Nietzsche l'a maintes fois souligné : je ne peux *penser* que les choses qui ne me préoccupent pas ou ne me préoccupent plus. Être (pré) occupé revient à être dans la situation d'une ville occupée par une puissance étrangère : mes pensées ne sont plus les miennes, du coup, elles ne sont plus pensées de l'Être dans son étrangeté. C'est l'essentiel de la gaie science nietzschéenne, délivrée de la métaphysique du vouloir-vivre d'un côté, et du plat positivisme des faits, de l'autre.

[2] La profondeur du temps est à chaque fois (pour chaque époque de l'histoire de l'Être) la profondeur d'un *tableau du temps*, on ne peut en avoir le sentiment que par la considération des grandes œuvres de l'art et de la pensée, celle de la nature aussi bien (montagnes et forêts, lacs et fleuves, mais les villes aussi, les routes qu'ont tracées les hommes, etc.) Nous avions rêvé d'intituler la troisième partie de notre travail d'ensemble : Le monde commun et *le tableau du temps*.

de répit détruit cette dimension[1], par dispersion dans la série discontinue des instants à travers laquelle se produit une anesthésie de l'être et donc une réduction de l'étant à lui-même, ou à rien, abandonné de l'Être. Sans douleur et sans joie.

Autrement dit, au souci de l'être, d'une part, à la difficile, presque impossible, ouverture à l'altérité de l'autre, d'autre part – sans lesquels aucune humanité, aucun monde, ne sont possibles – fait barrage le fait que la lutte est sans répit, ininterrompue. L'extrême tension des forces impliquée par le caractère sans répit de la lutte, qui doit aller jusqu'au bout, ne peut conduire qu'à la perte rapide de tout sens, de toute sensibilité (sensibilité à la touche frémissante de l'Être), ce qui se passe dans l'*effondrement* nerveux, la *dislocation* de l'individu *mis en pièces* comme un pantin désarticulé, et, finalement, à la dissolution d'un peuple et d'une humanité.

En un mot, l'absence de répit contredit le *rythme fondamental* de l'être, ce rythme qui repose sur l'alternance et le contraste – des jours et des nuits, des moments de la lumière et des moments de l'obscurité, de la guerre et de la paix, de la vitesse et de la lenteur, du travail et du repos. Sans ce rythme, sans la variation des rythmes et des humeurs, aucun répit n'est même concevable (quand c'est toujours l'été et qu'il fait toujours beau, quand c'est au contraire toujours la nuit, ou toujours la pluie ou toujours le soleil, etc.). C'est une vérité fondamentale de toute poétique et de l'art de peindre, de la composition ou de l'écriture. Et de toute existence.

## 2. Dénégation de la mort et pensée du soupçon

Cette lutte est « *tantôt ouverte, tantôt dissimulée* ». Une malicieuse précision qui donne une indication sur ce qui est véritablement pensé ici, sur ce qui est dit de la *société* dont l'histoire est celle de la lutte des classes.

*D'une part*, le discours de la lutte « sans répit » est l'indication encore schématique, mais qui fait image, du mode d'articulation des diverses « parties » de la société entre elles, qu'organise la disposition de la lutte des classes, disposition de deux camps qui n'ont d'autre rapport que d'exclusion réciproque, dans la mesure où le *fond distinctif* de ces parties est *l'antagonisme des puissances*[2] ; la puissance, quelles qu'en soient les figures, n'est qu'en s'augmentant et n'identifie un autre concurrent à la puissance qu'en tant qu'*adversaire*, qui fait obstacle à l'augmentation, et donc ne peut être vu ou fantasmé comme un empêchement, ou rien que superficiellement,

[1] Une sorte d'animalisation de notre façon d'être au monde (et du monde) dans un regard qui *ne perçoit plus* – regard de bête *perpétuellement aux aguets* (belles remarques, sur ces questions, de Deleuze).

[2] Objet du quatrième point qui marque une *rupture* dans ce qui est présenté par la thèse comme une continuité supposée de l'histoire (de l'histoire « de toute société » *jusqu'à nos jours*). Rupture : ce point fait passer de la thèse à la question.

mais au contraire, de même que l'orage donne quelquefois à la course de haute montagne sa dimension vraie de drame naturel et humain, comme l'occasion (ou la chance – sa chance *unique*) pour cette puissance, de s'assurer d'elle-même et de se *confirmer* dans son envergure de puissance et, seulement ainsi, de tendre à ce qu'elle veut, à son intensification : que nous combattions ou non, ta seule présence adverse suffit à faire que je concentre mes forces, et me prépare au moment où je devrai enfin t'anéantir, même si ce moment coïncide avec celui de mon propre anéantissement.

Dénégation de l'être pour la mort ou de l'être mortel, c'est-à-dire, plus simplement, **dénégation de la mort**, dans la perspective déterminante d'un **anéantissement programmé** : il faut marquer ce point, le suicide, et, plus précisément, *l'idée du suicide*, telle qu'elle travaille *obsessionnellement* nos pratiques modernes, notamment littéraires, mais aussi bien sportives ou militaires, trouve sa force en nous en tant que dénégation de la mort, vertige devant la puissance (voulue – comme volonté de puissance – et toujours s'évanouissant en pur fantasme). Je précise : *l'idée* du suicide – je suis maître du jour et de l'heure – parce que les suicides, souvent, sont *les moments* d'une existence douloureuse qui la signent comme une belle et haute existence, dans l'épreuve lucide d'un épuisement des possibles, celle d'un *radical impouvoir* (que détermine une conjoncture politique, amoureuse ou un état du corps), ils sont des suicides, pour ainsi dire, libres – *sans* le vertige métaphysique et la rodomontade de « l'idée » : la dénégation de la mort est, à mon avis, le point commun ou le point de rencontre des « visions du monde » totalitaire et libérale, par ailleurs très étrangères l'une à l'autre, le ressort de ce que l'on pourrait appeler la « morale » moderne, athée et prétendument humaniste. Car celui qui est *pour de bon* athée et « humaniste », qui imagine qu'il est libre de faire *ce que bon lui semble*, qui a perdu *le souci de l'Être*, celui-là est dans la position purement artificielle du sceptique, comme le remarque Heidegger : « *Le sceptique, s'il nie la vérité, n'a pas besoin non plus d'être réfuté. Pour autant qu'il en est un, il a, dans le désespoir du suicide, éteint et le Dasein et la vérité* ».[1]

La lutte sans répit doit être aussi bien une lutte sans fin, sinon, donc, celle, par extinction, du Dasein et de la vérité (il n'y a plus alors de lieu pour la lutte, c'est ce qu'on appelle « le bout du rouleau »), d'un combat obscur dont l'issue est indécidable et, finalement, importe peu, telle que l'*ennemi* est présent même dans son absence, vient me chercher dans mon sommeil, dans le sourire d'un enfant qu'il a acheté, et sans doute encore se masquant alors même qu'elle prend la forme de la lutte ouverte (engagée). Il ne s'agit pas de la

[1] « *Sofern er ist und sich in diesem Sein verstanden hat, hat er in der Verzweiflung des Selbstmords das Dasein und damit die Wahrheit ausgelöscht* » (Sein und Zeit, § 44 c, p. 229). Il s'agit bien d'une *extinction* (Auslöschung), l'extinction du *feu* de l'être-là et *donc* de la vérité (das Dasein und damit die Wahrheit), et non d'une abolition comme traduit Henri Vézin. Le grand roman de Thomas Bernhardt a pour titre : Auflöschung. Le suicide stoïcien n'est pas du tout le suicide moderne et Deleuze était, *à sa manière*, un Grec égaré parmi les modernes !

conception aristocratique de la lutte agonique telle que la connaissaient les Grecs (dont la conception bourgeoise et spécialement britannique du sport « olympique » est une lointaine copie), au cours de laquelle ce qui importe chaque fois pour le combattant est de montrer son excellence, d'être un *exemple* pour ceux de son camp et identiquement pour ceux du camp adverse, de montrer l'excellence humaine, l'*axiome*, comment elle se révèle et se relève encore ou s'exhausse – à savoir qu'un être humain est au monde, qu'il n'est pas, n'est jamais à la puissance, pour autant qu'il soit humain. Car celui qui est chose de la puissance a entièrement perdu même l'idée, le *souvenir* de son humanité.[1] La considération apollinienne, celle de la puissance *contenue*, est encore une considération de l'excellence ou de la maitrise humaine, quand la perspective de la puissance cède le pas à l'émerveillement de la beauté. Les actes de bravoure et de lucidité, ceux qui présentent l'agilité, la vigueur et la souplesse du corps dans l'éclat de sa jeunesse, les belles paroles pleines de prudence et d'audace de femmes et des hommes dans la maturité de leur âge, sont goutés par les dieux qui se réjouissent au spectacle de ces heureux mortels, puisqu'ils ont pu ou su, jusque dans le malheur, que tout mortel doit connaître, montrer leur excellence et méritent d'être appelés eux-mêmes *les divins*. Sur tous ces aspects, lire ou relire l'Iliade.

C'est, *d'autre part*, une remarque typique de la pensée du soupçon, d'une pensée de *l'eau qui dort*, une de ces pensées qui engendrent dans leur suite des humeurs sournoises, agressives, des intelligences retorses et méchantes, tout à fait noires : là-dessus, le meilleur psychologue, avant Nietzsche, est certainement Dostoïevski. Cette pensée de soupçon perçoit toujours derrière le comportement apparent d'un individu ou d'un groupe, des menées d'antagonisme souterraines, des menées forcément méchantes ou de malveillance, mais justement l'antagoniste mauvais est loin d'être l'obstacle, il est au contraire pour une puissance un moyen d'aller de l'avant, qu'elle invente, si elle ne le trouve pas déjà là, elle va de l'avant en s'exerçant et ainsi en jouissant d'elle-même, avec cette seule perspective de détruire, de se confirmer elle-même en détruisant l'autre. La dissimulation, ici, l'alternance, surtout, de la lutte ouverte et de la lutte dissimulée, ne sont donc que des techniques de renforcement de la puissance – qui sont, du reste, les techniques ordinaires du monde maffieux en particulier et, généralement, du monde capitaliste. On peut penser (et on a raison de penser ainsi) à la *technique* freudienne de la dénégation : tu dis que tu ne penses pas à ta mère, donc tu penses à ta mère, tu dis que tu ne penses pas à m'abattre, donc ton unique pensée est celle de m'abattre justement, si possible sur le champ.

---

[1] Pour une explicitation de cette expression « chose de la puissance », je renvoie à la deuxième partie de l'Introduction à la pensée de Marx, au chapitre VI, 1 « La puissance et l'appartenance à la puissance ».

## 3. 1. Ni Le terme n'est la fin, ni la fin n'est le terme

« Car / comme tu as commencé, ainsi tu resteras ». Hölderlin[1]

Nous savons déjà comment à la première s'articule la troisième notation : si la lutte ne connaît pas de répit, elle doit aller jusqu'à son terme, **même si elle est sans fin** – on pourrait presque dire pour cela même ; c'est par là, si l'histoire est celle de la lutte des classes (des classes ou d'autre chose), que cette lutte fait histoire ou constitue l'historique. Elle a un terme, mais qu'elle ne rejoint jamais, qui doit donc apparaître comme un impossible – cet impossible que nous avons reconnu dans la notation du « sans répit ».[2] Ainsi je ne pourrais me rejoindre, puisque je suis cela même qu'il me faudrait rejoindre : **le terme de la lutte ne pourrait être rejoint, parce que la lutte est justement le terme.** Au terme on saura enfin quelque chose de ce qu'était la guerre, le sens ou le non-sens de cette guerre, mais il est assez clair que ce savoir sera sans usage, il est donc aussitôt perdu. Ou bien, le terme signifie qu'on est passé (soudainement) à autre chose, on peut alors reconnaître *ce que c'était* qu'être, *pour tel ou tel étant* (un pays, un homme ou une femme, une entreprise industrielle, artistique, un voyage). Son être ou son *essence*, dans Aristote, ou sa quiddité, sa teneur de vérité[3], non pas dans l'étant puisqu'il n'est plus, mais dans ce qu'aura porté cet étant et qui l'aura porté, dans sa richesse, maintenant se *découvrant* (quoiqu'une part infime de cette richesse), ce trésor inépuisable de son être, qui lui était presque entièrement inconnu : une douleur d'enfance, une déchirure, mais le bonheur (perdu) de cette enfance-là – le *Rosebud* du citoyen Kane. Il se découvre mais pour aussitôt se recouvrir et laisser place au grand silence.

On distinguera donc la fin et le terme. Jamais les choses en elles-mêmes ne sont capables d'un terme, qui auraient alors le sens d'une fin, **parce qu'elles sont elles-mêmes le terme**, elles sont, pour autant qu'elles soient, en tant que le terme, des choses ouvertes. **Autrement dit, le terme dans l'être, le terme vrai, est l'initial** ou ce qui commence et non pas le terminal, là où un voyage finit. Quand on dit terme, pour dire la fin, ce n'est jamais qu'une façon extérieure de dire les choses, une commodité du langage courant, comme quand on parle du terme de ce voyage à Venise ou pour Venise, mais Venise est justement le commencement ou la « cause » du voyage. *Le terme veut*

---

[1] Denn / Wie du anfingst, wirst du bleiben (Le Rhin, 4ème strophe).

[2] Cela vaut de toute histoire : « il y a une histoire de la littérature jusqu'à son terme » veut dire que quand la littérature disparaît (si c'est possible), il n'y a plus d'histoire ni d'historiens de la littérature. Il y a donc intérêt à assurer une *survie* de la littérature, puisqu'elle est la condition de la survie de tous ceux qui s'emploient à en faire l'histoire ! La même chose peut se dire de la philosophie, de « l'art », etc.

[3] Métaphysique, Z. Ce que nous désignons comme le terme (d'un voyage, d'un amour, d'une vie), est désigné dans la langue d'Aristote par le mot « arche » (ce qui commence et qui commande (Métaphysique Delta, 1).

*dire : la merveille qu'il y ait être, que quelque chose ait lieu.* Par exemple, le terme pour le jeu de la représentation théâtrale ou chorégraphique, ou pour un concert de musique symphonique, c'est le terme *des répétitions*, quand commence la représentation ou le concert. **Ce que signifie la fin, c'est au contraire que l'initial soit perdu**, qui était l'objet des répétitions et dont le sens se délivrait, mais encore *dissimulé*, dans le commencement et comme le commencement : rien ne peut plus commencer qu'ailleurs et autrement, c'est ce que signifie la fin, quand les choses, par ailleurs, *continuent* leur train, et le train peut continuer très longtemps ; cela est su dans le *pressentiment* – pour Marx, du passage au communisme, pour Heidegger, de la transition vers l'autre commencement de la pensée. La bourgeoisie, c'est fini, la métaphysique, c'est épuisé, il n'y a plus les arrière-mondes, il n'y a plus les savoirs prétendus, les fausses sagesses, ce n'était jamais qu'un air, comme on dit un « air de jeunesse », comme quand on trouve par hasard la photo d'un cher disparu, on se dit : « c'était bien lui, c'était bien son air ». Quand c'est fini, *un certain type d'interprétation* (pour l'art musical, pour la philosophie), c'est-à-dire aussi bien *un certain type de composition*, un *usage des couleurs et de la toile* (pour le peintre), mais aussi bien une amitié, un amour et, sans doute, une vie – autrement dit, un certain *tour de l'être* – alors on le sait, *cela faisait déjà pas mal de temps qu'on était à autre chose*, les analyses du philosophe n'avaient plus de portée, elles étaient hors sol, pour ainsi dire, la musique, on ne l'écoutait plus (elle était ennuyeuse, bête ou laide), on se demandait comment on avait pu aimer (cette femme, ce lieu, ce parfum, ces couleurs), comment on avait pu être embarqué dans cette histoire d'amour-là, quel *rêve*, quelle *beauté* nous saisissait, nous ravissait dans un temps qui était donc *un autre temps*. Heidegger : « *La fin est seulement là où l'étant s'est détaché de la vérité de l'Être, où il a dénié toute dignité de question, c'est-à-dire toute distinction, pour se démener, comme lâché, pour un temps indéfini, dans une suite sans fin de possibilités. La fin est l'incessant ainsi-de-suite auquel depuis longtemps s'est déjà dérobé l'ultime en tant que ce qui proprement commence dans le commencement* ».[1]

Ce qu'on appelle, en philosophie, depuis Kant, la *finitude* (notion tout à fait étrangère à la relation *théologique, qu'elle périme,* du fini – au sens de la finité de la créature finie – et de l'infini créateur), signifie que la fin n'est pas à disposition pour les choses, toutes les choses en un monde et qui tirent leur être de chose de leur appartenance à ce monde – à l'ouvert – on pourrait dire encore pour les « êtres ». La fin est le *vertige* de la finitude, *la nausée de l'indécision*, pour l'étant lâché dans l'espace-temps vide de *la suite sans fin*

---

[1] Heidegger, Beiträge zur Philosophie (Contributions à la philosophie), 256, p. 416 : « Das Ende ist nur dort, wo sich das Seiende aus der Wahrheit des Seyns losgerissen, jede Fragwürdigkeit und d.h. jede Unterscheidung verleugnet hat, um sich in endlosen Möglichkeiten des so losgelassenen in endloser Zeit zu gebärden. Das Ende ist das unaufhörliche Und-so-weiter, dem sich das Letzte als das Anfänglichste von Anfang an und längst entzogen hat ».

*de possibilités défaites* – aller au cinéma, dévaler les pentes neigeuses, passer la nuit à boire avec des copains de débauche, visiter une exposition, lire les bandes dessinées, rédiger un compte-rendu, écrire un roman, faire l'amour, aller aux courses, sans fin. « *Qu'est-ce qui se passe ?* » demande Hamm, « *Quelque chose suit son cours* » réplique Clov, dans Fin de partie (Becket). Que la fin ne soit pas à disposition de l'étant, cela ne doit pas s'entendre négativement, comme le signe d'une incapacité, d'une défaillance technique ou morale, au contraire, cela signifie que *la façon d'un être est celle de commencer et de recommencer* : la différence par et dans la répétition, si on comprend qu'il y a toujours deux répétitions. Nous ne cessons de répéter, et de répéter le même air qui est aussi le seul rêve (pour chacun *absolument secret* en même temps que *manifeste*) et de *nous* répéter. Une fois, la répétition, c'est un vrai massacre, une autre fois, c'est un moment de grâce souveraine. Comme il joue (divinement) cette page de Mozart, comme il lit cette page de Kant ou de Lautréamont ! Mais c'est ainsi que nous commençons et que nous *re*commençons (toujours autrement, avec des moyens autres, un autre corps, un autre sens ou une autre disposition sensible). Les vagues de la mer. La vie humaine ou la vie d'un monde : cela commence et cela ne finit pas. A un moment donné, les choses se perdent dans les sables, s'égarent, un monde disparaît, *à moins qu'il n'ait déjà disparu*. Ou un être humain, ou une musique, un projet, une amitié et alors il arrive qu'on dise les choses de cette façon : « On laisse tomber ».

C'est aussi ce que dit, entre autres choses, bien sûr, l'expression énigmatique de « *l'Histoire de l'Être* » qui est l'histoire *vraie*. Nous sommes en plein dans les nuages philosophiques, disent les détracteurs de la pensée de l'Être. Or cette expression parle net, et dit autrement ce que disait déjà le mot de finitude. L'histoire de l'Être, négativement, ce n'est pas une histoire qui se passe dans l'étant et que l'on puisse raconter (il y a d'ailleurs tant de manières diverses de raconter, de faire récit – une leçon de la littérature – et à chaque fois ce qu'on raconte est justement ce qui « ne se passe pas dans l'étant », ou bien, si c'est cela, c'est encore autre chose et c'est cet « autre chose » qui veut se dire ou qui *voulait* se dire) : mais elle est, chaque fois, *une histoire vraie*, une histoire qui « se passe sur le plan où il y a principalement l'Être », une histoire qui n'est jamais un récit comme certains disent aujourd'hui, qui est même, sans doute, le contraire du récit, lequel est toujours un tour de fable ou de théologien : « Il était une fois ». **Il n'y a rien à raconter du Vrai**. Fais-toi sourd à toutes ces histoires que l'on te raconte et commence d'*entendre* ; ferme les yeux à ces spectacles douteux, mais *regarde* : voici, maintenant, il fait jour ![1] Nous ne savons quelque chose de l'histoire de l'Être que par cela

[1] Troisième strophe du poème « Comme au jour du repos », qui est le *poème des poètes* : « Mais maintenant, voici le jour ! Je l'attendais, je l'ai vu venir/ Et ce que je vis, le sacré, que cela soit mon dire » (« Jetzt aber tagts ! Ich harrt und sah es kommen, / Und was ich sah, das Heilige sei mein Wort. »).

qu'elle fait advenir en retrait : telle disposition de l'étant, tel mode de l'existence (ou d'existence), ou bien, si l'on veut parler le langage hégélien-marxiste, telle forme de reconnaissance réciproque des étants les uns par les autres. En langage poétique de Hölderlin : *voici le jour, je le vis venir, que cela soit mon dire.* **Dans l'être, là où règne un certain mode de reconnaissance réciproque ou d'existence, un certain Dasein** (une façon d'être là) ou bien, dans le langage de Marx, un certain mode de production ou procès de production, auquel viennent correspondre une configuration juridique et, très généralement, des configurations discursives et idéologiques, des manières de penser, et de rêver, des savoirs, **rien ne finit jamais, mais il y a bien commencement**. L'étant *est* (le monde, un monde et les choses de ce monde), et s'il y a une fin, pour l'étant, cette fin n'est pas une fin comme la fin d'un programme ou d'une soirée (si jamais une soirée finit), elle n'achève ou ne termine rien, **elle est seulement le mot pour dire que désormais rien ne commence plus**, et alors les choses qu'on appelait les choses, dont on se préoccupait, que nous aimions, que nous détestions, disparaissent – elles restent là, mais elles ont disparu, elles n'ont plus la force de paraître et d'apparaître : jusque dans la fin – d'une vie, d'un travail, d'un monde – et encore bien après cette fin, toujours la même énergie du commencement (d'un sens) est à l'œuvre, est mise en œuvre dans la pensée et dans l'être. L'énergie poétique est dans Shakespeare, le monde et l'univers de Shakespeare ont disparu, à tout jamais, mais l'énergie de son poème est à l'œuvre dans son texte, *toujours à nouveau*, cette énergie, mise en œuvre avec des moyens (un corps, une voix) nouveaux et des intentions nouvelles, portant un autre désir – autre corps, autre voix, autre pensée – à chaque représentation du Roi Lear ou de Roméo et Juliette. Et c'est ainsi que de nouveau *un* monde commence, recommençant *le* monde, et nous veut. Toujours nous en avons les *signes*.

Ce que nous disons s'explique ou s'interprète dans le langage de Heidegger (celui de la pensée de l'Être) et dans le langage de Marx (la pensée du communisme). Seulement Marx, s'il n'est pas Sartre, qui s'imagine être « sur un plan où il y a seulement des hommes », n'est pas non plus Heidegger. Autrement dit, Marx, ce n'est pas la pensée de l'Être – ou plutôt, puisque toute pensée est pensée de l'Être, sa pensée est une pensée de l'Être qui est, *de façon dominante*, cette pensée sur le mode métaphysique, identifiant l'Être et l'étant, ou qui ne parvient *qu'avec peine* à *penser* la *différence* de l'Être et de l'étant (l'Être n'est alors représenté qu'à partir de l'étant en tant que *ce par quoi ou par où* l'étant est l'étant, il ne vient qu'en *auxiliaire* – ce qu'on a en point de mire, ce n'est jamais l'Être, c'est toujours l'*étant*)[1]. Dès lors, l'histoire de

[1] Un glissement s'opère, dès les premiers pas de la pensée grecque, *de l'Être ou de la nature* (la phusis) qui fait ou *laisse être* l'étant, par où et en quoi cet étant est ce qu'il est et comme il est, *au produire* qui dit originairement la même chose (porter au jour, faire être), mais très vite le laisser être de nature **retombe** en fabriquer et **l'étant** en **produit** – jusque dans les manières

l'Être n'est plus l'histoire de l'Être, *elle est celle de l'étant* sans l'Être, coupé de *son* être, c'est-à-dire à chaque fois coupé de lui-même, et alors de ce *par quoi* et *en quoi* cet étant est un étant – histoire de l'étant rapportée à sa « *cause* » (nom métaphysique du *par quoi*) et encore à la *conjoncture*, à ce que l'on se représente comme « l'ensemble des conditions » (nom métaphysique du l'*en quoi* circonstanciel ou conjoncturel) : une *histoire que l'on raconte*, et qui n'engage à rien, elle ne fait qu'*occuper* les après-midis des dimanches, les après-midi du septième jour, ceux de l'ennui, (histoire de la philosophie, des luttes de classes, de la mode à Paris dans les années de l'après-guerre ou de la culture de la pomme de terre sur le continent européen).

La « lutte des classes » peut *dire* l'Être, en tant que **ce qui fait qu'il y a histoire**, la dimension de l'Être – le *sens* de l'être et *le lieu de l'Être*, pour que quelque chose ait lieu – par exemple ce que Hegel pense comme « l'Esprit » (« der Geist ») – mais cet **Être**, qu'on entende « esprit » (Hegel, La Phénoménologie) ou « lutte des classes » (Marx, Le Capital), cet Être et avec lui, la *dimension* de l'Être ou du *lieu d'être, la dimension de l'ouverture* pour que quelque chose ait lieu, est aussitôt compris ou repris *dans la perspective métaphysique* : d'un côté, en tant que le « par quoi », *bientôt* la « cause », de l'autre, en tant que le « en quoi », *bientôt* la conjoncture. Même chose pour la mode à Paris : c'est en même temps qu'ont lieu ou qu'adviennent la mode et Paris, et la mode à Paris ou Paris à la mode. Paris n'est rien sans la mode, la mode n'est rien sans Paris. La cause n'est pas sans l'effet, en tant que *relation de causalité* dans l'étant (déjà donné et ainsi disposé), de même la conjoncture est *conjugaison* des étants (déjà donnés). Dans le dispositif métaphysique de la cause et de la conjoncture, l'Être – le lieu et l'avoir lieu du lieu – est oublié : mais *dans son oubli* reste *comme ce que l'on recherche* : la cause et l'ensemble des conditions conjoncturelles pour que quelque chose ait lieu, se produise. L'Être vraiment oublié (nihilisme), l'étant « est » abandonné de l'Être, Paris abandonné avec sa mode, il n'y a plus qu'un simulacre de mode et de Paris, alors on ne cherche même plus, on erre de causes en causes, et le repérage conjoncturel est de plus en plus indéterminé.[1]. Mais il suffit d'un mot, d'un geste, d'un regard pour que la cause s'effondre (ou le système des causes), et pour que la « conjoncture » (l'ensemble des circonstances) se délite et

---

ordinaires de parler (« qu'est-ce que tu fabriques là ? »). L'étant *est* en venant au jour ou à la présence, avec *son* issue (par où) *son* lieu (en quoi) et *sa* façon (son « comme il est »). Il y a diverses modalités de la venue ou de l'entrée en présence, sur cette diversité travaille le poétique, c'est cela dont le savoir (techne) est d'abord le savoir. Savoir de *ce qui arrive* autant que *de l'arrivée*. Savoir des signes.

[1] Dans Nietzsche « l'horrible hasard ». L'oubli de l'Être est d'abord *l'oubli du lieu* – que Marx pense dans les deux notions de la perte de sens (Entäusserung) et de la perte du pays, du devenir étranger (Enfremdung) : L'Être fait ou donne lieu, qui est toujours un lieu d'être. Un lieu d'être se produit comme **l'ouverture d'un espace-temps singulier pour un être commun non universalisable**. Chez Heidegger : vérité de l'Être.

disparaisse sans laisser aucune trace, on se dit que ce n'était jamais qu'un mirage.

## 3. 2. Marx, Hegel, Rousseau

Pour Marx et Engels, le terme est soit « *la transformation de la société tout entière »,* soit *« l'anéantissement des deux classes en lutte* » (p.51).

Dans le premier cas, le terme (ce qui a lieu) est *en vérité* un terme, il n'est donc pas une fin : *il y a commencement,* ce que signifie la notion d'une *transformation de quelque chose tout entier* – alors les choses anciennes révolues *continuent* leur train ou leur train-train un certain temps, dans un ainsi-de-suite sans fin, tandis qu'adviennent les choses nouvelles, *ignorées* dans leur commencement, presque s'ignorant elles-mêmes, en ignorant leur nouveauté, leur *jeunesse*, en prenant le masque, même la guise ou les mines, de choses anciennes et révolues. Le commencement ne coïncide pas du tout, *en aucun sens,* avec la fin, ni ne la rencontre jamais : la fin et le commencement ne se rencontrent pas et ils n'ont *aucun rapport* l'un avec l'autre et, du coup, aucune idée l'un de l'autre, ne cessent de se méconnaitre – c'est le ressort de toutes les injustices, mais en même temps la façon dont « les choses se rendent mutuellement justice » (la sentence d'Anaximandre)[1] ; une « fin de siècle », c'est *toujours à peu près la même chose,* le même pénible ressassement – le *terme d'un siècle est toujours autre, suivant le siècle lui-même* (toujours autre), portant un commencement qui est ce commencement en même temps qu'il doit être un (re) commencement – ce peut être d'une pensée, d'un art, c'est toujours le commencement d'un monde.[2]

Dans le second cas, au contraire, le terme ne peut être aucune fin, parce que la fin n'est pas sans le commencement et que *rien n'a jamais vraiment commencé* – rien n'a eu lieu véritablement – le terme signifie simplement la retombée définitive dans le néant *de ce qui était néant déjà,* rien qu'une vaine agitation, tapageuse « en vase clos », assourdissante souvent, l'agitation de choses depuis longtemps finies, un brouillard très épais mais qui bientôt se dissipe, comme Nietzsche, dans son Crépuscule des idoles, conçoit l'Être de

---

[1] Fragment B1 : « Ce dont la génération procède pour les choses qui sont, est aussi ce vers quoi elles retournent sous l'effet de la corruption, selon la nécessité ; car elles se rendent mutuellement justice et réparent leur injustice selon l'ordre du temps », Les présocratiques, Pléiade, p. 39. Grand texte de Heidegger (Chemins, pp. 262-304).

[2] Par exemple, en philosophie, le terme du dix-neuvième siècle (ce qu'il aura été) est donné dans ces noms : Marx et Nietzsche. Le contraire d'une fin ! Avec eux est porté le commencement d'autre chose, une autre pensée, un autre langage, qui est *tout autre* : mais eux appartiennent à leur siècle *entièrement*, nous sommes, entièrement, *d'un autre temps*. Quand nous lisons Marx et si nous le lisons, c'est parce que dans Marx, penseur du dix-neuvième, quelque chose a commencé dont nous sommes (à quoi nous appartenons). Marx ne nous a jamais pensé nous-mêmes *et* nous ne serions pas ce que nous sommes *sans lui*.

la métaphysique, « dernière fumée d'une réalité en train de s'évaporer » – rien n'aura eu lieu que le lieu (Mallarmé), ce terme n'est pas même remarquable.[1]

Ce passage est *formellement* une reprise de Hegel (Phénoménologie, chapitre IV). En effet, la lutte pour la reconnaissance trouve son terme soit dans la mort des combattants, et alors rien n'aura vraiment eu lieu, soit dans la « dissolution de l'unité immédiate », celle d'une *conscience-qui-est*. C'est évidemment la deuxième branche de l'alternative qui est intéressante – qui a une signification historique – à laquelle correspond, dans Marx-Engels, la « transformation de la société tout entière » (c'est-à-dire la transformation d'un monde). Il y a distinction-séparation des deux moments de *la conscience et de l'être* : il s'agit de l'être hégélien, repris de Kant, c'est-à-dire de la position inerte d'une chose sans détermination, qui, dans son inertie de chose indéterminée, est identique au néant[2] ; dans son surgissement « immédiat », la conscience est cette conscience en se distinguant de l'être indéterminé de la vie ; toutefois, cette distinction n'est que pour elle, la conscience ne peut *se prouver* comme conscience qu'en se faisant reconnaitre comme telle que par une autre conscience : chaque conscience se distingue pour elle-même et pour l'autre en se distinguant de son être de vivant, en distinguant son être comme tel, c'est-à-dire en risquant sa vie ; par cette distinction-séparation surgit quelque chose de nouveau et de tout autre, à savoir qu'il n'y a plus deux consciences *enfoncées* dans l'être indéterminé de la vie, ces deux consciences qui, en tant que consciences, veulent et qui doivent être reconnues comme telles, mais *un maître* d'un côté (celui qui a *risqué l'être ou de ne plus être*, a donc gagné la reconnaissance de son être soi-même), un *esclave* de l'autre. L'esclave est alors l'indistinct, il est celui qui s'est abîmé dans l'indistinction de la vie – il a renoncé à la conscience, il a préféré la vie, la profonde inertie de tout ce qui est vivant – les arbres des forêts, les bêtes dangereuses qui habitent les déserts, le corail des océans, l'immonde vermine, le guépard bondissant ou la gazelle légère – à la reconnaissance de soi comme d'un principe autonome.

La figure hégélienne de l'esclave est juste : il y a *une spéciale jouissance de l'inertie*, une jouissance dans le fait de n'avoir pour conscience que celle de l'autre, du maître, une jouissance que connaît bien le peuple ou *ce qu'on appelle ordinairement le peuple*, une jouissance de la « vie populaire », avec son accordéon ou son rap, ses flonflons, ses équipements et ses machines, ses nouvelles et ses fausses nouvelles, ses histoires de chiens, de chats, de belles-

---

[1] Il est indistinct. Les marxistes révolutionnaires disaient bien cela, quand ils disaient : « Tout ce qui bouge n'est pas rouge ». Mais le rouge peut être aussi la couleur d'un brouillard de sang.

[2] Dans la Logique de 1812, deuxième partie du Système de la science dont la première est le Phénoménologie de l'Esprit, l'identité de l'être et du néant signifie leur disparition et l'émergence d'un troisième terme, qui s'en sépare, et définit le *devenir*).

mères, et de « sous ».[1] Cette jouissance de l'inertie, Kant l'identifiait exactement, quand il répondait à la question : « Qu'est-ce que les Lumières ? ». « Les Lumières », écrivait-il, « sont la sortie de l'homme hors de l'état de minorité *dont il est lui-même responsable*. L'état de minorité est l'incapacité de se servir de son propre entendement sans la direction d'un autre. *De cela nous sommes responsables, si la cause n'en est pas dans un manque d'entendement, mais au contraire de résolution et de courage pour s'en servir sans être dirigé par un autre* » [2]. *Jouissance de la minorité* (Unmündigkeit), que connaîtra, à sa façon, la psychanalyse freudienne quand Freud théorisera ce qu'il appelle la « pulsion de mort » plus profondément qu'avec son « Principe du plaisir »[3]. En bref, cette perception ou idée, très profonde, qu'**être esclave, c'est être indistinct** – idée de *la jouissance dans la non-distinction* : la jouissance de l'esclave est celle de la répétition de machine – être un *rouage de la machine*. Très étonnante jouissance de lâcheté ou d'abjection ! Tout dépend évidemment de la façon dont on pense la distinction. Si l'on adopte le point de vue sociologique, donc sur le plan des réalités sociales, la distinction est un fait de classe, là où il n'y a pas classe, il ne peut y avoir de distinction ou d'existence : perspective de machine encore, qui a donc son sens de machine (la distinction est mécanique), mais idée très superficielle, finalement *aberrante*, quoique partout reçue, « vraie » en ce sens, d'un *dispositif (social) de la distinction* (Bourdieu). Car ce qui est divers et *diversifie*, qui donne lieu à la distinction véritable, ce sont *les modalités pratiques* de la distinction, lesquelles chaque fois n'apparaissent qu'à un regard lui-même aiguisé, capable de la distinction et de variété – regard qui est toujours, d'une façon ou d'une autre, un regard de la main ; cela suppose un talent *naturel*, mais aussi une *éducation*, la *contrainte d'une instruction*, la *patience de l'exercice*, et, finalement, une passion, de telle sorte que l'on doive dire enfin que **toute passion en est une de la distinction**, et **toute distinction**

[1] Il s'agit bien du peuple, dans la mesure où cette manière d'exister en ayant pour conscience celle d'un autre est aussi bien celle du peuple (gens d'en-bas) que de *ses* diverses élites (gens d'en-haut).

[2] « Aufklärung ist der Ausgang des Menschen aus seiner selbst verschuldeten Unmündigkeit. Unmündigkeit ist das Unvermögen, sich seines Verstandes ohne Leitung eines anderen zu bedienen. Selbstverschuldet ist diese Unmündigkeit, wenn die Ursache derselben nicht am Mangel des Verstandes, sondern der Entschliessung und des Mutes liegt, sich seiner ohne Leitung eines andern zu bedienen ». Cette inspiration kantienne, ce qui est le meilleur dans Hegel, est celle qui est au principe de la « philosophie politique » de Marx (dont l'âge est donc bourgeois), à savoir que « *L'émancipation des travailleurs doit être l'œuvre des travailleurs eux-mêmes* ». Cette révolution bourgeoise a bien eu lieu ; mais l'émancipation (juridique) n'est pas encore la délivrance (de l'être), loin de là !

[3] Besoin de satisfaction (plaisir-replétion) ou pulsion de mort, il s'agit toujours au fond d'un principe (bourgeois, capitaliste) de conservation ou conservateur.

**est distinction de la passion** – la première *éducation*, disait Kant, que Marx suivra sur ce point crucial, est l'éducation du goût.[1]

Dans le Manifeste, suivant la même logique que dans Hegel, il y a soit retour à l'inertie de l'être par anéantissement des deux classes en lutte, soit « transformation de la société tout entière » ; dans ce deuxième cas, il y a un terme vrai de la lutte : on est passé à autre chose. *Le terme signifie alors une nouvelle disposition de l'espace de la lutte* – ce qui veut dire une nouvelle configuration de la maîtrise – le maître étant d'abord celui de l'espace – mais le terme était déjà *dans la lutte elle-même*, celui qui « comprenait » la lutte, son ressort déterminant, avait déjà *perçu* la nouvelle configuration de la maîtrise.

La logique est, ou semble être, la même, elle n'est que *formellement* la même, parce que **ce n'est pas la même histoire** ou, puisqu'il s'agit, dans cette façon de penser, de « devenir », ce n'est pas le même devenir. Dans Hegel, **l'histoire est celle de l'Esprit**, c'est-à-dire de *la liberté*. Bien entendu, cette liberté est la liberté de l'esprit en tant que **puissance** de l'esprit, quand « être » signifie la même chose que se prouver, prouver son être ! Qu'est-ce, cependant, que la puissance de l'esprit qui se connait en se prouvant (« plus fort que toi »). A chaque moment de cette histoire, l'esprit ne s'extériorise ou ne va hors de soi, que pour se retrouver lui-même dans cet hors de soi et *revenir à lui-même, de telle sorte qu'il avait toujours été cet esprit* et *chez lui-même ou auprès de soi* (bei sich), **il ne s'était jamais véritablement quitté, séparé de lui-même**, c'est évidemment pour l'esprit que la mort, comme on lit dans la préface de la Phénoménologie de l'Esprit, est une « *irréalité* »[2]. La philosophie hégélienne de l'histoire est une philosophie de *la fin de l'histoire*, elle est, comme ne cesse de le dire Marx, suivant Feuerbach, une transposition

---

[1] C'est l'idée d'une histoire (au sens d'une éducation - Bildung) du sensible ou de l'appropriation par les hommes du sensible et de l'esprit : l'œil humain jouit autrement que l'œil brut, non humain. Mais, explique Marx, avec la propriété privée, « la pure et simple aliénation de tous les sens, le sens de l'avoir (au sens de possession), est venu prendre la place de tous les sens physiques et mentaux. Il fallait que l'être humain soit réduit à cette *pauvreté absolue*, afin qu'il engendre à partir de soi sa richesse intérieure » (« Auf diese absolute Armut musste das menschliche Wesen reducirt werden, damit es seinen innern Reichtum aus sich herausgebäre ». ÖPM, p. 121. Puis la suite sur « l'éducation des cinq sens » (« die Bildung der 5 Sinne »), pp. 121-124. Je souligne la « *pauvreté absolue* », celle du prolétaire. La notion de formation tant prisée de nos sociologues et nos bureaucrates-hommes d'Etat est **tout le contraire** de l'idée de l'éducation (quand former consister à « formater », à programmer, etc.)

[2] « La mort, si nous voulons ainsi nommer cette irréalité, est ce qu'il y a de plus redoutable, et tenir ferme ce qui est mort, c'est cela qui exige la plus grande force. La beauté sans force hait l'entendement, parce qu'il exige cela d'elle – dont elle est incapable. Mais ce n'est pas la vie qui recule d'effroi devant la mort et se préserve pure du ravage, au contraire celle qui supporte la mort et se maintient en elle, qui est la vie de l'esprit » (« Der Tode, wenn wir jene Unwirklichkeit so nennen wollen, ist das Furchtbarste, und das Tote festzuhalten, das, was die grösste Kraft erfordert. Aber nicht das Leben, das sich vor dem Tode scheut und von der Verwüstung, sondern das ihn erträgt, und in ihm sich erhält, ist das Leben des Geistes » (Phänomenologie des Geistes, p. 36).

« philosophique » de la théologie chrétienne. L'accomplissement de l'esprit quand il est enfin revenu à lui-même est le moment de cette fin de l'histoire, quand plus rien, désormais ne peut commencer (quand l'idée même d'un commencement a perdu son sens – le paradis ou l'ennui des théologiens, l'ennui des bourgeois et des dimanches ou des vacances bourgeoises... et prolétariennes !).

Pour Marx et pour Engels, l'histoire est celle des sociétés. Quand l'histoire est celle de la société, il n'est plus question de la liberté, et la liberté a changé de sens, elle n'est plus la liberté de l'esprit (qui est hors de lui dans l'histoire, ou pour lequel l'histoire n'est rien que le moment et le lieu de son revenir à lui-même). L'histoire, pour Marx et Engels est l'histoire des sociétés *humaines* et la liberté a une signification *sociale* : cette signification est que, **quand la société est la société des classes et de leurs luttes, on est toujours déjà dans l'élément de la servitude** (dans le langage de Hegel, on a reculé d'effroi devant la mort). C'est en effet la définition de la société, là où règne le mode privatif de l'appropriation : la société est servitude. Ou bien, une société se définit *comme une certaine configuration de la puissance*. La configuration de la puissance détermine la modalité de servitude *pour tout étant qui s'inscrit dans cette configuration, la perte de l'Être ou de l'Être soi-même*, et le déploiement indifférent du jeu machinal des puissance – machinal parce que la détermination de ce jeu est le pur et simple rapport de forces, à tel moment. L'histoire marxiste ne fait donc, *semble-t-il,* que raconter comment on passe d'une configuration de puissance à une autre (en langage marxiste, d'un mode de production à un autre) – ce n'est pas rien, c'est même au contraire tout ce qui se passe dans cette histoire, en tout cas, du point de vue de ce qui est ***ou*** du point de vue de l'homme qui n'est lui-même que dans sa façon d'entendre ce qui est et de correspondre à son être, c'est-à-dire la façon dont cet étant est configuré – l'histoire n'est donc qu'une suite de servitudes, ne pourra jamais être autre chose. **Le communisme**, comme le pense Marx, **rompt avec cette histoire**[1] – **avec la « Machenschaft » historique** (la machine de puissance ou la **fabrication de l'histoire**).

Cette identité du social-historique et de la servitude sera la seule chose dont les anarchistes auront le savoir, ces anarchistes qui ne sont contre l'Etat que parce qu'ils sont contre la société (c'est pourquoi ils sont résolument opposés à l'idéologie socialiste). La prétention de l'anarchisme, qu'il soit de droite ou de gauche, « aristocratique » ou prolétarien, est d'être « *antisocial* », pour les anarchistes la société n'est rien d'autre qu'une prison, d'où leur haine de l'ordre républicain avec sa police.[2] L'anarchisme a ce savoir par l'héritage

---

[1] Laquelle histoire n'est, pour Marx, jamais qu'une « *préhistoire* ».

[2] Là-dessus, Stirner a écrit de belles pages, dérivant le mot de société (Gesellschaft) de celui de salle (Saal) : « Comme la salle, la prison forme bien une société, un compagnonnage, une communauté (le travail en commun en est un exemple), mais elle ne constitue pas un commerce, une réciprocité, une association. Au contraire, toute association en prison porte en soi le germe dangereux d'un « complot » qui pourrait éclater et porter ses fruits à la faveur des circonstances.

notamment de Rousseau (pour eux l'autre de la servitude, ce n'est pas le communisme ou la pensée du communisme, qui leur apparaît aussi bien comme une prison, c'est tout simplement la « *nature* », la même « bonne nature » que celle de Rousseau, chez Stirner c'est « l'unique »). On se rappelle le point de départ de Rousseau : « L'homme est né libre et *partout* il est dans les fers, et tel qui se croit le maître des autres ne laisse pas d'être plus esclave qu'eux ». Je souligne le « partout » : c'est le regard eidétique de Rousseau qui caractérise ce qui relève ainsi de la généralité empirique, qu'il distingue clairement de ce qui relève de l'essence ou de la *naissance* de l'homme « né libre » (c'est-à-dire *né pour l'être*). Nous y revenons tout de suite.

A chaque fois donc, le terme (d'une époque historique) est l'émergence de la nouveauté historique (la nouvelle configuration de la puissance), *à la condition expresse que tout n'ait pas sombré dans le néant ou l'inertie de l'être* (au sens hégélien de la position immédiate de l'être qui équivaut au néant – j'ai posé l'être, mais n'ayant posé aucun étant, je n'ai rien posé ou je n'ai posé rien que du néant). La lutte sociale des classes, en ce sens, fait advenir un tout autre historique, qu'elle porte en elle-même, tout autre au regard même des combattants, au risque cependant du pur et simple naufrage, de l'anéantissement (s'il n'y avait pas ce risque encouru, la lutte n'était qu'un jeu, elle n'était pas une lutte vraie). **Toute lutte vraie est une lutte révolutionnaire qui fait advenir le tout autre**. **Mais l'élément demeure celui de la servitude**, du non-libre, du non-ouvert, puisque, dès lors qu'une séquence est ouverte, le mode d'être des étants est entièrement déterminé, sans la chance ou sans le bonheur de pouvoir se délivrer de cette détermination a priori des possibilités données à une époque de l'histoire, comme détermination *d'une dominante* de la configuration de maîtrise, suivant le régime des hégémonies de puissance. Comme il est demeuré chez Rousseau, dans le Contrat social : le « Contrat » de Rousseau, il faut toujours le rappeler aux *lecteurs distraits*, ne fait rien d'autre que *légitimer la servitude*, parce que « l'ordre social est *sacré* » : sans cet ordre, celui du droit et de sa police, c'est l'enfer[1]. Pour Rousseau, malgré son éloquence morale et politique, malgré l'utopie romanesque – et par la lucidité de sa pensée – la liberté, c'est-à-dire, dans l'inspiration de cette pensée, le bonheur, est en dehors du monde politique et du monde social (mais pas du tout « antisociale »), même du

---

Cependant, habituellement, ce n'est pas de son plein gré que l'on va en prison, il est rare aussi qu'on y reste volontairement, mais l'on nourrit un désir égoïste de liberté. C'est pourquoi il apparaît plutôt ici que le commerce personnel se manifeste en hostilité avec la société-prison, et tend à dissoudre cette société, à faire cesser la captivité commune » (L'unique et sa propriété, p. 234 La Table ronde, 2000). L'ennemi de Stirner est clairement l'idéologue communiste, plus encore que le bourgeois de l'idéologie du droit, le communiste rudimentaire que critiquait Marx (mais Marx devait être lui-même, pour Stirner, un communiste rudimentaire).

[1] Le Contrat social, livre I, chapitre I Sujet de ce premier livre : « L'homme est né libre, et partout il est dans les fers. Tel se croit le maître des autres, qui ne laisse pas d'être plus esclave qu'eux. Comment ce changement s'est-il fait ? Je l'ignore. *Qu'est-ce qui peut le rend légitime ? Je crois pouvoir résoudre cette question* ». Pléiade, p. 351.

monde familial, qui est celui du roman, elle est dans la jouissance sensible du moment, fraîcheur d'un matin ou d'un regard d'enfant, fessée reçue des mains d'une belle femme, fête populaire (paysanne) rêvée d'autrefois ou tranquille solitude au bord des eaux claires d'un lac de montagne comme on en trouve de magnifiques, point trop éloignés de Chambéry. Plus tard, les rêveries mièvres et sentimentales ou sombres et violentes de l'anarchisme.

# II. De la thèse à la question. Le tournant

Si la lutte est vraie, elle est révolutionnaire, fait rupture avec un mode d'être de l'humanité, un « Dasein », elle fait advenir un monde, lequel monde est un *tout autre* monde. La vérité de l'histoire, *s'il y a une telle vérité, c'est-à-dire s'il y a histoire*, est « vérité historique révolutionnaire », l'expression est très lourde pour dire *ce qui est, ou se passe, comme un tournant.* Nous savons quelque chose du tournant **puisque nous posons la question de l'histoire**, ce qui signifie que **nous ne sommes plus dans l'évidence moderne du monde comme « monde historique »,** avec toutes les idéologies qui l'ont porté ou qui ont fleuri sur le sol de cette évidence (le progrès, la science ou la vérité de la science, le socialisme). **Ce n'est qu'à partir de ce moment que nous sommes véritablement « historiques ».** Dans l'expression « le monde historique », « historique » était compris dans le sens hégélien-chrétien, le ressort de l'histoire était la perspective d'une « fin de l'histoire », ou plutôt le rêve de cette fin. Dans le *langage* de Marx, mais plus généralement, dans celui de la bourgeoisie « progressiste », « vérité », « historique », « science » et « révolutionnaire » disent chaque fois la même chose[1] : nous, qui appartenons à l'humanité occidentale, nous croyons pouvoir comprendre ces diverses notions, ces diverses *croyances*, nous leur donnons ainsi un certain poids, elles *nous disent quelque chose*, c'est-à-dire plutôt que *nous avons l'illusion qu'elles nous disent quelque chose*. Si pourtant nous ne croyons plus aujourd'hui à cette histoire-là – cette « histoire-là » de la fin de l'histoire, qu'elle soit américaine-démocratique ou communiste-soviétique – nos ainés, nos parents, particulièrement, croyaient encore, pourvu qu'ils aient été de « l'entre-deux-guerres »,[2] peut-être même des gens qui ont notre âge (passage du vingtième au vingt-et-unième siècle). Nous appartenons bien à la modernité, mais **à cette modernité dans le moment de la fin** – qui signifie, si cela doit signifier, que *cela que nous sommes, cela est déjà passé à autre chose* – un passage en nous que nous sommes nous-mêmes et dont nous ne savons presque rien. Cela veut dire : nous *avons pensé ainsi*, en tout cas nos

---

[1]*Et chaque fois autre chose* (sans quoi ils ne diraient rien). C'est pourquoi on peut varier les façons de dire, dire que la vérité est *révolutionnaire* et la science *historique* comme nous dirions que la vérité est *historique* et la science *révolutionnaire*.

[2] Entre-deux-guerres qui définit, dans sa pleine portée ou extension (de 1913 à 1989), le vingtième siècle.

parents dans nous, *mais nous ne pouvons plus* penser ainsi, nous ne pouvons plus « penser » simplement (nous représenter) que le monde est monde en tant que monde historique, puisqu'il est historique parce qu'il est porté par la perspective « révolutionnaire ». **Nous ne pouvons désormais le penser que comme question ou alors nous ne pensons rien du tout** ! Nous devons dire cela pour ceux qui proviennent **d'autres humanités** (que celle qui se dit et se reconnaît « Occidentale »), qui ont une autre expérience du monde et de la vérité, *pour ceux qui n'appartiennent* pas *à la tradition de l'histoire et de la révolution* (c'est-à-dire pour *tous ceux qui ne sont pas européens*). Nous devons dire cela aussi pour nous-mêmes, bien sûr, parce que ces croyances ont « fait » notre histoire, c'est ainsi justement que cette histoire est devenue pour nous *une question* – et alors, véritablement, histoire – non pas la question de savoir *de quelle histoire* il s'agit (de l'Esprit, des peuples, de la lutte des classes ou des races ou des « civilisations ») mais : 1) la question de savoir si *quelque chose de tel que l'histoire a* un *sens*, ou, pour préciser et corriger la notion de sens avec celle d'histoire, 2) si quelque chose de tel *a eu lieu, peut encore avoir lieu.*[1] La première question est une question verbale,(*nous savons* que dire l'histoire, c'est dire l'histoire comme l'être, ce qui revient à *dire un sens*), la seconde, au contraire, n'est pas seulement l'exigence d'un apport de précision, elle est une question véritable, **elle est la question de l'avoir lieu ou de l'événement du sens (celui de nos existences, celui de nos discours)**.[2]

## 1. L'événement de la Révolution française (Kant, Hegel)

Ce qu'on appelle l'histoire est apparu longtemps comme la suite interminable de régimes de servitude, on passe d'une configuration de maîtrise-servitude à une autre : la société bourgeoise « *ne fait que substituer aux anciennes de nouvelles classes, de nouvelles conditions d'oppression, de nouvelles formes de lutte* » (p. 52). Rien qu'une *substitution*, le tout autre n'en est pas un vraiment. Pourtant le quatrième alinéa introduit **la rupture**, à travers laquelle l'histoire se découvre comme histoire ou dans son être (sa vérité) historique. Certes la société bourgeoise « *n'a pas dépassé l'opposition des classes* » ; ce qui distingue notre époque, « *l'époque bourgeoise* » c'est le fait « **qu'elle a simplifié l'opposition des classes** » (p. 52). En simplifiant l'opposition, la société bourgeoise change la disposition et le sens de la lutte, de telle sorte que ce qui arrive avec la bourgeoisie, comme le montrent d'ailleurs les révolutions du 17ème et du 18ème siècle, surtout, bien sûr, la grande

[1] Question de savoir si ce qui a lieu a du sens, *mais aussi*, et surtout si, *ce qui a du sens a lieu*. *Il y a* sens (vérité) – ou pas (c'est la question). « Il y a » sens *et vérité* : c'est le concept de l'événement.

[2] La philosophie ne peut plus être philosophie, elle est tout simplement arrivée à son terme, en tant qu'*ontologie* : d'un côté nous sommes dans le moment interminable de sa fin, de l'autre la pensée commence de se connaître comme une pensée de l'événement, de **l'Être-événement appropriant** (Ereignis).

révolution française, ce n'est plus **simplement** le passage d'une configuration de maîtrise à une autre, tel que la mise en place de cette configuration nouvelle ne produise jamais que l'émergence d'une forme parente de servitude. *Quand la bourgeoisie simplifie* (ce que font les philosophes, selon Nietzsche), elle *révèle l'essence de la servitude*, comme, suivant Marx, *le capital révèle l'essence de la propriété privée*. L'essence de la servitude réside en effet dans le *régime privé de l'appropriation*, dans cette appropriation privative qui fait nécessairement que les uns, qui sont minoritaires, se trouvent en position d'être les « maîtres » et les propriétaires, tandis que les autres, *tous les autres*, qui font le grand nombre et, *en ce sens restreint*, le peuple, sont les non-propriétaires soumis à l'oppression du pouvoir des maîtres. Il s'agit là d'une **révélation de fond**. Ce n'est pas une *oppression particulière* qui est mise en lumière (religieuse, sociale, culturelle, sexuelle) mais bien ce qui est *le fond* de toute oppression particulière, ce qui, fondamentalement, *détourne* les individus et les peuples de leur être et de l'Être lui-même pour les *soumettre* au « c'est comme ça » de l'oppression : résignation, révolte et rage et désespoir. Les bourgeois ne veulent certes pas en finir avec la propriété privée (au contraire), mais ils montrent : 1) qu'elle est *le principe* de *toute servitude* (matérielle, psychologique et morale) : 2) que la disposition du *système du droit* (égalité en droit de tous les hommes) est *la seule façon* de garantir la propriété et de prévenir des effets néfastes qui résulteraient d'une *extrême inégalité* et d'une injustice *trop sensible* (parce que l'excès de l'oppression ou la trop flagrante injustice engendrent, comme disent Marx et Engels, l'examen de la situation et le développement d'une conscience chez l'opprimé).

Une révélation de fond ou *fondamentale* n'est pas quelque chose comme un événement empirique ou « naturel », elle n'est pas non plus quelque chose qui serait *surnaturel* : **avec cette révolution bourgeoise, quelque chose a lieu qui est de l'ordre de l'histoire de la vérité** (ou de l'histoire de l'Être) et qui a pu apparaître comme surnaturel. Pour Hegel, comme pour Kant, la révolution française est un événement fondamental.[1] Pour Hegel, la révolution bourgeoise est une *révolution philosophique*, le « maître » bourgeois, en révélant l'essence de la servitude, découvre le principe de la liberté comme celui de l'esprit, et non pas comme un principe particulier, un « quelconque principe d'opinion, comme l'instinct social, le besoin d'assurer la sécurité de la propriété, etc. ; ni un principe pieux, comme l'institution divine de la

[1] Pour Kant, la révolution *prouve* la tendance morale de l'espèce humaine, même si elle est pleine de misères et d'atrocités, « elle trouve cependant dans les esprits de tous les spectateurs (qui n'ont pas été eux-mêmes impliqués dans ce jeu) une adhésion au désir qui la porte, qui se rapproche de l'enthousiasme » (Le conflit des facultés, deuxième section, 6), voir Pléiade, Œuvres philosophiques III, p.895. Hegel dit : « C'était là un superbe lever de soleil. Tous les êtres pensants ont célébré cette époque. Une émotion sublime a régné en ce temps-là, l'enthousiasme de l'esprit a fait frissonner le monde, comme si à ce moment seulement on en était arrivé à la véritable réconciliation du divin avec le monde » (Leçons sur la philosophie de l'histoire, Traduction Gibelin, p. 340). L'événement est un événement de la pensée.

souveraineté, mais le principe de la *certitude* qui est l'identité avec ma conscience de moi-même ». *Immense découverte* concernant ce qu'il y a « de plus intérieur et la liberté. La conscience du spirituel constitue désormais essentiellement le fondement, et le pouvoir est passé ainsi à la philosophie »[1]. Que veut dire ici, pour Hegel philosophe de l'histoire, cette notion de philosophie ? La philosophie, explique -t-il, n'est pas seulement la vérité « en soi et pour soi, en tant que pure essence » (c'est-à-dire chez elle, dans l'élément de la pensée), elle est « *aussi la vérité en tant qu'elle devient vivante dans le monde* ». Il est donc juste de dire que « la révolution a reçu sa première impulsion de la philosophie. Mais cette philosophie n'est tout d'abord que pensée abstraite, non compréhension concrète de la vérité absolue ».[2]

## 2. Le maître bourgeois ou la société bourgeoise

Nous ne devons pas nous laisser impressionner par ce langage de l'idéalisme absolu (celui de Hegel). Ce qui doit être pensé, dans la notion hégélienne d'absolu, c'est ce qui est *non relatif à une quelconque puissance* (religieuse, politique, idéologique), la « vérité absolue » est la vérité de l'Être lui-même, et non pas de l'Être dans la perspective de telle ou telle volonté de puissance, qui ne peut être que relativement à cette volonté et qui ne se tient pas en lui-même, est donc sans vérité (ou seulement, peut-être, pour le « sujet » qui se constitue lui-même dans cette perspective). La pensée *abstraite* de la liberté, c'est la pensée qui se limite à la considération du droit, car le droit est *en effet* une objectivation du principe de liberté, mais il lui manque l'essentiel, c'est-à-dire ce qui fait que la liberté est libre, son essence de liberté, ce par quoi et en quoi elle délivre de toutes les servitudes, en montrant que le droit – la reconnaissance du droit, c'est-à-dire *de l'égalité des droits, figure objective de la liberté* – n'est encore que formel, quand il n'est pas rapporté essentiellement à la vie pratique, à la vie des individus et des peuples dans leurs pratiques multiples, là où et quand ils peuvent affirmer pratiquement leur être et les exigences de cet être. La vie pratique ne doit pas s'entendre comme vie seulement matérielle, vouée à la *production* des biens, elle ne doit pas non plus s'entendre comme vie seulement intellectuelle, vouée à la *production* des savoirs, elle est à chaque fois l'expression de l'être d'une humanité dans un monde, d'une humanité qui a la mémoire de ce monde, qui connaît ce monde *comme le sien*, dans sa différence avec les autres mondes – différence qu'elle doit apprendre comme elle doit apprendre sa propre

[1] Leçons sur la philosophie de l'histoire, p. 339.

[2] Leçons, p. 339. C'est parce que cette pensée est abstraite que « le principe de liberté se fait valoir à l'encontre du droit existant », *particulièrement en France* dont tout l'état, à cette époque « consiste dans un amas confus de privilèges contraires à toute idée, une situation insensée à laquelle s'unit la corruption la plus grande des mœurs – un règne d'injustice qui devient injustice cynique à mesure qu'on commence à en avoir conscience ».

différence, à partir de laquelle seulement elle est capable d'apprécier sa différence avec l'autre. Non rapportée à la vie pratique, la liberté n'est que formelle et le droit n'est jamais « qu'un *formalisme de la liberté* », suivant l'expression de Hegel. Mais se libérer vraiment du formalisme de la liberté dans le monde politique (la société), c'est reconnaitre que le principe de la liberté est un principe *spirituel*, le seul principe qui soit vraiment autonome ou soit en lui-même libre (tandis que, dans la perspective du droit, la liberté est dépendante de l'autre qui reconnait mon droit – en réalité de l'Etat).

Pour Marx, la société bourgeoise, *c'est-à-dire le maître bourgeois*, simplifie l'opposition des classes : « *La société tout entière se divise en deux camps ennemis* ». L'élément de la politique ou de la *politisation de la société* n'est plus le droit (ou alors il est secondairement le droit, les rapports juridiques suivant les rapports politiques), il est la lutte de classe. Cela veut dire que, pour Marx, il n'y a plus un espace en dehors de la société qui permette que se développe un esprit de liberté, qui serait l'espace spirituel : l'esprit est social, il est cet esprit social dans *la relation des humanités à la nature qui est elle-même une relation historique*. C'est dans cette relation que les humanités jouent leur être, et d'abord *osent* cet être : c'est-à-dire découvrent ce qui est leur propre ou leur propriété, *leur façon authentique d'être*. Mais le bourgeois tout en identifiant l'essence de la servitude – dans une inégalité des droits qui se fonde dans le régime de l'appropriation privative – maintient cette servitude en rejetant dans un au-delà tout ce qui relève du spirituel, principalement la religion, mais à partir de la religion, *toutes les pratiques proprement spirituelles* (humaines). *Cet au-delà*, qui, en principe, transcende les réalités économiques et sociales qu'est censé ordonner le droit, est cependant *toujours un en-deçà*, puisqu'il est supposé être la sphère privée : à chacun son Dieu, ses diables, ses fanatismes, ses enfers, son purgatoire. Non seulement il la maintient, mais il la consolide, puisqu'il construit une humanité à partir de la notion abstraite de la liberté (comme liberté du propriétaire), et imagine ou se fait croire, en faisant croire, *qu'elle peut s'accomplir* dans ses individus et dans ses peuples, *en tant que cette liberté purement formelle* et donc essentiellement inégalitaire (parce qu'elle laisse hors de sa considération la provenance et la signification des propriétés – aussi bien matérielles que spirituelles). L'*inimitié* n'est pas ici un principe anthropologique (Hobbes), ni une relation qui naîtrait de quelque nature corrompue des hommes : elle tient tout entière dans un certain rapport d'être qui est un rapport fondamentalement exclusif – ce qui veut dire un **impossible rapport** – de sorte que ce qui est doit être attribué privativement à un propriétaire et exclure le non-propriétaire ; elle tient donc à la méconnaissance (l'ignorance) de cela que l'être d'une humanité est *son être-là*, (faire espace pour l'Être), et que cet être-là est essentiellement *être-avec- les-autres* (le *monde commun*).

Le maître bourgeois (la société bourgeoise) révèle la servitude en la généralisant, c'est-à-dire en *désacralisant* la maitrise (plus rien ne vient justifier ou légitimer le maître) de telle sorte que la société bourgeoise est cette société d'esclaves qui sont parfaitement des esclaves, parce qu'ils n'ont plus besoin d'aucun maître pour se sentir et se comporter en esclaves. On peut dire les choses de deux manières complémentaires : 1) quand le maître est le maître bourgeois, il n'y a plus de maître ; 2) quand l'essence de la servitude est révélée (dans le rapport privatif), la servitude doit s'étendre à tous les hommes, à toutes les pratiques humaines, puisque les hommes se constituent dans leur rapport pratique au monde, désormais privé de tout sens. C'est cela que vont démontrer Marx et Engels, quand ils montrent que les prolétaires ont perdu la maîtrise de leur propre travail, qu'ils ne s'*objectivent* plus, c'est-à-dire ne se prouvent plus eux-mêmes dans ce travail ; c'est cela que sait déjà Rousseau, mais dans un langage juridique qui l'empêche de percevoir *ce qui se passe vraiment* avec la modernité (qui est pourtant son objet premier – qu'il se représente à partir du jeu d'une double opposition de l'homme naturel à l'homme civilisé, et de l'homme moderne-européen à l'homme antique).

Pourtant Rousseau dit tout, dès l'incipit du Contrat social : « L'homme est né libre, et partout il est dans les fers. *Tel se croit le maître des autres, qui ne laisse pas d'être plus esclave qu'eux* ». Nous avons ici la *double opposition*, l'opposition croisée, qui inscrit ce qui est, pour Rousseau, le « malheur de la politique », ce que Marx, dans sa perspective révolutionnaire communiste, concevra comme l'aporie du politique. La première opposition est expresse dans la première phrase qui oppose à la nature libre la servitude des sociétés (partout esclave) ; la deuxième opposition est dans la deuxième qui est une *critique du juridisme* bourgeois, qui est à mon avis la signification première du grand livre politique de Rousseau : ce que Rousseau révèle est que le maître bourgeois (le capitaliste) est doublement dans la servitude, premièrement d'être esclave autant que les autres, deuxièmement d'avoir l'illusion de ne pas l'être. Cette double servitude commande encore la critique explicite de la *famille* bourgeoise, qui suit immédiatement le très clair énoncé du malheur de la politique (chapitre I), comme étant le sujet du livre I, au chapitre II du livre I du Contrat : « La plus ancienne de toutes les sociétés et la seule naturelle est celle de la famille », dit-il, mais pour ajouter aussitôt (sans aucun *sentimentalisme* familial ou encore sans aucun « naturalisme »)[1] : « Encore les enfants ne restent-ils liés au père qu'aussi longtemps qu'ils ont besoin de lui pour se conserver. Sitôt que ce besoin cesse, le lien naturel se dissout.[2] Les enfants, exempts de l'obéissance qu'ils devaient au père, le père exempt des soins qu'il devait aux enfants, rentrent tous également dans l'indépendance ». La « société naturelle » prétendue qu'est la famille, **pour le bourgeois**, ne tient pas un instant (ou rien qu'un instant), mais montre – démontre pratiquement – qu'elle est une société artificielle, qui va alors très vite à sa

---

[1] Rousseau n'est pas plus un « sentimental » que ne sera Goethe : c'est un homme de pensée et de sensualité – un penseur et un homme d'écriture.

[2] Je souligne.

pure et simple décomposition, la démonstration passant par les sottises de la psychanalyse et de son familialisme, Œdipe et tout le reste (pulsion de mort). Marx et Engels ne feront que résumer cette logique de la décomposition du pseudo-lien naturel des familles (bourgeoises), en soulignant la réalité nue du rapport d'argent qui est la seule réalité du rapport familial : « La bourgeoisie a arraché aux rapports familiaux leur voile d'émotion et de sentimentalité et les a ramenés à un pur rapport d'argent » (p. 54)). On pourrait dire que la société du capital a atteint ce « dernier terme de l'inégalité et le point extrême qui ferme le Cercle et touche au point d'où nous sommes partis : c'est ici que tous les particuliers redeviennent égaux parce qu'ils ne sont rien »[1]. Nous n'avons besoin ici d'aucune spéciale psychologie de profondeurs, d'aucun roman théologique, il suffit de voir comment se comportent les « bourgeois » pour suivre Rousseau, qui dit simplement les choses comme elles doivent apparaître à tout regard non prévenu (par des savoirs prétendus psychologiques ou théologiques), et être assuré déjà que le maître bourgeois n'est qu'un pseudo-maître[2] – c'est le principal ressort de la comédie classique (Molière).

---

[1] « *C'est ici que tout se ramène à la seule loi du plus fort, et par conséquent à l'Etat de nature différent de celui par lequel nous avons commencé, en ce que l'un était l'Etat de nature dans sa pureté et que ce dernier est le fruit d'un excès de corruption* » Discours sur l'origine de l'inégalité, p. 191, Œuvres complètes, III, Pléiade. Bien sûr, l'Etat de nature originel est un état idéal, qu'il faut poser pour *voir* les progrès de l'inégalité sociale et ses effets de corruption ; dans la société bourgeoise, les hommes ne peuvent connaître autrement la nature que corrompue, viciée, déséquilibrée.

[2] Le « monde » bourgeois est donc généralement le monde du « pseudo », du simulacre, de la comédie ; il joue là son unique génie, pour ainsi dire, son idiosyncrasie, son *caractère le plus propre* (il n'en a pas d'autre), et se désennuie (ou tente de se désennuyer) en se gaussant de lui-même. Notons qu'au vingtième siècle, beaucoup plus tard, Sartre n'était pas moins un penseur du semblant que n'était Deleuze (avec ses simulacres) : variation dans l'intelligence des diverses techniques ou des divers arts du « faire semblant », et, bien sûr *un rapport contraire*, chez ces deux auteurs, au semblant, l'un de pure négativité (par ailleurs lui-même homme de théâtre) et dont la doctrine la plus originale est celle de la « mauvaise foi », l'autre, inspiré par Nietzsche, sa volonté de puissance et son éternel retour, qui montre *l'usage affirmatif que l'on peut faire du semblant, en tant que simulacre dont le jeu nous libère au moins des fantasmes d'une origine pure,* d'une pure nature *d'avant* le semblant ou le rapport social (qui est un rapport de semblant). Tous deux admirateurs de Rousseau. Il y a aujourd'hui comme une revendication rageuse et désespérée de l'inauthentique et de l'impropre, purement formelle, qui n'affirme plus rien mais ne tient pas même la pose, *celle du désespoir* – nous sommes dans le moment d'une spéciale *haine de la pensée*, particulièrement de la pensée de Heidegger, mais *de toute pensée*, généralement, ou de toute exigence de questionnement. C'est le moment où n'importe qui débat avec n'importe qui d'autre et de n'importe quoi ! Le support technique ou onto-technologique de tout cela est, évidemment, l'industrie numérique (en particulier, ce qui se passe dans ce qu'on appelle les « réseaux sociaux »). Correspondance.

## 3. La vérité de la lutte des classes en tant qu'avènement du règne des masses

Marx et Engels disent exactement ce qu'est la configuration bourgeoise de la maîtrise ou de la société : l'opposition (du bourgeois et du prolétaire, du propriétaire et du non-propriétaire) n'est pas dépassée, au contraire, la simplification accentue l'opposition, en aiguisant les extrêmes. Il faut entendre dans tous ses sens la notion de simplification, elle est d'abord et singulièrement *l'appauvrissement du rapport des hommes entre eux*, et donc de chacun des individus par rapport à lui-même – appauvrissement des ressources sensibles et intellectuelles de chacun des individus et des peuples, paupérisation de l'esprit ! Or, l'aiguisement des extrêmes, le tour uniformément pathologique pris par les comportements soumis à ce que Marx désigne comme procès de paupérisation, envers du procès de l'accumulation, tout cela signifie que la tension sociale-humaine est à son comble, et alors une *possibilité* est ouverte à son dépassement, autrement dit une possibilité de dépassement de l'opposition des classes et du régime de l'appropriation privative.[1] *Ce n'est qu'une possibilité* que Marx et Engels comprennent dans la perspective d'une disparition des classes elles-mêmes, mais qui renvoie donc aussi, en tant que *contre-possibilité* – je ne crois pas que Marx et surtout Engels voient cela clairement, bien qu'ils doivent sensiblement l'éprouver – à *ce qui se produit* avec une telle disparition des classes, à savoir **l'avènement des masses, l'événement de leur irruption** sur la scène de l'histoire : cela s'accomplit inévitablement comme et dans le règne de l'indistinction, quand les extrêmes opposés sont eux-mêmes indistincts – il n'y a donc plus ni le haut ni le bas, ni le lourd ni le léger, ni le clair ni l'obscur, *la distance est perdue*, il n'y a donc plus d'ouverture, **le monde (de la technique ou du capital) est en lui-même un monde clos**.

Qu'est-ce que la configuration bourgeoise du social, dans son sens marxiste, c'est-à-dire du *rapport unitaire* de l'humain et du naturel ? **La société bourgeoise se configure à partir de la disposition fondamentale de l'espace social comme espace clos de l'incarcération**, cet espace qui fait monde en détruisant le monde, ou en en faisant un quasi-monde puisque l'essence du monde est l'être-ouvert. Il s'agit d'une clôture dans l'essence, d'une clôture interne, si l'on veut : au sens en tout cas où cet espace de l'incarcération n'a pas besoin que l'on construise des murailles – la construction des murailles ou des murs d'enceinte, la fortification, est un expédient très ancien des puissances *limitées*, notamment féodales (qui peut

---

[1] C'est une possibilité **parce que c'est la seule issue** : la bourgeoisie, écrivent Marx et Engels, « est incapable de dominer, car elle est incapable d'assurer à l'esclave l'existence même dans son esclavage, parce qu'elle est contrainte de le laisser descendre à une situation où elle doit le nourrir au lieu de s'en faire nourrir. La société ne peut plus exister sous sa domination, c'est-à-dire que son existence n'est plus compatible avec la société » (p. 68).

d'ailleurs être remis au goût du jour, favorisant le développement des techniques de la surveillance des populations et du contrôle des *passages* migrateurs) ; la tendance bourgeoise est au contraire à *illimiter* l'espace de la circulation des informations et du capital, la bourgeoisie « rase toutes les murailles de Chine », expliquent Marx et Engels, en vendant à bas prix ses marchandises (ce qui suppose la surexploitation de la main d'œuvre des pays du monde entier – c'est la réalité de la « mondialisation ») et, si elle construit encore des murailles, ce sont des *murailles de carton*, comme pour le tournage d'une superproduction hollywoodienne. Le capitaliste ne garde au secret que les techniques spéciales de l'accumulation du capital et des puissances létales qui l'accompagnent, techniques qui se modifient en même temps que se modifie l'infrastructure de la machine productive.

Marx et Engels ne voient pas clairement, disions-nous, l'avènement du règne des masses. Ils le voient tout de même : la bourgeoisie (Marx et Engels appartiennent eux-mêmes à la classe bourgeoise, sont en tout cas nés bourgeois) ne fait son apparition sur la scène de l'histoire que pour faire advenir ou pour « *produire* » le prolétariat. **Mais le prolétariat est le non-sens de la « classe non classe », il porte en lui la prolétarisation des hommes et des mondes**, ce qui ne veut pas dire autre chose que l'avènement du règne de l'être de masse : ce n'est pas la transformation révolutionnaire de la société entière *ou* l'anéantissement des deux classes en lutte (p. 51), c'est la transformation révolutionnaire de la société tout entière *en tant que* cet anéantissement – des classes et des *humanités classées*.[1]

# III. La pensée pratique de l'histoire

La formulation est *singulière* et la phrase est *bancale*. Nous lisons : « *L'histoire de toute société jusqu'à nos jours est celle de la lutte des classes* ». Comment cela pourrait-il *vouloir dire quelque chose* ? Ou simplement : qu'est-ce que cela *veut* dire ? Aussitôt après avoir donné à leur affirmation une portée universelle (il s'agit de « l'histoire de *toute société* »), les auteurs du Manifeste en viennent à *cette limitation* qui infirme la portée universelle de l'affirmation : « *jusqu'à nos jours* ». Or cette limitation, d'un côté (du côté théorique), est inutile : nous ne pouvons rien *dire* en hommes de science d'une société *qui n'est pas encore*, ou alors nous versons dans l'utopie, dans la représentation utopique, nous ne pouvons dire quelque chose que de ce que nous connaissons, soit à partir de nos propres expériences, soit à partir de ce qui nous a été rapporté d'expériences autres faites par les humanités dans

[1] Il ne faut pas se laisser abuser par le langage pseudo-dialectique de Marx, certes fasciné par celui qui fut son maître en philosophie, parce que, simplement, Marx était « le fils de son temps », et qu'en ce temps-là, Hegel était en philosophie le maître de tout le monde. Dire la classe-non-classe à propos du prolétariat, c'est dire très clairement le non-sens de l'existence faite au prolétariat dans le monde du capital.

le passé de notre monde ou dans d'autres régions que nous ne connaissons pas du monde. D'un autre côté (disons donc pratique), cette limitation est l'*indication* que les choses peuvent, et alors, certainement, doivent changer : que peut-être à l'avenir l'histoire des sociétés qui ne serait plus celle de la lutte des classes. Or La thèse porte sur « toute société », elle signifie que l'*essence de la société* est dans la lutte des classes. Le « *jusqu'à nos jours* » met aussitôt en question la thèse, en limitant sa portée, elle nous renvoie au « *désormais* » de la première conclusion du préambule (« Le communisme est *désormais* reconnu… »). Le renvoi nous rappelle que nous avons affaire à un *discours pratique*, qui ne peut être pris seulement comme l'expression d'une *interprétation*, un discours ne visant pas seulement, ni même d'abord, à établir une « nouvelle science » de la société (un discours de sociologue)[1], mais, conformément à la thèse XI sur Feuerbach,[2] visant à la transformation de son objet. Ce discours propose ou met à l'ordre du jour (« désormais ») une transformation pratique de ce qu'on appelle la « politique », quoiqu'en un sens tout à fait insolite, puisqu'il s'y agit, non pas généralement d'une *pratique* du *dépassement (impossible) du politique* mais, plus précisément, du dépassement de *cette* politique déterminée par le conflit des classes (politique = lutte des classes), dont l'histoire est jusqu'à nos jours l'histoire. Il s'agit d'aller vers cette autre conception de la politique, qui fait signe vers le sens originaire grec, puisque, dans la langue des tragiques grecs puis des philosophes grecs, *le mot « polis » dit* la *cité, lieu de l'existence des hommes en tant qu'individus, en tant que peuples.* Marx et Engels ont une vue une autre pensée de la *politique* qui est aussi une autre pensée de la *pratique*, dont le sens renvoie directement, comme nous le disions plus haut, à celui de la notion de la *praxis* dans la pensée d'Aristote[3].

L'histoire dont il est question dans le Manifeste de Marx et Engels n'est pas « l'histoire en général » (cela ne veut d'ailleurs rien dire), elle est *leur* histoire, une histoire *communiste*, s'ils peuvent (ont le droit et la capacité) de parler ainsi de *leur* histoire et de l'histoire communiste : une histoire qui commence avec eux (avec le Manifeste), dans la mesure où ils espèrent *changer* l'histoire, telle qu'elle a été « jusqu'à nos jours », en nous instruisant

---

[1] Bien entendu, dans sa *vérité propre*, le discours du sociologue est lui-même une interprétation qui transforme, c'est-à-dire qu'il n'est plus seulement de la sociologie, mais appartient à la pensée pratique (le sociologue se change lui-même dans sa propre « recherche »). Mais il ne peut l'être qu'à partir d'une vue eidétique de la société (et de l'histoire). Dans la sociologie marxiste, exemples nombreux (Lefebvre, tant d'autres).

[2] « Les philosophes n'ont fait qu'interpréter diversement le monde, ce qui importe, c'est de le transformer »

[3] Dans sa distinction de la production (poïétique), par exemple, quand Aristote définit la prudence, vertu de la praxis, il dit : « *tandis que la production, en effet, a une fin autre qu'elle-même, il ne saurait en être ainsi de la pratique* (praxis), *la bonne pratique étant à elle-même sa propre* fin » Ethique à Nicomaque, VI, 5, 1140b 5-7.

de ce que cette histoire est en vérité – ou de *la vérité* de cette histoire.[1] **Car il s'agit bien d'une vérité**, qui nous est transmise afin que nous puissions nous changer – parce que nous le devons – d'une vérité qui, en même temps qu'elle transforme notre vue de l'histoire, et de son objet (la lutte des classes), nous transforme nous-mêmes, nous qui appartenons à cette histoire. Cette vérité est, nous le savons, une « vérité pratique » : une vérité qui ne transforme la perception que nous avons des choses qu'en nous transformant nous-mêmes, en *bouleversant de fond en comble* notre façon d'être-là (notre Dasein). Mais nous savons aussi que c'est toute vérité qui est dans son essence une telle vérité pratique.[2]

## 1. Le dogme marxiste – « évidence » de la lutte des classes

La tradition marxiste prend comme allant de soi *ce dont il est question* dans la thèse de Marx et Engels, pourtant *logiquement* inconsistante[3] : l'histoire est celle de toute société jusqu'à nos jours. Or une vérité ne peut justement être ainsi prise comme *allant de soi*. On prend l'affirmation comme elle vient sans que soit davantage interrogé le sens de ce qu'on appelle « histoire », « société », « lutte des classes ». Bientôt l'énoncé n'est plus une thèse, mais **un dogme qui s'apprend par cœur**. Pour nous, au contraire, cette affirmation ne va pas du tout de soi : elle n'a même de sens qu'en se disant *d'une autre façon* (non plus comme dogme, mais en tant que question), *c'est-à-dire en disant autre chose*.

Nous savons bien comment Marx détermine ou en tout cas *recherche* le sens déterminé (de l'histoire, de la société, etc.) dans ses différents essais, dans ses ébauches. S'agissant *de la société*, puisque c'est bien de cela qu'il s'agit dans la « thèse », nous avons les précieuses analyses du troisième cahier des Manuscrits de 1844, qui aboutissent à cette « définition » de la société : voici ce que Marx écrit : « *C'est seulement ici que l'existence naturelle de l'homme est pour lui son existence humaine et que la nature s'est faite homme pour*

[1] Cette vérité est, ou serait, la vérité du communisme, elle est aussi la vérité spectrale de la bourgeoisie : reconnaître le prolétariat, porteur de la pensée du communisme, revient pour les autres classes à être hantées par le spectre communiste, c'est-à-dire à prendre conscience de leur prochaine disparition. Ce pourquoi le communisme ne peut être reconnu par elles que comme non-reconnaissable et admis comme non-admissible.

[2] La vérité, par exemple, du discours de sociologue, mais aussi bien de toute autre pratique sociale. Ce n'est plus la thèse XI sur Feuerbach, mais la thèse III, qui porte sur la « Selbstveränderung », c'est-à-dire la transformation de soi qu'implique toute pratique vraie de transformation du monde (ou *pratique de monde*, dans notre langage). Sur tout cela voir L'Introduction à la pensée de Marx, première partie : La pratique de monde et la mutation de soi.

[3] L'inconsistance est celle de l'expression-sujet « Histoire de toute société jusqu'à nos jours ». L'inconsistance est déjà dans l'expression « histoire de *toute société* » : s'il y a histoire pour *une* société, ce n'est jamais dans sa détermination générale de société, mais dans sa singularité, précisément historique ; elle est redoublée avec le « jusqu'à nos jours ».

*lui. La société est l'unité essentielle accomplie de l'homme avec la nature, la vraie résurrection de la nature, le naturalisme de l'homme mené jusqu'au bout, l'humanisme de la nature mené jusqu'au bout* »[1]Cette « définition » se présente à nous comme un tableau sans doute impressionnant, mais, comme dans les œuvres de la peinture romantique, surchargé d'épaisses couches de nuit ou de plages sombres (quand l'existence naturelle se fait humaine pour l'homme et quand la nature se fait homme pour lui), sur lesquelles se détache le flamboiement d'une « vraie résurrection de la nature », flamboiement révolutionnaire du « naturalisme de l'homme » et de « l'humanisme de la nature », l'un et l'autre « **menés jusqu'au bout** », il passe là quelque chose de l'humanisme rabelaisien. On pourrait demander aux humanistes *bourgeois* (« nos » humanistes) s'ils comptent, pour leur part, mener leur humanisme exsangue, qui n'est certainement pas celui de la nature, ni celui de Rabelais, jusqu'au bout ! On peut saisir tout de même quelque chose du *sens* de l'histoire marxienne, comme celui de cet « accomplissement jusqu'au bout » de « l'unité essentielle de l'homme avec la nature », accomplissement qui passe par la mort de la nature, mais *aussi bien* par la mort de l'homme, l'événement de sa mort christique – et non pas « structurale » – puisque ce qui s'accomplit ainsi est présenté comme une résurrection du *troisième jour*, à la condition de l'accomplissement *jusqu'au bout* de « l'homme *naturel* » et de « la nature *humaine* ». On doit alors comprendre que « mort » et « résurrection » se disent ici **de la nature** par ou à travers la société comme *le lieu* (l'ici) de cette mort *et* de cette résurrection ; mais la mort et la résurrection se disent aussi bien **de l'homme** lui-même pensé dans son essentielle unité sociale avec la nature. La société est donc la nature dans son essentielle unité avec l'homme. **L'homme social est l'homme dans la nature** ou **il n'est pas** (il est « mort »). Quant à la nature, *dans l'homme,* elle ne peut se réduire à l'appartenance de l'homme à la nature (dans une sorte de spinozisme romantique), elle doit être plus profondément sa **naturalité essentielle**, le fait fondamental (ou abyssal) que tout ce qu'on appelle **esprit, intelligence, vertu ne signifie rien d'autre que le déploiement social d'une nature** (qui peut être celle d'un individu ou celle d'un peuple, d'autres configurations d'être encore que nous ne connaissons pas). *Mais alors la définition de Marx*, quoiqu'il en soit de son langage christique (de la mort et de la résurrection), *implique* **une pensée de la nature ou de l'homme entièrement étrangère à la pensée moderne**, laquelle pensée moderne, en tout cas dans le moment de Marx, prend comme allant de soi *l'opposition* de la nature et de la « liberté » (l'essentiel de ce qui est enseigné dans les écoles, du kantisme *scolaire* et « *populaire* ») : ce qui importe avant tout dans cette caractérisation de la

---

[1] « Erst hier ist ihm sein natürliches Dasein sein menschliches Dasein und die Natur für ihn zum Menschen geworden. Also die Gesellschaft ist die vollendete Weseneinheit des Menschen mit der Natur, die wahre Resurrektion der Natur, der durchgeführte Naturalismus des Menschen und der durchgeführte Humanismus der Natur » ÖPM, p. 118.

société en tant qu'unité de l'homme avec la nature, est qu'elle se produit ou se présente comme une pensée de l'Être, telle que l'Être ne peut plus être tenu, pour **ce qui, en tant que ce qu'on appelle « objet », fait face à l'homme,** pris en tant que sujet (de la conscience), ou pour **ce qui l'enveloppe comme le tout la partie** : l'Être ne peut être pensé ni à la façon de Descartes, ni à la façon de Spinoza.[1] L'Être proprement dit est *approché* par Marx comme cette histoire qui, s'accomplissant dans la société, fait advenir aussi bien l'homme *(naturel)* que la nature (*humaine*) à leur essence propre, à leur réalité essentielle.

Pourquoi est-ce si important ? Pourquoi allons-nous chercher dans les Manuscrits, rien que des *brouillons* du jeune Marx, un éclairement pour la compréhension de la pensée marxiste de l'histoire et de la société ? **Généralement, presque toujours, les notions de l'histoire et de la société sont prises comme si elles allaient de soi, et donc comme homogènes dans la pensée de Marx et la philosophie des modernes. Nous venons de voir qu'il n'en est rien.** Ce qui importe, pour nous, est ceci : puisque la notion de la lutte des classes est au cœur de la pensée marxiste dans le Manifeste, au moins, la lutte des classes apparaît comme le lieu de l'accomplissement de l'unité essentielle de l'homme et de la nature, autrement dit comme le *lieu de l'Être*.

Pensons cela radicalement ou « jusqu'au bout », comme aime dire Marx. Par exemple, Mozart composant Don Juan ou Hegel écrivant la Phénoménologie de l'Esprit sont-ils des « représentants » des forces sociales ou des classes en lutte ? Pour certains, pour la plupart des modernes « socialistes », cela va de soi. Ce n'est pourtant certainement pas un « représentant » de « forces sociales » supposées « ascendantes », qui trouve en lui l'énergie ou le désir de composer Don Juan ou d'écrire la Phénoménologie de l'esprit. Il faudrait dire plutôt, *à l'inverse*, que la lutte des classes trouve sa force et son énergie (sa force en acte) dans Mozart-individu et dans Hegel-individu, que l'énergie qui porte *leur nom et que dit ce nom* est très exactement l'énergie de *ce* temps, de *cette époque* du temps, on peut la dire « bourgeoise », si l'on veut, mais cela n'apporte rien qui soit *éclairant*, ce n'est qu'une manière de parler, il vaudrait mieux dire l'époque Mozart ou

[1] La pensée de Spinoza résulte pour l'essentiel d'une confrontation patiente et rigoureuse de la tradition judaïque à la nouveauté de la pensée cartésienne (la « nouvelle » philosophie). Pour Marx, l'homme est immédiatement un être naturel, « qui est objectif *parce qu'il a son objet hors de lui* » (ÖPM, p. 155), sa pensée est une pensée de l'*objet naturel-humain*, elle s'oppose en ce sens à la pensée des modernes (la pensée de la « conscience » comme l'Être et de l'homme comme « sujet »). Marx voit, dans la pensée cartésienne du sujet, de *l'idéologie* (c'est-à-dire des fantasmes). C'est pourquoi il parle volontiers, surtout quand il travaille avec Engels, le langage du positivisme, **c'est-à-dire de la non-pensée**, particulièrement dans l'Idéologie allemande : « *Un savoir réel doit remplacer les phrases creuses sur la conscience. Dès lors qu'est exposée la réalité, la philosophie autonome perd son milieu d'existence* » (« Die selbstständige Philosophie verliert mit der Darstellung der Wirklichkeit ihr Existenzmedium »).

l'époque Hegel[1] ! Dira-t-on que l'énergie Proust, l'énergie Céline ou l'énergie Heidegger, est prolétarienne ? Bref, peut-on véritablement penser « jusqu'au bout » la lutte des classes comme l'Être (ou le lieu de l'Être) ?

On ne s'est à peu près jamais demandé (sérieusement) si cela pouvait tout simplement se penser : la lutte des classes comme lieu et moteur de l'accomplissement de la nature et de l'homme. L'histoire ne devrait-elle pas être pensée, au contraire, comme le lieu et moteur de leur anéantissement (ce que nous voyons aujourd'hui, en tout cas comme un *premier plan*, c'est bien la dévastation en cours de l'humanité et de la nature). Pour le « révolutionnaire professionnel » du vingtième siècle ou pour le syndicaliste, l'expression « lutte des classes » a tout son sens, ou toute sa signification dans un champ pratique bien déterminé : une signification *politique* dans le cas du révolutionnaire (la conquête du pouvoir d'Etat), une signification *économique* dans le cas du syndicaliste (négociation du prix de la marchandise « force de travail ») ; les deux appartiennent en effet pleinement à la société du capital ou au monde « bourgeois », disons qu'ils sont les figurants d'un sens de l'être qui est celui de *ce* monde et de *cette* société. Pour l'opinion publique, par tranches d'âge ou genres d'activités et de vie (les jeunes, les cadres, les boutiquiers, les paysans, les gens des villes, sans fin), l'expression doit bien avoir un certain sens, quoique vague et dilué dans de très imprécises considérations juridiques, en tout cas dans les sociétés les plus modernes, il semble qu'elle soit à peu près équivalente à l'expression « *lutte pour faire valoir ses droits* » (des femmes, des jeunes, des immigrés, des homosexuels, des ruraux, des chasseurs, sans fin).

Il est par ailleurs très probable que dans d'autres sociétés ou d'autres « cultures » comme on dit, les expressions « lutte des races » ou « luttes des croyances religieuses » aient beaucoup plus de sens – ce qui voudrait dire que l'unité essentielle de l'homme et de la nature trouve dans ces luttes raciales et religieuses plutôt que dans les luttes sociales de classe le vrai lieu de son accomplissement. On peut aussi penser, ou faire l'hypothèse, que la mise en avant de la variation « lutte des races » ou « lutte des croyances » ou « lutte des civilisations » aurait *pour effet immédiat* un *désinvestissement* du thème de la lutte des classes, en tout cas, de son interprétation économique ou politique : on ne penserait pas ou plus que l'homme puisse jamais s'accomplir par la conquête d'un pouvoir économique ou parce qu'il est riche à milliard, on ne réduirait pas l'énergie humaine (le désir) à la cupidité bourgeoise, on

---

[1] Ce que nous disons n'a rien à voir avec des considérations fumeuses sur le « génie ». La notion du génie, même chez Kant, à mon avis, reflète le *philistinisme bourgeois* : on traite quelqu'un comme un génie pour ne pas avoir à rivaliser avec lui, comme dit bien Nietzsche, c'est un dispositif de quarantaine, on isole celui qu'on appelle génie, parce qu'on le craint. Les Grecs ont tué Socrate. Son démon. Mais il y a bien une exceptionnelle concentration des forces de pensée et de sensibilité, qu'on appelle Mozart ou Hegel. Ce qu'une pareille concentration des forces a exigé de travail, de discipline, de folie, nous n'en savons rien : *il n'y a rien à savoir*, là.

*recommencerait* de connaître les notions de l'*honneur*, de la *dignité* et de la *beauté* dont l'usage moderne est particulièrement dégradé. Surtout, et en un mot, dans notre « société » et notre « culture », dont nous ne savons pas jusqu'à quel point elles sont « nôtres » et si nous pouvons les revendiquer *comme telles*, dans notre monde, *il est possible que l'expression de lutte des classes ait à peu près entièrement épuisé son sens.*[1] Cette société et ce monde ne sont certes plus la société et le monde de Marx : on peut dire que Marx et son travail (Marx avec d'autres, bien sûr, et avec leur travail) ont *sonné le glas* de ce monde, que Marx est *un bourgeois de la fin*, bousculé par quelque chose de l'Être, c'est-à-dire par l'Être lui-même, qui ne peut plus être « bourgeois » ou se laisser dire et entendre dans le langage et dans la langue bourgeoise, langage auquel appartient l'expression de la lutte des classes.

## 2. Le marxisme de journal, son extension à l'échelle du monde et le communisme

C'est comme un refrain qui a pu être entraînant pour des *masses innombrables* : « L'histoire est histoire de la lutte des classes ». N'est-ce donc pas une *évidence* que chacune des époques de notre *humanité historique* – à laquelle, ici, pense Marx – est caractérisée par une forme particulière de la lutte des classes, qui, en quelque manière, la *résume* ? L'expression « lutte des classes » est alors, bien plus qu'un schéma logique ou rationnel qui soutiendrait la doctrine, une *image frappante* qui noue au *désir de vengeance*, animant tous ceux qui ont subi durement l'oppression, le *goût de vaincre* : ce nouage en drapeau rouge de la haine et du plaisir de sentir sa puissance est un ressort si puissant dans tous les individus et tous les peuples de l'humanité que la *représentation imaginaire* d'une lutte victorieuse suffirait à les satisfaire. Le désir de vengeance se déguise en noble aspiration à la justice, quant au goût de la victoire, il est supposé être expressif d'une nature saine, il n'a pas besoin d'être masqué. Cette synthèse de la passion vindicative et d'un sentiment satisfaisant de soi suffit, ici, à fonder l'évidence et à donner tout son poids à une interprétation de l'histoire peut-être tout à fait aberrante.

Le reste suit. N'est-ce pas encore une évidence (la même évidence) que cette lutte, dans tous ses aspects, va à *son* terme, au terme *qu'elle porte* en elle et qui la désigne toujours, puisqu'elle *est* une époque *de l'histoire* et que le terme en est la transformation de la société entière, donc le passage à une autre époque, et donc à une autre forme de la lutte des classes. La désignation peut varier mais l'opposition, dans son schématisme scolaire, est suffisante à la caractérisation d'un de ces tours : homme libre et esclave, patricien et plébéien, seigneur et serf, maître et compagnon, suivant la suite des époques

[1] Sur ce sens et l'épuisement de ce sens, voir dans notre deuxième partie : La démonstration du Manifeste, le chapitre VI, II « Le langage des classes et la pensée de bureau ».

que rappelle le Manifeste au début de la première partie. Le Béaba ou l'élémentaire du marxisme. Supposé enfermer ou envelopper la vérité de la pensée de Marx (il faudra seulement déplier, ouvrir, développer, expliquer, exercices d'école, académique, du travail pour les professeurs). Et pourtant ! Dépliée, ouverte, il arrive cependant à la thèse qu'elle in-consiste et ne dise plus rien.

Appliquons la thèse à l'expérience historique qu'elle est faite pour penser et qui est le point de départ de cette pensée marxiste, pensée du *moment révolutionnaire* de l'époque bourgeoise : « *La société bourgeoise* », écrivent Marx et Engels, est « *issue de l'effondrement de la société féodale* » (p. 52). Pourquoi pas ? Mais *comment* ? Si nous posons sincèrement la question, nous entrons dans l'obscur, et doublement : un « obscur » *logique* (comment un effondrement procure-t-il une issue ? Est-ce qu'il ne se produit pas plutôt, généralement, comme un affaissement, un écroulement qui ensevelit, fait disparaître, et oublier ?) ; un « obscur » *dans la chose même* (comment s'effondre « une » société, et, particulièrement celle-ci, la société féodale ?). Cet effondrement est-il un effet de la lutte entre « seigneur et serf », puis « entre maître et compagnon » ?[1] Sans doute, suivant la lecture économique de ce moment d'histoire, dans cette région du monde (l'Europe), on peut dire qu'on passe, globalement, du régime foncier au régime capitaliste, du seigneur brutal et paresseux au patron industrieux et cupide, par le détour du fermier, et donc de la société féodale d'ordres à la moderne société des classes par décomposition de la première et dissolution de *l'originalité des pays* divers dans l'unité homogène (idéale) de la « nation », d'abord rêvée, puis pensée, conçue même, trouvant alors sa forme à peu près stable par la constitution des Etats de type monarchique, puis enfin par l'événement de la révolution.

En quel sens, pourtant, peut-on parler, entre seigneur et serf, puis entre maître et compagnon, brefs entre « oppresseurs et opprimés », d'une lutte sans répit, ouverte ou dissimulée et qui doit aller à son terme, accoucher d'une nouvelle société, etc. ? **Peut-être en aucun sens**. L'expression « lutte des classes » se comprend généralement à deux niveaux qui ne se recouvrent pas : 1) elle est employée quand il s'agit de *décrire* un « mouvement » particulier de la vie sociale, comme si sa portée était seulement de description, comme si elle devait assumer la fonction d'une rubrique pour le rapport ou le compte-rendu de certains faits sociaux ; 2) mais elle se comprend aussi et, du même coup (théorique), comme *un schéma d'intelligibilité* de *toute* histoire ou de *l'histoire en général*. Les religions, même la catholique, n'ont jamais prétendu régner sur l'ensemble des humanités, elles ont joué des superstitions populaires et de la crainte des masses à l'endroit des puissants autant que des

[1] On peut en douter. Du point de vue de la « connaissance de l'histoire », et précisément de la connaissance des conditions et des circonstances de l'établissement de la domination bourgeoise ou du primat de la raison économique, il veut certainement mieux lire Braudel que les historiens marxistes !

puissants à l'endroit des masses incontrôlables pour étendre leur emprise sur tel ou tel peuple, mais sont toujours l'expression d'un monde singulier ou d'une façon d'être au monde, *qui n'est aucunement universalisable*, elles ont la couleur changeante des ciels et l'odeur tenace des forêts dans l'automne ou des champs de céréales dans l'été de nos pays.[1]Le socialisme de la lutte des classes, c'est, sur fond chrétien, **la manie typiquement moderne** : **l'universalisme théorique**, prétendument rationnel et scientifique.

Or il est bien possible que la notion elle-même de « lutte des classes », si elle doit s'entendre ainsi dans les deux sens, perde toute pertinence. Car s'il s'agit d'une extension ou d'un élargissement d'un sens, cette extension suppose le *rapport inverse* d'une réduction théorique (qu'on dira « matérialiste ») du second au premier, du sens « Histoire du monde » au sens « histoire sociale ». L'expression « lutte des classes » a un sens, dans son emploi ordinaire, étroitement descriptif-journalistique : on peut décrire la lutte d'un peuple de mineurs dans un aride pays de montagne du nord de l'Angleterre ou dans les Cévennes, comme on décrit les mœurs des lions de l'Afrique, des requins de l'océan Indien, ou des cafards de lattes. Elargie ou dilatée à l'échelle du monde ou de l'histoire comme *détermination de l'Être* et *histoire de la vérité, elle n'a plus aucun sens*, sinon par un coup de force « théorique » ou une pétition de principe – on parle pompeusement d'histoire mondiale, là où il ne pourrait s'agir jamais que de cette sorte d'agitation malheureuse née de la corruption des sangs, des âmes, des morales et du trouble des esprits, donc de l'état de misère intellectuelle, morale et sociale, que décrit si bien Balzac dans la Comédie humaine, spécialement quand il fait un tableau saisissant de l'enlaidissement de la race humaine, celle qui vit dans le milieu clos des grandes villes modernes (de Paris, en l'occurrence) – il pense, lui, faire œuvre de science humaine, ou, comme il dit, « des mœurs ».[2] Nous le rappelions tout à l'heure, la mention du « sans répit » avait pour effet d'*irréaliser* le propos des auteurs du Manifeste. C'est le *despote*, fantasmé oriental par les classiques et les gens des Lumières, qui jouit de ne laisser aucun répit à ceux qu'il soumet méchamment à ses caprices cruels et ridicules. Même dans le cas d'une maladie grave, laquelle est certainement un moment

---

[1] Sagesse de Descartes qui dit retenir « constamment la religion en laquelle Dieu m'a fait la grâce d'être instruit dès mon enfance » (Discours de la méthode, troisième partie). La religion *vraie*, pour Descartes, est celle de sa nourrice (Baillet) : la « lumière *surnaturelle* » qui lui révèle cette vérité, est *la lumière de son pays*.

[2] Voir le tableau d'ouverture de La fille aux yeux d'or, tableau de la *physionomie parisienne* qui commence ainsi : « Un des spectacles où se rencontre le plus d'épouvantement est certes l'aspect général de la population parisienne, peuple horrible à voir, hâve, jaune, tanné » (Pléiade, V, pp. 1039-1054). Balzac pense la littérature en tant que science des mœurs, trouve l'explication de « la laideur normale de la physionomie parisienne » dans « le mouvement exorbitant des prolétaires » et « la dépravation des intérêts qui broient les deux bourgeoisies ». Le troisième cercle de l'enfer moderne parisien (celui du monde des affaires) « un jour, peut-être, aura son Dante » (p. 1046). Pour Balzac, ce jour est le sien, et le Dante de ce troisième cercle est lui-même.

décisif de l'histoire d'un individu d'humanité, comme sont aussi un amour, l'accomplissement d'un travail – et la jeunesse – le mal qui viendra à bout de son malade lui laisse de temps en temps, dans sa douloureuse bataille, quelque répit. Une lutte vraie, cela peut certes durer longtemps, mais les moments de l'intensité du combat, les moments du feu, de la bataille portée à son extrême et des pertes les plus graves, sont généralement brefs et sanglants, tandis que la lutte connaît des moments de vacances ou de latence et comme d'une rémission, qui peuvent être très longs, n'en sont pas moins primordiaux, puisqu'ils rappellent aux combattants les temps de la paix. *L'affirmation de Marx et d'Engels se situe à un tel niveau de généralité qu'elle apparaît comme insignifiante, et elle ne permet jamais de penser et de dire ce qu'aura pu être une époque de l'histoire*, la richesse concrète de l'humanité ou du monde qui s'est déployée en elle. Mais ce qu'aura pu être une époque – cela même que nous avons à penser – nous l'apprendrons certainement, si du moins nous savons apprendre, par ses artistes ou ses poètes.

Bref, la thèse de l'histoire en tant que lutte des classes n'est intelligible que si elle dit « *autre chose* », c'est-à-dire que, *dans son sens même d'histoire*, elle doit dire toujours encore autre chose qui n'est pas *un autre quelque chose*, une autre espèce de lutte (non plus cette lutte sociale des classes, mais une lutte des races ou un conflit des civilisations), qui est plutôt *autrement la même chose* (autrement, la « lutte des classes »). Il y a donc la thèse, sa formalité empirique ou son insignifiance dans sa prétention « scientifique », bref *le marxisme de journal*, et autre chose qui se dit et ne *pourrait se dire* en lui. **Cet « autrement la même chose », c'est bien cela qui s'appelle**, dans Marx et Engels, « **communisme** ». Le communisme n'appartient pas à la littérature du Journal, il n'appartient pas non plus à cette configuration moderne d'un discours d'autant plus idéologique qu'il prétend à un fondement rationnel ou scientifique. Le communisme a un sens historique en tant que la décision de ce sens, *décision qui doit être ancrée dans la singularité d'un moment du temps, partir d'une détresse de fond – qui est une détresse de la pensée – et de l'épreuve de cette détresse* (la pratique de la question : « Pourquoi ? »)[1]. Quand la décision s'appelle le communisme, cette détresse s'appelle le prolétariat. La nomination de la décision (le mot de communisme) et l'écoute de la détresse (prolétarienne) font ensemble la pensée marxiste – quand elle n'est pas marxisme de journal, quand cette pensée est celle du sens de l'Être **de ce qu'on appelle histoire : la décision du sens ne signifie rien d'autre que l'ouverture d'un espace radicalement nouveau du questionnement historique**.[2]

---

[1] Dans la langue allemande, pour ce que nous appelons *nécessité*, il y a le mot « Notwendigkeit », dont le sens est celui d'un tournant de la détresse (ou d'un tour d'urgence).

[2] Le communisme n'est pas pour nous une réponse idéologique à la question sociale comme sont ou ont été l'anarchisme, la « science », la « rationalité », la « démocratie », le progrès », bref les « idées modernes ». Il n'est pas non plus une religion, quoiqu'il y ressemble, parce qu'il

## 3. Une pensée pratique de l'histoire n'est ni science, ni philosophie de l'histoire

Quand, suivant la constante inspiration de Marx, nous partons de la pensée de la *praxis*, de la *signification praxique* de la pensée *en tant que pensée de l'Être,* suivant laquelle « ce qui importe est de transformer le monde » (« die Welt zu verändern ») que les philosophes n'ont fait jusqu'ici « qu'interpréter diversement », nous écartons du même coup l'interprétation scientifique du monde autant que son interprétation métaphysique. Nous écartons **ces deux types d'interprétation dans la mesure où elles abolissent le questionnement de l'histoire en perdant le sens ou la portée pratique de ce questionnement**. Il faut dire plutôt que le monde historique se présente comme le pluriel des interprétations *à travers* les diverses pratiques et les divers langages dans lesquels une humanité *est* – s'inscrit dans l'être ou fait monde, et « se constitue » dans son humanité, ce qui veut dire qu'elle *se découvre* humanité historique. La modernité européenne *s'est interprétée* dans la pratique et le langage de la science – de la science moderne en tant que théorie du réel[1] – *après* s'être *interprétée* dans le langage et la pratique de la théologie chrétienne, puis de la métaphysique cartésienne. Pour le dire lapidairement, **le Dasein de la modernité européenne est la science**, comme **celui de la féodalité européenne était la chrétienté et la théologie**.

Le sens de cette *mise à l'écart* du théorique moderne (de la science) et de la métaphysique cartésienne-moderne est donc celui d'une pensée pratique du monde en tant que ce monde est le *monde historique*. C'est par une *suspension* de la *thèse du monde* que nous découvrons le monde *comme ce qui est à penser* ; une telle suspension n'est pas ici, comme dans la phénoménologie de Husserl, un artifice de méthode, elle est pratique (la pratique rend la thèse insignifiante). Suspension signifie qu'un langage est frappé de suspension, donc interrompu, les significations dominantes de ce langage sont suspendues, neutralisées – ce langage n'accroche plus rien de l'être, les mots et leurs sens vont à la dérive, et ce peut être un jeu délicieux mais pervers et finalement très sombre, que de se laisser aller à suivre cette dérive des mots et de leurs sens. La praxis suspensive engage une pensée décidément inclusive : la découverte du monde comme ce qui est à penser est en même temps celle de la pensée en tant que la pensée transforme, métamorphose, bref elle est *pensée en mode inclusif*, qui nous transforme *nous-mêmes en même temps* qu'elle transforme le *monde*.[2] Elle est cette pensée en mode inclusif, parce que ce n'est pas nous

---

donne un langage pour l'espérance humaine – répond de ce point de vue à la troisième question de Kant : que puis-je espérer ?

[1] Voir, ici même, le chapitre II, I, 1 et notre Introduction à la pensée de Marx.

[2] Sur la pensée inclusive chez Heidegger, voir en particulier l'introduction au cours de 1929 publié sous le titre « Les concepts fondamentaux de la métaphysique » : « Les concepts fondamentaux ne sont pas des généralités, ils ne sont pas des formules pour des propriétés

qui « posons » le monde, nous ne sommes pas les « sujets » qui, de nulle part, contemplent le monde ou en dessinent l'épure, nous sommes au monde et lui répondons par et dans notre pensée, *c'est-à-dire* dans nos façons d'être, aimer, de bâtir et d'habiter.[1]Nous ne pouvons certes pas dire que nous sommes le monde, mais nous devons dire que **le monde est ce que nous sommes**, c'est tout différent. Parce que le monde est ce que nous sommes il n'y a pas d'approche scientifique du monde, mais la science est, comme a été la théologie dans la chrétienté, *constitutive* du monde moderne comme ce que nous *sommes encore* et *avons été*. Les individus et les peuples de l'humanité occidentale sont encore individus et peuples de la science et de la théologie mais sur le mode de l'épuisement des possibilités qu'ouvraient pour *cette* humanité la théologie (chrétienne) d'une part, la science, de l'autre. Cet *épuisement* est ce que dit Heidegger quand il parle du dispositif technique (Gestell), ce que dit Marx quand il analyse les différents modes de la dépossession ou de la perte d'humanité prolétarienne. Notre humanité est une humanité épuisée, qui demande du possible, comme faisait Kierkegaard – **ou ne demande plus rien**, se contente de délirer et de *se laisser mourir*, dans les moments de la grande fatigue.

Nous approchons au moins négativement le *sens praxique* du monde en disant qu'il n'est pas un objet de connaissance scientifique ou, plus généralement, de théorie, parce qu'il n'est rien d'autre que la façon dont nous l'existons, dans toutes nos manières d'exister. A l'inverse, il faut dire de la science qu'elle est, de *façon dominante*, la manière moderne d'exister le monde, et nous pouvons le dire parce nous ne sommes plus les modernes, bien que ce que nous avons à être ou à devenir, nous ne puissions encore en décider. **Nous sommes dans le moment de la question qui est aussi celui de la mutation**. Heidegger disait : le fait même que nous posions la question « Qu'est-ce que la métaphysique ? » signifie que la métaphysique est finie, et cela bien que nous soyons, comme, avant lui, disait Kant, « naturellement métaphysiciens ». De même nous sommes « naturellement », nous, les hommes de l'Europe, des hommes du temps de la science et de la technique, mais nous savons déjà, dans le même temps, que cette détermination

---

générales d'un champ d'objets, ils sont des concepts d'une espèce spéciale. Ils conçoivent chaque fois *l'entier* en eux, ils sont *des concepts inclusifs* ; mais inclusifs en un second sens : *ils conçoivent toujours en eux l'homme concevant et son Dasein* » (« Sie befreifen immer den begreifenden Menschen und sein Dasein mit in sich », (Die Grundbegriffe der Metaphysik, § 3, p. 13). La pensée de Marx est le type même d'une pensée inclusive (elle ne peut donc être une pensée moderne du sujet ou de la représentation).

[1] C'est pourquoi le sens de la suspension phénoménologique n'est pas d'être une négation, simplement une *neutralisation* de la thèse du monde, des diverses croyances avec leurs *discours* sur le monde. Husserl ne met pas en doute le monde et la croyance au monde, comme faisait Descartes, il les suspend, retire son adhésion à ce monde du discours et des croyances. La praxis suspend ou neutralise le discours thétique. Interruption du discours thétique. Fin de la métaphysique (très clairement dans les Recherches logiques, c'est pourquoi elles restent pour nous une œuvre exemplaire).

scientifique du savoir est finie, qu'elle est derrière nous : notre Dasein n'est plus du tout un Dasein de la science, nous ne nous rapportons pas au monde *sur le mode de le connaître*, notre Dasein est celui de la technique dans son essence, c'est-à-dire que nous-mêmes et notre monde appartiennent au projet technique de mise à disposition de tout l'étant – naturel et humain – dont relevaient, *en l'anticipant, et sans le savoir vraiment*, aussi bien la théologie chrétienne que la métaphysique moderne qui en formulait les grandes lignes.

Un monde n'est jamais *donné*. Bien plutôt un monde est le mouvement de *se* donner, *en se réservant toujours*, de se *dispenser*, en se refusant. Cette signification du monde ou de l'Être est la signification originaire du don, d'une femme ou d'un monde : que serait le don d'une femme, s'il n'était pas porté par un refus premier ? Un monde est encore moins *posé* (donc pas de thèse du monde), mais il se *décide* toujours dans les manières de l'existence au travers ou dans le croisement desquelles il se configure. La Provence, ce sont les marchés provençaux, ce sont les fresques romanesques de Giono, les oliveraies de la Drome, les collines de l'Ardèche et les figues de Vézénobres, c'est Raimu dans Pagnol – et les belles filles provençales, Bernadette Lafont dans La fiancée du pirate : non pas des « lieux » indexés sur tel ou tel guide, mais *des lieux définis par un comment être*, ses accents, ses beautés, ses corruptions, les moments de légèreté, les moments graves. Vérité de la phénoménologie, que l'on retrouve dans la belle philosophie de Gilles Deleuze : **un monde est dans ses manières de monde**. N'est-ce pas le comble du « subjectivisme » ou de « l'idéalisme » philosophique ? Mais, ici, « subjectivisme », « idéalisme » ne sont plus rien que des mots (autant que sont des mots « objectivisme » et « matérialisme »). Ils indiquent sans doute une *posture*, quelque chose comme une *attitude*, laquelle a toujours son symétrique : nous ne sommes pas au monde par « attitude théorique », au contraire, dès que nous prenons la pose – laquelle pourrait être, à l'inverse, la pose « objective » et « matérialiste » – *nous ne sommes plus* au monde, ou alors au « monde » des mondains, des snobs, des *malheureux* qui ne parviennent jamais à se retrouver quelque part, *là*, ou à se trouver eux-mêmes comme, dans Proust, Legrandin ou la famille Cambremer parmi tant d'autres (il y a comme un *peuple snob*, dans la Recherche).[1] La pose (« prendre la pose »), et donc la « position », c'est l'artifice de la représentation.

*Du point de vue de la représentation*, justement, nous serions dans un cercle en disant que le monde est une interprétation, qu'il s'interprète à travers nos pratiques et nos langages, puis en disant que le monde n'est rien que la façon dont nous l'*existons* (dont nous lui appartenons) et aussi que chacun de

---

[1] De même, ce que Husserl décrit comme « attitude naturelle » dans le premier chapitre de la *deuxième section* des Idées directrices de 1913, qui a pour titre : *Considération phénoménologique fondamentale* – n'est rien moins qu'une attitude naturelle ; elle est au contraire déjà un rapport purement théorique au monde (une pose !). « Allez donc prendre une attitude naturelle » disait malicieusement Gérard Granel à ses étudiants.

nous, pour autant qu'il existe, est *lui-même* une interprétation. Or nous disons cela parce qu'exister c'est justement être, de telle ou telle manière, *dans* un monde et *pour* un monde.[1] Si Picasso s'interprète dans les mouvements révolutionnaires du début du vingtième siècle, ces mouvements s'interprètent eux-mêmes dans Picasso. **Mais ce cercle** (le cercle herméneutique : j'interprète le monde, mais ce monde n'est rien d'autre que son interprétation) **est le cercle de l'Être même**, ce n'est en aucun sens celui d'une « représentation » de l'Être – d'ailleurs impossible. Ou le **cercle de l'Histoire**, en tant qu'histoire de l'Être ou de la vérité[2] : tel monde, telle manière historique d'exister, telle manière d'exister, tel monde historique. Pas de guerre d'Espagne sans Durruti, sans Picasso, sans Malraux et sans Hemingway. Nous avons le plus grand intérêt à faire attention à nos *manières*. Rien à voir avec la représentation et ses *dispositifs*. Car le cercle est celui de la décision quand la décision n'est pas formelle, c'est-à-dire quand elle n'est pas soumise à une interprétation déjà donnée dogmatiquement, comme une table des catégories ou un tableau des modèles, mais une décision pratique : c'est alors la pratique qui décide **pour** nous (et, en un autre sens, décide **de** nous), quand nous décidons nous-mêmes. Violoniste, mon archet me choisit, sculpteur, mon marbre ou mon bois, penseur, mes pensées et leur(s) langue(s). La décision *approprie* le violoniste à son archet, le sculpteur à son marbre, le penseur à ses pensées, l'amant à son aimé (e). Avec réciprocité, toujours. Destination, destinée, adresse, envoi, histoire, histoires.

## 3. 1. Du côté de la science

La science, le savoir moderne, *effectue* la représentation de l'étant comme *objet*, à savoir comme un **objet de représentation, pour un sujet qui se le représente, dans des conditions déterminées, déterminant à leur tour le mode de sa représentation.**[3] Si un étant est un objet, c'est-à-dire un étant

---

[1] Sur ces questions on se reportera à la première partie de notre Introduction à la pensée de Marx, particulièrement au chapitre III (Le modèle hégémonique et la pratique de l'interprétation).

[2] Autrement dit, le cercle n'est pas un cercle vicieux, et nous ne tournons pas sans fin en suivant la circonférence, *nous entrons dans le cercle* : tout se passe comme dans la « science recherchée » aristotélicienne. La situation dans laquelle Aristote trouvait la pensée était celle-ci : suivant les disciples de Parménide, il est impossible de penser que l'Être ait plus d'un sens ; alors les sophistes, prenant pour incontestable la pluralité des sens, font l'économie de l'être. L'issue est celle-ci : *l'être*, justement, *est être, par cela même qu'il se dit en plus d'un sens. Homonymie* de l'être (c'est l'approche de la Différence dans Aristote). Dans la littérature, quelque chose de proche avec ce que Roland Barthes appelle l'autonymie de la littérature qui fait de la question de ce qu'elle est son objet et donc ouverture de l'aporie : découverte de *l'écriture*. Cela vaut pour la politique communiste, selon Marx. Voir le chapitre I, I du tome II : La portée philosophique du Manifeste.

[3] L'objet de *représentation* est du même coup un étant qui peut être *produit*, à partir d'un modèle de l'objet ou de ce qu'on appelle aujourd'hui son « concept » (qui en définit

représenté pour un sujet qui se le représente, dans des conditions telles qu'il puisse être produit et (re) produit à partir de sa représentation, son *être* est l'être-représenté, c'est-à-dire que le monde est lui-même pensé comme représentation, tout étant de ce monde est pris comme objet ou *objectivable* ; si maintenant tout étant de ce monde est « objet » de la *connaissance scientifique*, il doit appartenir à un domaine d'objectivité (nature ou histoire). La science moderne se présente comme une *construction de propositions* basée sur une *hypothèse scientifique* (pour une théorie qui est la représentation de ce domaine). Une telle hypothèse n'est en rien arbitraire, au contraire, il y a bien une vérité de la science et Newton déclarait qu'il ne forgeait pas ses hypothèses. Loin d'être une fiction, l'hypothèse est une interpellation de l'étant qui se présente, qui exige de l'étant *qu'il rende compte de sa présence, de la façon dont il se présente* : l'interpellation est **rationnelle**. La *présence* de l'étant dont l'être est représentation est la même chose que sa *production*, la *façon qu'il a de se présenter* est *son mode de production*, la **méthode** est l'ensemble des règles qui permettent la mise en évidence du mode de production de l'objet. Conception algorithmique de la théorie scientifique.

Mais **cette vérité de la science**, qui est la vérité d'un compte d'industrie et part de la détermination **de ce qui doit être pris en compte** en vue de la production de l'étant (formulée dans l'hypothèse) est **la science elle-même** : **la science est vraie en cela qu'elle a lieu**, ce qui signifie (cet événement de la science) que la construction théorique scientifique n'est pas arbitraire, elle n'est pas faite de bric et de broc, **parce que justement elle est une construction** – la science n'est pas du tout un bricolage, ce sont des **briques** qu'elle assemble – les concepts fondamentaux d'une science sont ces briques[1] – fabriquées de telle sorte qu'elles se prêtent à leur disposition ordonnée, suivant la formule de la fabrication. Cette exigence est idéale. Chacune des pierres est une idéalité, en tant que telle indestructible. Idéalité théorique ne veut pas dire ce qui n'est qu'un rêve, *au contraire*, l'idéalité théorique[2] est la

---

l'objectivité, les propriétés constitutives). S'il peut être produit il peut être *indéfiniment* reproduit. Le monde de la représentation (Vor-stellung) est aussi bien un monde de la production (Her-stellung). C'est le monde des copies et copies de copies. Importance, dans ce monde, du copiste, de secrétaire, du scribe (Bartleby). Qui ne connaît pas l'originalité ou l'être originaire, l'*authentique*. La *singularité* dans ce monde ne pourrait consister que dans une erreur, une défaillance ou un raté de la copie. Inutile de rappeler le sens *marxiste* de l'objet qui **n**'est justement **pas** un objet de représentation (comme, d'ailleurs, l'objet du désir dans la psychanalyse freudienne). A propos de la singularité littéraire, on lira Christian Prigent (« Une erreur de la nature »).

[1] La brique (*fabriquer*) est une pierre factice, suivant le Littré, la pierre est « un corps dur et solide, de la nature des roches, qu'on emploie, entre autres, pour bâtir. La pierre peut être une pierre d'attente, une pierre d'angle, une pierre fondamentale... » L'homme de science (au sens moderne) est un *constructeur*. Mais il appartient aux concepts d'une science d'avoir d'autres usages que leur usage premier (leur emploi théorique ou *constructif*).

[2] Même chose pour l'idéalité pratique : idéalité théorique des lois de la logique formelle, idéalité pratique de la loi morale.

garantie de l'objectivité de l'objet. Qu'est-ce qui caractérise une telle objectivité ? C'est qu'on ne peut **détruire** un objet fabriqué, on peut seulement le **déconstruire** : l'être de l'étant en tant qu'objet consiste dans sa formule de fabrication, on peut donc déconstruire un étant mais non pas le détruire, car son être n'est pas affecté par le processus de sa déconstruction. Il y a dans la science moderne **la folle imagination d'un corps indestructible** (qui serait le corps du savoir[1]).

Simplement, et en vertu de son idéalité, la science comme théorie du réel non seulement ne requiert aucun sens, mais elle refuse, suivant *son sens propre*, d'être interprétée. *Suivant ce sens propre, la science est pourtant elle-même* une *certaine interprétation* : *elle interprète l'étant en tant qu'objet* (de représentation ou de production). Mais il n'y a pas d'interprétation de l'interprétation (ou, si l'on veut, de sens du sens). La science *néglige* cette interprétation (ce qu'elle fait), parce qu'elle en est elle-même le produit. A propos d'un *système d'objets* on est en situation d'avoir à faire des hypothèses, et de projeter un ensemble de procédures rapportées aux hypothèses (à valider, invalider, confirmer ou infirmer). Que la science se retourne sur elle-même pour enfin avouer qu'elle n'est justement qu'une interprétation, dans le moment même qu'elle produit en se représentant ou se représente en produisant, elle met en question la prétention qui la définit en tant que science, celle d'atteindre l'*être* des choses, d'en épeler *l'objectivité*, ou de dire la *vérité* de ces choses, en se les représentant ou en se donnant les moyens de les fabriquer. Elle n'a pas le langage pour ce « retour sur elle-même ». Il y a pourtant bien un sens de la notion d'objectivité ou de « vérité scientifique ». **Ce sens est le sens technique ou l'idée que le savoir est essentiellement un savoir-produire**. Le sens de l'interprétation scientifique est alors celui-ci : le monde en tant qu'objet pour la science est **représenté ou produit comme un réel sur quoi on peut intervenir**[2]. Dans le cadre de *cette interprétation*, rien n'est arbitraire : la théorie scientifique se présente comme un ensemble cohérent de propositions-règles qui permettent de mettre en place un certain type d'expériences en mesure de confirmer ou d'infirmer l'hypothèse initiale : une confirmation définitive de l'hypothèse va à *contre-sens* du style théorique de la science, il suffit qu'elle ne soit pas infirmée par l'expérience pour être *provisoirement* retenue. La théorie est une suite de constructions et de

[1] Et de toutes les productions du savoir ou de la science (en politique, les abstractions de la théorie politique - le corps du souverain, puis celui de la nation, du peuple, etc.).

[2] Voir le chapitre II, 1, pp. 61-62. Ce sur quoi on ne peut pas intervenir n'est pas réel, c'est-à-dire, n'est pas (ou est un pur néant) ; en marxisme d'Etat (stalinisme ou maoïsme), un « individu », sur lequel on ne peut intervenir, en vue de le transformer, il faut le liquider. En effet, dans ce langage ou cette « pensée », l'essentiel est dans l'équivalence être – réalité – effectivité d'un produire. Hegel avait donné la formule générale : *ce qui est effectif est rationnel, ce qui est rationnel est effectif* (wirklich). Qu'il soit effectif signifie qu'on peut le produire. Dans ce langage plus rien n'est à *dire*.

déconstructions, le langage de *la déconstruction* appartient lui-même à l'utopie moderne de la science, du progrès, etc.

Mais la construction du monde ne peut jamais être le monde lui-même et le monde ne peut pas davantage être déconstruit : **il n'y a pas de théorie du monde.**[1]Donc pas de théorie du *monde historique*. Supposons une théorie du monde historique – de l'étant dans son entier, ou de l'étant en tant qu'étant, dont on aurait *à l'avance* déterminé la réalité (l'être) à laquelle il appartient, comme réalité historique. L'histoire peut être celle des idées, des mœurs, des sciences, des arts ou des modes, des peuples ou des nations. En tant que théorie, la proposition d'un monde comme monde historique doit renvoyer à une expérience qui valide la théorie, c'est-à-dire que l'on doit pouvoir confirmer ou infirmer l'hypothèse de départ (du caractère historique d'un événement). Le problème (celui des épistémologues, pas le nôtre) est qu'**il n'y a pas, concernant précisément le monde historique** ou ce qu'on appelle ainsi, **une expérience qui vaille comme instance de confirmation ou d'infirmation de l'hypothèse**, pour deux raisons de fond intimement liées : 1) une expérience historique est **une expérience de sens** ; 2) elle est **ce qui ne se produit qu'une seule fois**.

Cela signifie précisément qu'**historique**, cela ne peut se dire que **d'un monde** (ou d'une humanité) : c'est *une définition de ce qui est historique, qu'il ne puisse faire l'objet d'une théorie* (que cette théorie ait une prétention explicative ou simplement qu'elle se limite à avoir une valeur indicative-heuristique), parce que l'*expérience* est celle d'un sens, et parce que *le sens ne se produit qu'une fois*. En bref, est historique : 1) *ce qui ne se produit qu'une fois* (fait date, c'est-à-dire **commence** quelque chose), donc ne se répète pas, au sens plat (empirique) de la répétition, est par là-même **l'enjeu de toute répétition dans l'art ou la pensée** (au sens de Marx quand il pense l'histoire, et de Kierkegaard quand il pense la foi) ; 2) *ce qui exige une interprétation* et **relance le jeu des interprétations** (de la pensée), en lançant lui-même une interprétation – en découvrant une manière de voir, de sentir et de penser encore inconnue – c'est-à-dire exactement ce qui a du sens. La théorie scientifique est la théorie d'un réel sur lequel on peut intervenir, mais le monde historique est précisément ce sur quoi on ne peut intervenir, le monde est *déjà-là* avant toute intervention possible – c'est sa définition de monde. **On ne transforme pas le monde en intervenant sur lui !** Au contraire nos interprétations sont au monde, lui appartiennent, et nos interventions du même coup relèvent de notre appartenance à un monde (au monde de la technique). **L'expérience, en son sens historique, est une expérience qu'il est principiellement absurde de théoriser ; l'idée d'une expérimentation historique est absurde**.

[1] Un monde peut être détruit, il ne peut être déconstruit. On construit l'étant, mais non pas l'être/Être. La ville est détruite par les barbares (saccages, dévastation) qui ne s'intéressent pas à la déconstruction !

En revanche tout ce qui *se passe* (tout événement) donne lieu à interprétation. Le genre de l'interprétation est indifférent. Tout – un événement social, une œuvre littéraire ou artistique en général, une maladie, un quelconque « désordre » social, psychologique ou moral – peut être interprété *presque* indifféremment, sous l'angle de la lutte des classes ou sous un autre (sous l'angle de la croyance religieuse, du régime alimentaire, sous l'angle du sexe, de l'âge, etc.), sans qu'il y ait lieu d'ordonner les angles (de hiérarchiser les points de vue), et donc rien ne peut contredire ou infirmer l'affirmation ou l'hypothèse interprétative (de tel ou tel sens) : un tel sens, comme on disait autrefois, permet de « comprendre », mais non « d'expliquer ». Il n'y a donc pas d'approche « scientifique » de l'histoire, c'est un non-sens que de parler *d'expérimentation-intervention en histoire, de même qu'il n'y a pas de « science » de l'âme*. Quant aux interprétations, elles sont un jeu de l'interprétation qui appartient lui-même au monde dans l'ouverture duquel tel ou tel événement s'est produit : c'est par exemple dans le même monde qu'un événement peut donner lieu à une interprétation psychologique, sociologique ou en termes de luttes des classes.

De là *ce délire* de la modernité dans sa fin : précisément les « idées » d'un déterminisme historique (le matérialisme historique, comme *science* historique) et d'un déterminisme psychique (la théorie de l'inconscient psychique comme *science* psychologique) – Marx et Freud mis ensemble – se sont imposées à cette modernité dont elles furent les superstitions, parce qu'elles sont à la fois *très rassurantes* et *très gratifiantes*, même si elles sont *dégradantes* (mais les « modernes » ont à peu près perdu tout sens de l'honneur et de la dignité) : elles permettent 1) de pré*juger*, avec sûreté et en toute rigueur, de ce qui est historique et de ce qui ne l'est pas, ou de ce qui est « psychologique » et de ce qui ne l'est pas, bref *de ce qui est sérieux et de ce qui ne l'est pas* (satisfaction de *vanité*) ; 2) de *prévenir les surprises dérangeantes* (satisfaction de se trouver dans *un environnement sécurisé*)[1] ; 3) de se ranger du « bon » côté de ceux qui sont historiques ou de ceux qui ont une âme, d'*exclure* (ceux qui ne sont pas dans l'histoire, ou n'ont pas d'âme – comme on dit : « *pas dans le coup* »), c'est *encore* une satisfaction, c'est *même le principe des autres satisfactions* (de vanité et du sentiment d'être en sécurité) : celle, *très méchante* et *très gratifiante*, de *ne pas regarder l'autre* et, à la limite très vite rejointe, celle de *tuer* l'autre (de « l'envoyer au diable »), le cas du snob autant que celui du camarade, bolchevique ou national-socialiste, le cas du psychotique paranoïaque. Cette façon « moderne » de voir les choses sous l'angle du déterminisme, *cette idolâtrie de la science*, est un considérable *rabaissement* de l'humain, bientôt la

[1] En effet, la théorie interprétative est capable de rendre raison de tout ce qui se produit dans l'ouverture de ce monde – procédure caractéristique de la dénégation – Non ce n'est pas ma mère (c'est donc ta mère). Non ce n'est pas une affaire politique (c'est donc bien une affaire politique ou de lutte des classes), etc.

*disparition pure et simple* de la considération de l'humain : l'idée d'une science de l'histoire ou d'une science psychologique a d'emblée supprimé ou aboli *et* l'histoire *et* la pensée (avec l'âme) – avec ce « gain » douteux qu'elle a *distrait* notre regard de ce que Nietzsche appelait « le problématique et le terrible », nous a opportunément *distrait* de *nous-mêmes*...[1]

L'idée de l'expérimentation historique, est cependant *courante* dans nos siècles modernes : elle est cette idée, une idée *ordinaire des* temps modernes – mais une idée d'absurde et d'*épouvante* – que l'on peut faire des expériences « scientifiques », des essais « pour voir », avec des hommes individuels ou avec des peuples[2] – comme sans doute Freud a fait, avec ses premières clientes et ses premiers clients de la bourgeoisie viennoise (les hystériques), comme les laborantins barbares du national-socialisme ou du bolchevisme faisaient avec les prisonniers « politiques » et les populations rejetées de la bonne race, comme cela se fait d'ailleurs très généralement non seulement dans les appareils sociaux et idéologiques totalitaires, mais d'abord dans *toutes les institutions fermées des Etats*, (particulièrement les Armées, mais aussi les Ecoles et les institutions de religion)[3]. Cette idée est théoriquement aberrante, elle est monstrueuse pratiquement, elle est, en bref, une « *idée moderne* » (Nietzsche).

Ajoutons ce point. L'expérience, au sens de l'expérimentation a le sens d'être une expérience pour voir. *Tandis que l'essai d'existence est décisif parce qu'il engage le sens de l'existence elle-même, l'essai scientifique n'a pas le sens de la décision :* le scientifique attend la décision des *résultats* de l'expérimentation mise en place à partir de l'hypothèse. L'hypothèse est une affirmation qu'on risque ou qu'on lance *pour voir* ce que l'on obtient avec elle, en misant sur elle, ou, comme on dit familièrement, ce que « ça donne », si « ça marche » ou pas. Autrement dit, l'hypothèse peut être intelligente et instruite ou « naïve » et malveillante, mais ce jeu-là de l'hypothèse n'est pas

---

[1] Pour un court moment euphorique (à échelle historique). On précise la notion de l'*expérience* par cette simple remarque : dans une histoire, qu'il s'agisse de l'histoire d'un individu ou de celle d'un peuple, il y a certainement des réussites et des échecs. Seulement l'échec est celui *d'une tentative* et non pas du tout d'une *hypothèse*, ce qui est tout différent. L'équivoque est dans la notion de *l'essai* : l'essai d'existence (l'essai au sens de Montaigne) emporte une décision de l'existence elle-même *dans son entièreté* ; l'essai au sens scientifique vaut comme un *test* – mettre à l'épreuve un montage théorique, éprouver l'efficacité d'un montage expérimental.

[2] Succès populaire constant de la littérature d'épouvante (Frankenstein, Nosferatu, etc.), depuis le milieu du dix-neuvième jusqu'à nos très sombres jours du vingt-et-unième ! Ce n'est pas un *fait* de « nature », mais un *signe* d'histoire. « L'*idée communiste* » est elle-même, dans la conscience populaire, une idée d'épouvante (une idée moderne !).

[3] Il y a certainement une barbarie freudienne ; Freud appartient à un temps qui est trouble et *presque* entièrement ignorant (on ne peut dire « naïf ») quant aux choses barbares qu'il portait (une peste !). Longtemps après, il est facile de lui donner la leçon. Qu'il ait été de ce temps, cela ne fait pas de Freud lui-même un barbare plus barbare que celui que nous sommes. Lénine, quant à lui, est le grand expérimentateur de la politique bolchevique que dut subir le peuple russe. Il n'est pas « plus » ou « moins » barbare que n'était Freud.

sérieux, il est un *jeu de l'intelligence de machine* – là où sont uniquement déterminants les *degrés* de « la bêtise » (maladresse) et de « l'intelligence » (astuce et agilité). Ce point est, à mon avis – en ces temps voués à l'idée de **la vie facile** et **sans projet** – le plus important, et de loin : **il s'agit bien de jeux**. Dans tous les domaines (l'économie, la politique, la psychologie, la sociologie… jusqu'à la publicité dont le discours désormais prétend au concept – un nouveau produit est présenté comme un nouveau concept !), les expériences rationnelles sont des expériences ludiques, quoiqu'il en coûte aux divers expérimentateurs, on joue avec les hypothèses comme Messi avec son pied, avec cette différence que le jeu de Messi signifie la course de Messi, Messi tout entier dans sa course et son peuple avec lui. Cruauté sans limites des pratiques de jeu (que devient la guerre, exemplairement, si on la considère comme un jeu, un divertissement dans l'élément du « virtuel » ?). **Prise comme une hypothèse, la lutte des classes n'est rien qu'un divertissement pour bourgeois fatigués ou désabusés qui observent les choses humaines, observent les autres hommes et s'observent eux-mêmes comme des hommes de science regardent les choses de la nature**, avec désinvolture, négligence méthodique, un rien de trouble pourtant, comme un nuage de soupçon (de méchanceté) tourné à l'endroit d'eux-mêmes.

Parce qu'enfin, il doit au moins savoir, cet homme de science, notamment le marxiste, s'il en existe encore : 1) que ce n'est pas la même chose une hypothèse scientifique et une tentative historique, une expérience de laboratoire et une expérience de la pensée, la simulation théorique et le jeu de l'être, intervenir sur un réel et être en un monde : 2) que la « nature » abstraite qu'il théorise n'est certainement **pas toute** la nature, qu'elle n'est donc **pas du tout** la nature ou alors seulement en tant que *performance de la science* (parce que la science, en fabriquant ses modèles théoriques, s'accomplit *naturellement* comme science *sur le mode de la performance*, semblable en cela aux activités sportives modernes et aux pratiques des entreprises capitalistes). Les nécessités naturelles n'ont rien à voir avec les déterminismes de la science ; la nature implique l'homme comme l'homme implique la nature (la nature appartient à l'homme comme l'homme à la nature), suivant ce que Marx pensait comme la « *coappartenance essentielle de l'homme et de la nature* ».[1]L'homme de science est lui-même, en tant qu'homme, un *penseur*, il est lui-même un être *naturel* – et il le sait, il lui arrive sans doute de l'oublier, mais la nature et son être d'humain le lui font toujours savoir, d'une manière ou d'une autre.

---

[1] « Die Wesenhaftigkeit des Menschen und der Natur » (ÖPM, p. 128), la traduction due à Gérard Granel est opportunément reprise par le traducteur des Manuscrits de 44, Franck Fischbar). Marx critique, par ailleurs, ce qu'il appelle « *l'orientation abstraitement matérielle, ou plutôt idéaliste* » de la science de la nature (« *ihre abstrakt materielle oder vielmehr idealistische Richtung* », ÖPM, p. 125), dont il pense qu'elle doit devenir la base de la science humaine. Sur la science comme *performance*, lire ou relire Musil.

Quand nous disons de telle configuration de l'humanité (ici l'humanité européenne bourgeoise-prolétarienne) qu'elle est fatiguée, ce n'est pas du tout une métaphore : une fatigue, la fatigue en elle-même – qu'elle se dise d'un individu humain, d'un animal ou d'un art, d'un genre d'activité, d'un habitat, puis encore d'un peuple – est une **fatigue de l'être même**, elle n'est pas la même chose qu'un épuisement des possibilités, mais le fait qu'un être est *coupé* de ses possibilités par l'excès de travail ou d'un effort trop longtemps consenti – cela s'appelle, chez Marx « Entäusserung » (perte d'expression et de sens) ; dans la fatigue, un homme peut encore avoir un certain rapport à ses possibilités, au moins à des possibilités illusoires, il n'est pas forcément dans le renoncement et la résignation, mais il éprouve le douloureux sentiment *de ne plus pouvoir se mettre lui-même en œuvre*, de ne plus pouvoir, comme on dit « s'y mettre » (lire Bernhard). **Le regard sur l'histoire comme un domaine d'expériences intéressantes ou curieuses et d'expérimentations scientifiques est le regard d'hommes ou de peuples fatigués, qui ont perdu leur destin**, qui ne se sentent plus en capacité de « faire l'histoire » comme on lit dans Marx, c'est-à-dire, dans notre langage, de *pratiquer le monde.* Alors, ils avouent, ces hommes et ces peuples, avoir perdu le sens, et les fatigues qu'ils peuvent connaître ne sont que les suites affreuses d'un épuisement de leur Dasein (ici le Dasein moderne, théologico-scientifique).

## 3. 2. Du côté de la métaphysique

Le questionnement d'une thèse philosophique, c'est-à-dire métaphysique,[1] est un questionnement *critique* qui interroge la thèse quant *à son fond* (son *sens*). Ce qu'on appelle la métaphysique, par quoi l'on désigne le dispositif de la pensée et du langage qui définit l'Occident grec et moderne, commande en effet, pour l'essentiel, les façons de penser (d'imaginer, de rêver, de produire du langage – combien de richesses issues de la maîtrise de ce langage !) et d'exister des hommes de la modernité européenne.

La science moderne est elle-même un lointain rejeton de la métaphysique. L'approche scientifique des choses naturelles et humaines est, dans son fond, *c'est-à-dire dans sa possibilité*, une façon de questionner l'étant quant à son être (ce qu'il est), de soumettre l'étant à la question de son être. Sur le fond, la science relève de la métaphysique : il n'y a pas de science sans métaphysique parce que le questionnement métaphysique ou philosophique est nécessaire et incontournable, il est *préalable* à tout questionnement scientifique ou historique. Il est cet incontournable, en tout cas, pour nous, qui appartenons à l'humanité de l'Occident, à son histoire et à sa science. Ce que

[1] Coupé de la métaphysique, ce qu'on appelle encore la « philosophie » n'est plus qu'un bavardage insipide, dépourvu de tout intérêt, de toute *urgence*, c'est-à-dire d'enjeu et de signification : de **nécessité**. Le ressort de l'activité « philosophique » est alors la plus vulgaire et la plus morne vanité.

dit Kant quand il dit que l'homme est *naturellement métaphysicien*. Quel que soit l'objet de sa recherche, *l'homme est en quête de son être propre* en étant en quête de l'être. « Je me suis cherché moi-même », disait Héraclite. Dans le langage de Marx : « l'homme, c'est le monde de l'homme » : sa recherche a en vue toujours l'homme et le monde, sans que soit forcément questionné, en tout cas de façon expresse et développée, le mode d'*appropriement* de l'un à l'autre, puis de chacun des hommes à soi-même et aux autres dans leur rapport aux autres et à eux-mêmes – puisque l'être-là des hommes en un monde et pour ce monde est un *être-avec-l'autre*, puisque le monde est *un monde commun* (Héraclite). Dès lors que le mode de l'appropriement ou de l'être-avec n'est pas questionné – que l'homme et le monde ne sont pas interrogés, précisément à partir de cette question – *la notion de monde, autant que celle de l'humanité, est suspendue dans le vide de la représentation de l'être comme généralité vide et de l'existence humaine comme un fait* – quand, par exemple, être-là en vient à signifier « se trouver là ».[1]

Ce questionnement détermine le rapport de la métaphysique à l'être de l'étant : la métaphysique se rapporte à l'être de l'étant *non pas dans la détermination de l'objet*, mais avec la **prétention d'en dire le sens – c'est-à-dire la vérité**, dans la mesure où un étant *est* seulement à partir du moment où lui est *découvert* le sens de l'être (ce que signifie d'être pour cet étant). A vrai dire la science a elle-même un rapport à l'être, à la vérité, elle est elle-même un projet d'être, le projet de l'objectivation : son sens est justement la « vérité objective » ; seulement, ce projet n'est pas connu ou appréhendé comme tel, en tant que le projet de l'Être qui fait advenir une humanité (un Dasein) et un monde. Quand le rapport à l'étant est le rapport à l'étant en tant qu'objet, ce sens (projet d'objectivation) *a été décidé au préalable*. Mais ce qui a été décidé au préalable ne peut faire sens, ou ne signifie qu'en tant que l'autorité d'un dogme. Il a donc été décidé que l'être (ou la vérité) était la même chose que l'objectivité. Si je dis maintenant que l'histoire est celle de la lutte des classes, bien avant que de m'expliquer sur le contenu éventuel de cette expression, *je sous-entends au moins que* l'histoire a du sens ou de la « vérité objective » *en tant qu'histoire de la lutte des classes*. Ce que je dis ainsi fait sens en tant que projet qui porte un monde et un Dasein : il est exposition d'un sens, ce qui veut dire risque pris du non-sens. Sous-entendant

[1] Cette réduction aberrante de l'être-là (Dasein) au « se trouver là » est le trait remarquable de la « philosophie », ou plutôt du bricolage philosophique, de Sartre pour qui le fait premier, comme il dit, est celui de la *contingence*. Aucune « philosophie » n'est plus ignorante, mensongère, aucune ignorance, aucun mensonge plus néfastes, par ceci que ce genre de discours maussade agit comme *un stimulant*, pour ainsi dire, de *la lâcheté humaine devant l'être*, de la *paresse de l'existence* – d'où provient *l'impression populaire justifiée* que les « philosophes » parlent pour ne rien dire et que les « révoltes » philosophiques sont les gesticulations d'enfants gâtés d'une bourgeoisie, par ailleurs égoïste et bornée, généralement *incapable d'aimer*, particulièrement ses enfants, et qui ne prend aucun soin réel de leur *instruction*, de leur *moralité* ou de leur *bonheur*.

un sens de l'histoire en tant que lutte des classes, je prends en même temps le risque de découvrir *qu'elle n'en a pas, en tant qu'histoire tout court*, ce qui doit avoir pour conséquence immédiate que je m'interdise de dire quoi que ce soit sur ou de cette histoire : serait-elle celle, si âpre, de la lutte des classes dans son sens bourgeois (comme concurrence des égoïsmes), l'histoire n'est que bruit et fureur, il ne vaut pas la peine d'en parler.

Seulement, en pays de modernité, la prétention du sens ne se comprend pas dans le *langage questionnant* de la philosophie – **parce que, tout simplement, elle n'a plus la capacité du langage de philosophie.** Elle se formule dans le langage de la science, celui de l'hypothèse (*pour voir*), et dans l'usage *banalisé* de ce langage (celui du langage de Journal) : voyons si l'histoire, cette histoire que nous connaissons ou croyons connaître comme *notre* histoire, a un quelconque sens. Inévitablement, ce genre de questionnement « métaphysique » engendre le *sentiment du désespoir*, parce que notre existence est cette existence **à partir d'un sens qu'elle sait mais doit expliciter**. Que manque le courage de l'explicitation, une humanité ne peut pas se saisir elle-même et ce qu'on appelle « questionnement » est plutôt la forme que prend la dessaisie ou l'impuissance d'exister. L'homme de science (l'homme du journal avec lui), n'est pas un autre homme que tous les autres hommes du monde dont la plupart n'ont aucun rapport précis à la recherche scientifique et à son développement, même s'ils savent quelque chose de leur monde, celui de la science (de la technoscience) et du régime de la production capitaliste, puisqu'ils *sont de ce monde*. Même l'homme des déserts ou celui des forêts africaines a désormais un certain savoir de ce qu'est la science, en tout cas, de sa puissance. *L'homme de science,* comme tous les autres de son monde*, a besoin du sens dont il désespère*, *ayant perdu le monde*, avec le courage de l'explicitation du sens. Il est incontestable que les hommes de la modernité, vivent *toujours* et *partout* dans *l'absence de sens* et la plus grande *confusion de leur existence*, qu'ils sont, pour ainsi dire, *naturellement désespérés*[1], leur métaphysique, s'ils étaient capables d'une métaphysique, serait comme *la grammaire de ce naturel désespoir*.

Dans ces conditions, prendre la lutte des classes (ou bien des races, des croyances et de tout le reste) pour le « moteur de l'histoire », ne peut être qu'une façon de voir qui est une façon de s'aveugler, en se crevant les yeux, mais *en même temps* de *se satisfaire soi-même*, en s'y retrouvant dans cette

[1] L'espérance est une vertu à la hauteur de laquelle *de tout temps* peu d'hommes s'élèvent – d'où leur gaieté factice, leur tendance à ne se rapporter à leur être, c'est-à-dire à *leur temps* que comme à un être ou un temps *vide*, qu'il faut donc *remplir en* l'*occupant* : la préoccupation (le tourment, la maladie) des hommes de modernité est celle du « passe-temps » : de là leur méchanceté, la jalousie dans laquelle ils s'enfoncent d'un bonheur *qu'ils imaginent chez les autres, eux-mêmes ne le connaissant pas* – cette jalousie en tant que l'expression étourdie d'un très réel accablement, celui qu'ils connaissent très profondément de la quasi-impossibilité dans laquelle *ils sont de sortir d'eux-mêmes* (tandis que l'homme de pensée ou le poète, l'artiste et le saint sont pour ainsi dire d'emblée sortis d'eux-mêmes).

*paresseuse errance* – non plus la contrefaçon d'Œdipe roi, mais d'Œdipe à Colone, là où ce qui se présente ne montre manifestement rien d'autre qu'une suite de luttes et de conflits sans espérance vraie, qui ne trouvent leur énergie que dans la rage de l'impuissance, le malheur de l'*envie* tournée en jalousie – et la volonté de la vengeance.[1]

On doit aussitôt conclure que cette histoire-là est dépourvue de sens et de vérité : *le sens est illusoire, la vérité est absente.* **Ce qu'on appelle philosophie (ou métaphysique), au vingtième siècle, est le très ennuyeux ressassement de cette conclusion déprimante**. Par philosophie on entend désormais moins un questionnement, une expérience de la connaissance, qu'une posture « philosophante », comme dit souvent Bernhardt, une attitude, une pose, rien, donc, de « naturel », et l'on radote. La *littérature* « nietzschéenne », autant qu'un usage aberrant de la critique kantienne (la Critique de la raison pure interprétée comme « théorie de la connaissance ») et de la « dialectique » hégélienne (comprise comme méthode de l'exposition du savoir, tout à fait utile dans le cadre de la pensée du bureau, en tant que « *dialectique matérialiste* ») ont servi les entreprises de cette déplorable **pose philosophique** : une pose, parce qu'on savait bien qu'il n'y avait, là, rien d'authentiquement philosophique ; on pensait ou on croyait penser que désormais la vérité et la question de la vérité appartenaient à la science et aux scientifiques. Cette science nous débarrassait opportunément de la pénible affaire de la « chose même » !

Les hommes ne pourraient agir s'ils ne voilaient leurs yeux d'un bandeau d'illusions[2], dit Nietzsche, suivant cette remarque (trop) simple que, dès lors qu'un homme agit, il doit au moins *croire* à l'*importance* de son action, aussi modeste qu'en soit la portée. C'est une vérité, mais une vérité qui manque son but (nihiliste). Car cette croyance *engage pratiquement* celui qui croit, c'est-à-dire qu'elle est une foi. Elle n'est pas celle de quelqu'un qui « fait l'important » ou croyance de pharisien. L'engagement pratique, qui n'a rien à voir avec l'engagement idéologique pour telle ou telle cause, est cela même qui donne son *poids* et son *équilibre*, en bref sa force, à une croyance, laquelle peut alors être dite *une foi.* Sa remarque est trop simple, mais Nietzsche parle de *ses contemporains*, les modernes, qui sont des *hommes de peu de foi* : il faut à ces hommes-là des illusions, des stupéfiants, l'exotisme, l'ivresse des choses dépravées, le charme des diverses corruptions, l'enchantement douteux

---

[1] Zarathoustra, II, Des tarentules, et II, 2O, De la rédemption – où il ne s'agit pas de sauver les hommes du péché originel, comme dans le sacrifice par Dieu le père de son fils, mais de délivrer les humanités de la volonté de vengeance (et de tout ce qui va avec). C'est le sens même, c'est-à-dire donc la vérité, de la tragédie grecque.

[2] C'est le principe de la critique par Nietzsche du « savoir historique », dans la deuxième de ses Considérations inactuelles. Particulièrement, le développement 7 : « Le savoir historique, *quand il règne sans frein et va jusqu'au bout de ses conséquences,* déracine l'avenir, *parce qu'il détruit les illusions, et prive les choses présentes de l'atmosphère dans laquelle elles peuvent seulement vivre* » (je souligne).

des voyages en utopie (anarchiste ou socialiste, chrétienne ou islamique) – un **monde-simulacre** enfin, **puisqu'ils n'ont plus le monde vrai**.

Qu'en est-il de l'action, toujours singulière, exposée au risque de la tromperie, puis du mensonge et de toutes les sortes de trahisons, si le monde est simulacre ? S'il en est ainsi, la décision du sens *de cette action singulière est* en elle-même une décision absurde puisque l'action, qui est elle-même un semblant d'action, est frappée de nullité, et une décision de nullité est dépourvue de sens. Étant absurde, elle est une décision de l'absurde, une décision de pure forme qui ne décide rien, une décision indécise, c'est-à-dire un décret arbitraire, qui se donne et se prend pour une affirmation radicale de liberté, quelque chose d'audacieusement mensonger, immédiatement su comme tel – mais *qui n'est pas tout à fait rien*. Qui n'est pas tout à fait rien[1], précisément en tant que l'expression la moins contournée et la plus courageuse de l'épreuve du nihilisme moderne.

[1] Et même le plus haut auquel puisse parvenir l'humanité moderne européenne et marchande, notamment américaine. Voir les grands auteurs *américains* (Hemingway, Faulkner, Hammet, tant d'autres) et leurs cinéastes (Welles, Hawks, Ray, entre autres).

# Les Textes

Nous avons lu le Manifeste du parti communiste dans l'édition de François Chatelet, de 1975, constamment rééditée jusqu'à aujourd'hui (Livre de poche, Les Classiques de la Philosophie). La traduction est de Corinne Lyotard.

L'introduction, les notes et les commentaires du professeur du département de Philosophie de la faculté Paris VIII Vincennes, dans ces années-là, sont précieux, en raison de la vivacité intellectuelle et de la simplicité du ton de leur auteur, mais aussi parce qu'elles rendent assez bien l'esprit de ce temps, nous semble-t-il. En outre, François Chatelet a eu la bonne idée d'associer au Manifeste de 1848 la Critique du programme de Gotha de 1875, sans doute le dernier texte important de Marx. Ces annotations critiques sont toujours d'une grande précision et touchent à des points essentiels du marxisme, et surtout de la pensée par Marx du *communisme*. Quant à l'esprit de ce temps éloigné, avec ses convictions et ses aveuglements, ce passage de l'introduction de Chatelet à propos de la critique par Marx du programme de Gotha, dont les rédacteurs étaient dominés par les vues de Lassalle, résolument « nationales » et « socialistes » : « Marx ne s'y trompe pas. Il propose un autre programme politique, celui de la classe ouvrière, que Lénine approfondira dans L'Etat et la révolution et qui conduira aux victoires de 1917 et de 1949 ». Ecrivant ainsi, le professeur de Vincennes pensait, bien entendu, à ses étudiants, et, si l'on peut dire, *pour eux* – parmi lesquels pas mal de gauchistes, notamment des « mouvances » trotskystes et maoïstes. Il les aimait, avec leurs impatiences, leurs brutalités, sans aucun doute, de cette sorte d'amour (ou d'amitié) libre et tendre, qui était la sienne.

La littérature sur un tel texte et sur le marxisme en général est considérable. Je retiendrai seulement trois textes bien connus, qu'il est toujours judicieux (utile) de lire ou de relire, disponibles en poche (collection Folio). Ces livres n'appartiennent pas à la tradition des marxismes d'Etat, le politique ou l'universitaire. Mais à l'histoire du marxisme en général ou de la postérité de Marx.

Walter Benjamin : Sur le concept d'histoire (1940) Hanna Arendt : Le concept d'histoire, dans La crise dans la culture (1954) Guy Debord : La société du spectacle (1967)

Sur Marx et les spectres, on lira le livre de Jacques Derrida : Spectres de Marx, qu'on aura intérêt à associer à un livre plus ancien sur Heidegger : De l'Esprit. Ces livres de Derrida, composés à partir de conférences, sont publiés chez Galilée en 1987 pour De l'esprit, en 1993, pour Spectres de Marx.

# Table des Matières

## Structures éditoriales du groupe L'Harmattan


**L'Harmattan Italie**
Via degli Artisti, 15
10124 Torino
harmattan.italia@gmail.com

**L'Harmattan Hongrie**
Kossuth l. u. 14-16.
1053 Budapest
harmattan@harmattan.hu

**L'Harmattan Sénégal**
10 VDN en face Mermoz
BP 45034 Dakar-Fann
senharmattan@gmail.com

**L'Harmattan Cameroun**
TSINGA/FECAFOOT
BP 11486 Yaoundé
inkoukam@gmail.com

**L'Harmattan Burkina Faso**
Achille Somé – tengnule@hotmail.fr

**L'Harmattan Guinée**
Almamya, rue KA 028 OKB Agency
BP 3470 Conakry
harmattanguinee@yahoo.fr

**L'Harmattan RDC**
185, avenue Nyangwe
Commune de Lingwala – Kinshasa
matangilamusadila@yahoo.fr

**L'Harmattan Congo**
219, avenue Nelson Mandela
BP 2874 Brazzaville
harmattan.congo@yahoo.fr

**L'Harmattan Mali**
ACI 2000 - Immeuble Mgr Jean Marie Cisse
Bureau 10
BP 145 Bamako-Mali
mali@harmattan.fr

**L'Harmattan Togo**
Djidjole – Lomé
Maison Amela
face EPP BATOME
ddamela@aol.com

**L'Harmattan Côte d'Ivoire**
Résidence Karl – Cité des Arts
Abidjan-Cocody
03 BP 1588 Abidjan
espace_harmattan.ci@hotmail.fr


## Nos librairies en France


**Librairie internationale**
16, rue des Écoles
75005 Paris
librairie.internationale@harmattan.fr
01 40 46 79 11
www.librairieharmattan.com

**Librairie des savoirs**
21, rue des Écoles
75005 Paris
librairie.sh@harmattan.fr
01 46 34 13 71
www.librairieharmattansh.com

**Librairie Le Lucernaire**
53, rue Notre-Dame-des-Champs
75006 Paris
librairie@lucernaire.fr
01 42 22 67 13

Made in the USA
Las Vegas, NV
08 November 2024

11379476R00129